U0659960

根植岭南 百廿师范

《根植岭南 百廿师范》编写组 编

人民日报出版社
北京

图书在版编目（CIP）数据

根植岭南 百廿师范 / 《根植岭南 百廿师范》编写
组编 . -- 北京：人民日报出版社，2024. 12. -- ISBN
978-7-5115-8556-1

Ⅰ . G659.286.53

中国国家版本馆 CIP 数据核字第 2024B9G394 号

书　　名：根植岭南 百廿师范
　　　　　GENZHI LINGNAN BAINIAN SHIFAN
作　　者：《根植岭南 百廿师范》编写组　编

出 版 人：刘华新
责任编辑：寇　诏
封面设计：人文在线

出版发行：人民日报出版社

社　　址：北京金台西路 2 号
邮政编码：100733
发行热线：（010）65369527　65369512　65369509　65369510
邮购热线：（010）65369530
编辑热线：（010）65363105
网　　址：www.peopledailypress.com
经　　销：新华书店
印　　刷：北京市海天舜日印刷有限公司

开　　本：710mm×1000mm　　1/16
字　　数：226 千字
印　　张：15.75
印　　次：2024 年 12 月第 1 版　　2025 年 1 月第 1 次印刷

书　　号：ISBN 978-7-5115-8556-1
定　　价：95.00 元

献给岭南师范学院师范教育 120 周年

目 录
CONTENTS

序　言

2013 年，我调到湛江师范学院（2014 年改名为岭南师范学院）工作。我很荣幸，我在这所学校服务了 11 年时间。我也很欣慰，我为学校的文化传承尽过一份力量。就是在工作过程中，我深刻感受到岭南师范学院的历史悠久和人文昌明。

这是一所具有 120 年师范教育历史的广东省属公办高校。学校前身可追溯到 1636 年（明朝崇祯九年）始建于雷州府城的雷阳书院，该校 1903 年改为雷阳中学堂，1904 年开设简易师范科，是我校师范教育之开始。学校在落实立德树人根本任务，培养具有高尚的职业道德，丰厚的人文、科学与艺术素养，厚实的学科专业基础，德智体美劳全面发展的高素质应用型人才方面，不遗余力，现已经培养各类人才 30 余万人。莘莘学子毕业后扎根粤西，挺进珠三角，深入京、津、沪、宁、疆、藏等地就业，被国内主流媒体誉为"粤西过江龙"和"援藏良驹"。

习近平总书记曾说："人无精神则不立，国无精神则不强。精神是一个民族赖以长久生存的灵魂，唯有精神上达到一定的高度，这个民族才能在历史的洪流中屹立不倒、奋勇向前。"我多次给学生讲"思政第一课"，经常思考一些问题：岭南师范学院靠什么走到现在？岭师人为何能取得今天的业绩？有何精神传承？

通过学习和思考，我认为支撑岭师人发展的有三种精神：一是书院精神。书院精神有四要素，分别是重德尊师精神、严谨治学精神、勇于创新精神、戒恶向善精神。我校前身雷阳书院曾是广东六大书院之一，历史底蕴深厚，其精神对师生影响至大。二是革命精神。据不完全统计，新民主主义革命时期，我校参加革命的校友达 200 余名，谭平山、黄学增、黄其炜、唐才猷等是其中的杰出代表，他们的精神也深深影响和感染了师生。三是校训精神。"崇德、博雅、弘志、信勇"是岭师的八字校训。其中，"崇德""弘志"，要求学生重视品德修炼，志向远大，意志坚定，是从做人的品格志气方面提出要求。"博雅""信勇"，要求学生追求知广情雅，信而有勇，是从成才所需要的学识和创新精神等方面提出要求。八字校训是刻在岭师学子血脉中的文化基因。正是在这些精神影响和感召下，我校涌现出大量优秀学子。他们毕业后在各行各业崭露头角，无负于身为一个岭师人的风采。

今年是岭南师范学院师范教育 120 周年。《根植岭南　百廿师范》一书，是在这个特殊的日子献给学校的一份珍贵礼物。该书对岭南师范学院的发展历史进行了全面梳理，重点突出，条理清晰。字里行间，能深深感受到岭师的深厚文化底蕴和一代代岭师人对学校精神的匠心传承。该书的出版，不仅加深了我们对校史的了解，还加深了我们对岭师人精神传承的理解。

走过 120 年双甲子的轮回，回眸所走过的路，我们所收获的不仅是学校的快速发展，更重要的是传承岭师人的精神。时光流转，传承不息！文化的根脉会在岁月中绵延生长，助力学校再创新的辉煌。

兰艳泽

2024 年 9 月

第一章

雷州半岛师范教育的开端

一、书院时期

（一）书院的创办

"拨云寻古道，倚石听流泉""稍待秋风凉冷后，高寻白帝问真源"。

岭南师范学院的历史，源远流长，其前身可追溯到明崇祯九年（1636）由雷州知府朱敬衡创建于雷州城西门外天宁寺怀苏楼之北的雷阳书院。

雷州，自古有"天南重地，海北名邦"之称，有着深厚的人文底蕴。雷州城，始建于战国时期。公元前355年，楚灭越后，"楚子熊挥受命镇粤，至此开石城，建楼（楚阔楼）以表其界"。此"石城"即雷州最早的古城，距今已有2300多年历史。

雷州名称的演变也深蕴着历史气息：古为南交，周名越裳，楚属扬州，秦号象郡，汉置徐闻，隋称古合，唐改雷州。唐朝初年，雷州半岛行政区划属南合州。贞观元年（627），南合州更名为东合州。贞观八年（634），东合州改名为雷州，州治为海康，上属岭南道，这是雷州有名之始。此后，除了玄宗天宝元年（742）改雷州为海康郡（16年后又改回来）之外，雷州作为地名，一直沿用至今。雷州半岛就是以雷州而得名。

有了雷州，又何以会有"雷阳"一词？至于"雷阳"一词的由来，《大明一统志》作出解释："郡在雷水之阳，故名。""雷水"应是指雷州的擎雷水（南渡河）。它从雷州府治海康城之南流过。其所谓"山之南水之北为阳"，所以说"郡在雷水之阳"。"雷阳"被用作郡名泛指雷州或雷州半岛地域是由约定俗成而就，并不是古郡名。"雷阳"一词最早出现于北宋。相传，宋真宗乾兴元年（1022），宰相寇准放逐雷州，当地官吏呈上地图，他看到第一页就画着离城东南门十里即大海，于是恍然大悟，感叹道：我小时候写过"到海只十里，过山应万重"的诗句，今天竟然应验了！1052年，翰林学士所记述的碑文中提及"及雷阳，吏以图献"之句。雷州在唐代曾有十几年被改为海康郡，但把雷州称作海康，却极易与雷州的附郭海康县相混淆，而"雷阳"一词文雅而富于文化内涵，因此，古人在列两个郡名时，"雷阳"受到了格外的青睐并得以广泛地流传和使用。到了明代，"雷阳"已经常出现在官方的正式文书中。

雷阳书院创建者朱敬衡，是明万历年间吏部尚书兼文华殿大学士朱赓的第四个儿子。朱敬衡因父亲先补授刑部郎官，崇祯三年（1630）外派来雷州做知府，崇祯十年（1637）离任。他为官平和，亲近百姓，施以仁政，官声甚佳。当时，在雷阳书院创建之前，雷州地区的书院已废弃殆尽，导致"士子无课业所"之局面，雷州地区的教育每况愈下。面对这种情况，在当地士民要为朱敬衡建生祠时，重教的朱敬衡顺势利导把它建成了书院。从这个意义上说，雷阳书院的创建是在关键时期填补雷州地区书院教育的空白。

从书院格局也可看出朱敬衡鼓舞士子、振兴文风的良苦用心。书院建在天宁寺怀坡堂附近。怀坡堂是雷州人为纪念苏轼而建。书院正室供奉寇准、苏轼、苏辙三贤牌位，春秋祭祀。正堂除了三贤外，配享从祀者，还有明末著名政治家、军事家、为平息西南地区叛乱立下赫赫战功、曾任广东提学官的朱恒岳，其勉励鞭策之意赫然彰显。

雷阳书院的创办，在雷州地区书院史上具有举足轻重的作用，是一件具有标志性的事件，不会因为历史的尘封久远而失去应有光华。

明亡清立后，清统治者害怕书院讲学动摇清廷的统治地位，规定不许创立书院，全国书院一律停办。雷阳书院也"焚于兵火"，难以幸免。到康熙二十八年（1689），雷阳书院只剩一片废墟。

（二）书院的迁移

雷阳书院到底何时被兵燹停办，已无从考证，然其何时重建却是十分清晰的。

康熙二十八年（1689），雷州知府潮州通判孔翕庵在雷州创办义学。"吾雷之有义学，自康熙二十八年雷州知府潮州通判孔翕庵先生始也。"孔翕庵在创办义学的同时，与学正肖介臣一起清查、收回了原雷阳书院的田租用来兴教办学，并使其重归雷阳书院名下。这给以后雷阳书院的重建和发展提供了基本的经费保障。"应是他对雷阳书院的历史性贡献，功不可没。"（唐有伯《陈瑸与雷阳书院》，《湛江师范学院学报》2012 年第 4 期）

雍正八年（1730）雷州知府叶思华应地方乡绅之请，将雷阳书院院址移建在雷州城南隅高树岭（今广朝南路雷州市人民代表大会常务委员会和中国人民政治协商会议雷州市委员会办公地址）。书院内设有教室、书斋、礼殿、书室等建筑物，并有学规，教学内容以研习四书五经为主。其中明确规定了山长的任用标准："拔诸学之秀者聚处其中，延明经修行之儒为之长。""书院选郡县之秀，聚之一区，设之师曰山长。"所招纳学员应成"聚星岭之英华，才罗三属，挹花台之秀气，乐育一堂。"叶思华的重建使雷阳书院获得了新生，但规制尚未健全。

乾隆十一年（1746），雷州知府黄铮上任不久，亲访雷阳书院，见该院"规模踡跼，岁久桡剥"，房屋破旧，"仅有斋舍而无堂庑"，随即同海康、遂溪、徐闻三县知县商量修建，"拓而新之"。经过一番修建，建起了课堂，博文斋、约礼斋、礼贤馆、文昌殿、三屋魁星阁、斋舍、厢房、厅堂、射圃，立箭亭，围墙，还种上了花木，叠台榭，凿池沼，砌假山等。形成了"闲庭别圃，游焉憩然，杂花疏竹，幽韵舒徐，碧涧清流，余情咏眺，亦何风雅之悉备"的校园景观。知府黄铮倡捐重建，扩建雷阳书院，可谓工程宏大，盛况空前。重建完工后，为了纪念这次活动，共立了4块碑记述了重建的过程，分别是黄铮的《新建雷阳书院记》、学使孙人龙的《雷阳书院记》、山长吴延熙的《雷阳书院记》和海康知县伍斯林的《雷阳书院记》碑。这次重建耗资较大，购买了十三经及经史子集等书籍五千余册，添置了书桌椅子，还将朱熹白鹿洞书院的规条列于课堂，包括五纲之目、为学之序、修身之要、处事之要、接物之要等，使书院的规制趋于完备。乾隆年间，进士出身的陈振桂和曾在端溪书院任教的菱湖吴延熙任雷阳书院山长。

（三）书院的重修和再修

嘉庆五年（1800）知府伍泰倡捐重修雷阳书院，并留下自撰的《知府伍泰重修雷阳书院记》。全记共500余字，清晰记述了雷阳书院的发展脉络。此记还讲述了重修原因，"岁己未（1799），余承乏兹郡，下车观风，多士济济，藻采纷见，比课录书院人数寥寥。巡视院址，由墙壁剥落，两庑鞠为茂草，景物苍凉，为惆怅久之"。于是"乃捐俸代倡修，三属绅士踊跃襄助，得金若干，为庀工材，遍葺颓漫"。

嘉庆二十四年（1819）十月，雷州知府王文苑再修雷阳书院，并为书院拟定了若干条规章制度，全部内容都记载在他所撰写的《府书院记》碑文中。

书院经费来源有五：一是把没收归公田产拨给书院作为书田。书院原有田700多亩，后因书院被废，"渐归隐没"，从黄铮主持重修以来，"发奸摘伏，而隐占尽为追复"。二是从州府税款中拨付。三是绅士捐赠的田产。四是官员及绅士赞助的现金。五是书院经营收入，包括存放当铺银两的利息和学田的经营收入。嘉庆年间，书院的膏火费每年共有谷1036石，每石折银一两，共计1036两。书院藏书达5000多卷，主要有经、史、子、集相关内容。

经费支出：山长修脯钱每月160千文，司事修脯钱4000文，正课生每月膏火费 800 文，附课生每月 600 文，还有学生的奖励。

加强财务管理规定。书院膏火费，官方不得经管，由全部绅士每年各月公举殷实司事一名管理，收到租钱存当铺，造具清册二本，一本交府备案，一本存司事处，随时禀请支发。次年院内开支，核实数目，如有情弊，查出提究。司事满年交换，不得连任，恐久生弊，使官民不得侵蚀公款。

制定严格纪律。规定：凡包揽诉讼、集体宿娼，照例究办。如有联名结保干预公事者，除名不准在院肄业。倘有孝义可风者，查明倍给膏火。大比之年如在书院肄业者，给贺礼钱五千文。书院课程分官课与师课。正课、附课生每官课一次不到者扣一月膏火金，二次不到者扣二月膏火金，三次不到者，除名不准在校肄业。正课、附课生官课考试前三名者，给予花红，以示奖励。凡官课、师课考试前五名者，年终眷清汇齐，送府校阅，择其优者付印，以示鼓励。考试如有作弊行为，扣一个月膏火金。考卷由司事准备试卷，盖号填簿散给，卷面不准写名字，发榜时由司事取号簿填发，以杜情弊。

（四）书院时代的名人

陈瑸

陈瑸（1656—1718），字文焕，号眉川，广东海康人，进士出身，由古田县令历官至福建巡抚。据《陈清端年谱》载：雷州乡贤陈瑸，于〔康熙〕三十六年（1697），四十二岁，慕雷阳义学。

陈瑸到底有没有任教于雷阳书院，学界有不同观点。有人认为，陈瑸执教于雷阳书院三年；也有人认为陈瑸所任教的是雷州义学，并非雷阳书院，因为在他任教期间，雷阳书院已停办。无论哪种观点，陈瑸曾在雷州任教是不争的事实，即使他任教的是义学，在书院停办期间，义学活动也可看作是书院的延续。

从康熙十六年（1677）到康熙三十六年（1697）筮仕前，陈瑸在海康从事 20 多年的教学活动，为家乡培养优秀人才；而在其为官任上，官迹之处兴社学、立义学、捐学田、修文庙、葺学府、在古田县创办屏山书院；在福州亲聘山长，躬自讲学，振兴鳌峰书院；卧病榻临终前还传檄发帑扩修越山书院。正如《大清一统志》概况陈瑸政绩时所写："励清节，官厨房惟进瓜蔬；整饬纪纲，吏畏民懐；尤振兴文教，修建书院，士奋于学。"可见，兴文振教、培育人才、传播文化实乃陈瑸一生最大的贡献，足以令其不朽。陈瑸把教育当作治国之本。他认为，社会风气和教育有直接的联系，民风系乎士习，士习端民风亦渐以厚矣！陈瑸筮仕之前就有"不学方知愧，无才信是贫。文章宁小技，报国最为真"的诗句。《学政条约》更是他办学经验的总结。在《学政条约》中，陈瑸提出了八条规定：一、先德行；二、崇实学；三、正文体；四、勤月课；五、端士习；六、励武学；七、修教职；八、旌节义。这是陈瑸在教学管理方面的重要贡献，影响深远。晚清重臣左宗棠书奉盛赞陈瑸"邱海徽风昭岭表，程朱道学有根源"。

陈瑸乃清代著名清官，其为官一介不取，苦节自律，始终不渝，所到之处，民怀其德，颂声溢于道路，康熙称他为"清廉中之卓绝者"，被列为岭南三大清官之一（丘浚、海瑞、陈瑸）。

陈昌齐

陈昌齐（1743—1820），字宾臣，一字观楼，号"瞰荔居士"，广东海康县调风镇南田村人，清进士。少年时就"至性过人"，乾隆十三年（1748）拔贡生，乾隆三十五年（1770）领乡荐，次年成进士，入翰林散馆，充三通、四库馆纂修官。乾隆三十九年（1774）典试湖北，次年充会试同考官，旋转河南道监察御史巡视西城。乾隆年间，曾参与《永乐大典》辑校及后来的《四库全书》编纂。嘉庆元年（1796）升兵科给事中，嘉庆九年（1804）出任浙江温处兵备道。嘉庆十四年（1809）辞官归里。回粤后历主雷阳书院和广州粤秀书院，在雷州主修《雷州府志》《海康县志》《雷祖志》，在广州修《广东通志》等。

嘉庆十六年（1811），陈昌齐受聘任雷阳书院山长。他论文课士，讲求实学，亦重时艺，谆谆诲人，以立品笃行为先。他语重心长地谆谆教导学生要先学做人：一戒骄傲，二戒轻薄，三戒愤怒，四戒强酒，五戒嫖赌，"无论在朝在国在草野，皆有一腔钟爱蕴蓄于寝食之间"；在治学写作方面，掌握"审题""立意""选词""养气""炼调"之要旨、方法，并愿以学生作"他山之石"，与学生"互相淬厉"。

名师出高徒。道光二年（1822）中进士的蔡宠就是陈昌齐的学生。蔡宠于道光五年（1825），道光九年（1829）两任山东即墨知县，未满任即卸职还乡，两次归来，均主讲雷阳书院。著有《谱荔斋诗文集》。

陈乔森

陈乔森（1833—1905），原名桂林，字逸山，原籍雷州府遂溪县，清同治初迁入雷州府城。由于天资聪颖，能文善诗，赢得"岭南才子"美誉。咸丰十一年（1861）中举人，官至户部主事。后辞官，归至雷阳书院掌教30年，直至雷阳书院更名为雷阳中学堂。

陈乔森博学多才，诗、书、画均有很高造诣。享有"千年翰墨，香溢岭南"美称，开一代画风，对岭南画派的形成产生了深远的影响。生平擅画花鸟人物，尤工芦蟹。李慈铭称赞其画："画技细致，用墨尤佳。"他的《游庐山》诗六首，被张之洞誉为"自欧苏以后，无此佳作"。著名诗句"守道重醇儒，经师人师，文运宏开钦北斗；立名遵先哲，言教身教，士风不变式南邦"就是出自陈乔森之手。

陈乔森不仅博学多才，而且品行高洁。在他担任雷阳书院山长期间，"雷士之肄业于兹者，皆宁静不佻，勤学不息"。书院学风良好，从学者常常达数百人。他大力倡导学术争论与教育改革，使雷阳书院成为文人墨客云集所在，成为雷州半岛的教育活动中心、广东六大书院之一。他教育有方，门下人才辈出，著名的有进士李晋熙、举人陈天叙、何沂、陈钟璋、吴天宠等。此外，陈乔森还为洋务运动、戊戌变法、辛亥革命培养了不少人才。

二、师范教育的开端

（一）雷阳中学堂

近代中国由于外族入侵，朝廷腐败，帝国主义列强掀起瓜分中国的狂潮，中华民族面临生死存亡关头。以康有为、梁启超为首的资产阶级维新派为挽救民族危亡，主张实行自上而下的改良运动，而教育改革是其改良运动的重要突破口。

1898 年，根据维新派的主张，光绪皇帝颁布诏令，令各省、府、州、县的书院一律改为学堂。"将各省府厅州县现有之大小书院，一律改为兼习中学西学之学校。至于学校阶级，自应以省会之大书院为高等学，郡城之书院为中等学，州县之书院为小学"。这是由古代书院向近代教育转变的关键举措。

1898 年 9 月 21 日，慈禧太后镇压了戊戌变法运动，但保留了京师大学堂和各地新式学堂，1901 年起，慈禧太后推行"清末新政"，十月颁布《兴学诏》，规定将各省所有书院一律改为学堂，"除京师已设大学堂，应行切实整顿外，著各省所有书院，于省城均改为大学堂，各府及直隶州均改设中学堂，各州县均改设小学堂，并多设蒙养学堂。"

师范教育是为了培养各级师资而设，是一项具有特殊意义的教育。作为师范教育的教师，不仅是经师，而且更重要的还应是人师。中国的师范教育起步较晚，到 19 世纪末 20 世纪初，在国内才只有几所基督教会设立的师范学校，国人对师范教育重要性认识还不够。在梁启超等人的大力提倡和呼吁下，1897 年，津海关道盛宣怀在上海创办的南洋公学之四院中设立的师范一院，是我国第一所新型的公立师范学校。该院第一批招收 40 人，以"明体达用，勤学善诲"为培养目标，学业合格者选为公学中院、上院的教习。南洋公学师范一院的设立，标志着我国近代师范教育的开端。然而，至此，我国近代师范教育还未形成独立完整的体系。

1902 年，管学大臣张百熙拟订的《钦定学堂章程》即"壬寅学制"

将师范教育附设于直系各学堂内。它是近代中国第一个经政府公布而未予实施的法定学校系统。"壬寅学制"是一个"母制",包括京师大学堂、考选入学、高等学堂、中等学堂、小学堂、蒙养堂六个章程。其主体分为三段七级或三段六级(不含大学院)。三段为:初等教育、中等教育和高等教育;七级是:蒙学堂(6岁入学,学程4年)—寻常小学堂(3年)—高等小学堂(3年)—中学堂(4年)—大学预科或高等学堂(3年)—大学堂(3年)—大学院(不定)。全学程不含大学院共20年,可简要表示为"四三三四三三"制。"壬寅学制"规定从高等小学堂到大学堂均设有旁系:高等小学堂的旁系为简易实业学堂,中学堂的旁系有师范学堂和中等实业学堂,高等学堂及大学预备科及大学堂的旁系为师范馆和实业学堂。

1903年,雷州知府陈武纯召集了海康、遂溪、徐闻三县官绅一起商议,共同筹款,把雷阳书院扩建一番,并添置了课室、学生宿舍、礼堂、体操场等,购置了数千册经史典籍及中外政治和自然科学书籍,建成了一个小型图书馆,颇具新式学堂规模。正月二十四日(2月21日),正式将雷阳书院改为雷阳中学堂并举行了开学典礼。

雷阳中学堂成立之初,雷州知府陈武纯兼任学堂总办,设总教习一人,由原山长陈乔森改任。总教习下设分教习二人,洋文教习一人,绅董一人,司事三人,均受总教习领导。

雷阳中学堂招生条件是:"不论生童,惟须年在十六岁以上二十岁以下,曾读过经史,体质壮实,文理明通,身家清白,并无坏习气疾病嗜好等弊,方为合格。"

教授的课程共有八门:一、四书、五经、纲常大义;二、中外史鉴;三、中外政治;四、中外舆地;五、中国文学及中国语;六、外国语;七、算术测绘;八、格致。明确规定停止教习八股文。

由于当时清政府还未颁布各省地方学堂章程,雷阳中学堂仿照京师大学堂章程,学生先进入"预备斋"学习两年,毕业后再升"正斋"两年。

后来,雷阳中学堂负责人改为校董,由梁成久担任。还规定,除校董外，总教习以下各人都要在学堂上课上班，不得兼任其他职务，以示专司职守。

（二）雷阳中学堂师范班

在《钦定学堂章程》基础上，1903年，张百熙、张之洞和荣庆又重新拟订了一个学制，即《奏定学堂章程》，因该年为癸卯年，故又称"癸卯学制"。

"癸卯学制"分为三段七级，初等教育三级，中等教育一级，高等教育三级。具体为：蒙养院（4年）—初等小学堂（5年）—高等小学堂（4年）—中学堂（5年）—大学预科或高等学堂（3年）—大学堂（3~4年）—通儒院（5年）。

"癸卯学制"包括初小、高小、中学、高等学堂、大学堂建制等18个文件，涵盖了从小学到大学的"一条龙"完整体系。它与"壬寅学制"相比的不同之处在于：①增加了学前教育机构，取消了蒙学堂；②在大学预科层级，充实了专科性质的高等学堂；③职业教育和师范教育的程度有所提高；④入初等小学堂的年龄延迟了一年；⑤ 学程更长。从6岁入学到读完通儒院需26年，年龄达32岁。从这个意义上讲，它是我国学程最长的一个学制。

从附设的旁系考察，与高等小学堂并行的有实业补习普通学堂、初等农工商实业学堂和艺徒学堂（可附设于初等小学堂）；中学堂的旁系有初级师范学堂、中等农工商实业学堂；与高等学堂并行的有优级师范学堂、实业教员讲习所、高等农工商实业学堂，以及译学馆、仕学馆等。

"癸卯学制"单独制定《初级师范学堂章程》《优级师范学堂章程》和《实习教员讲习所章程》，并规定每州县设置初级师范学堂一所、省城设置一所，根据学生入学年龄分为完全科和简易科，完全科学制5年，简易科学制1年。未设置师范学堂的州县，可先设为期10个月的师范传习所。把师范学堂分为两级并独立设置，标志着中国近代师范教育制度正式建立。

广东省的近代师范教育根据中央法令，结合本省实际，设立两种层级的师范教育：优级师范学堂（培养中学堂及师范学堂所需师资）；初级师范学堂、简易师范科和师范传习所（培养小学堂所需师资）。自 1903 年始，广东各地陆续出现或由书院改建，或由中学堂附设的初级师范学堂。雷阳中学堂在 1904 年附设了师范科一班。

雷阳中学堂师范班是根据我国师范生特殊招生制度、优惠政策以及服务要求所设。关于招生方面，《奏定学堂章程》专门制定招收师范生的《考录入学章程》（简称《章程》）规定：初级师范学堂为师范教育的第一级，招收高等小学堂毕业生来堂肄业，以派充高等小学堂和初等小学堂两项之教员。但在小学尚未发达之前，暂时可就现有之贡廪增附生及文理优良之监生内考取，考毕后经过面试考核择优录取。此外，《章程》还规定，凡已经考核通过的学生，须由本人邀请正副保人出具保结备案。

关于师范生所修学科，《章程》规定完全科学科共有十二科目：一、修身；二、读经讲经；三、中学文学；四、教育学；五、历史；六、地理；七、算学；八、博物；九、物理及化学；十、习字；十一、图画；十二、体操。此外，根据各地情况加授外国语及农业、商业、手工业其中的一科或数科。至于音乐，与普通中学相同，以古诗词代替音乐。

关于师范生待遇，《章程》规定，师范生都享受免交学费、住宿费、伙食费、杂费等。

关于师范生服务要求，《章程》规定，凡师范生毕业后皆有义务担任小学教员，凡在州县学堂毕业者，应有从事本州县各小学堂教员之义务。简易科生服务期限三年。

雷阳中学堂附设师范班，自 1904 年到 1913 年停办，历时 9 年，虽时间不长，学子也不多，然它是岭南师范学院历史上师范教育的开端，彰显岭南师范学院师范教育的悠久历史。

（三）雷州中学校

民国成立后，废除了清末的学制系统。经过讨论修改，教育部门于

1912 年 9 月 3 日正式颁布新的学制系统。后又经充实完善，于次年 8 月重新公布。因时跨壬子、癸丑两年，所以，这套较为完备的学制方案通称为"壬子·癸丑学制"。

"壬子·癸丑学制"把学校教育的类别明确分为普通教育、实业教育和师范教育三个相对独立的体系。学校教育的层级分为初等教育、中等教育和高等教育三个不同阶段。

此外，教育部门公布《师范教育令》《师范学校规程》等规定，其中《师范学校规程》列明师范学校的教育目标、师范生教养要旨、师范学校学习科目、入学资格、学生待遇以及毕业去向等内容。

1913 年 9 月，教育部门颁布《中学校令》。由于雷阳中学堂于 1913 年更名为雷州中学校，属于省立，学校停办了师范班，专办中学班，故完全按《中学校令》办学。

《中学校令》内容主要有：

1. 中学校以"完足普通教育造成健全国民"为宗旨。

2. 中学校以省立为原则，县立为例外，由省设立者称省立中学，经费由省款支给；由县设立者称县立中学，经费由县款支给。专教女子的中学称女子中学校。

3. 中学学习年限为四年。

4. 中学校的学科为修身、国文、外国语、历史、地理、数学、博物、物理、化学、法制、经济、图画、手工、乐歌及体操十五门。女子中学加课家事、园艺、缝纫、但园艺可以从缺。

5. 第一年每周授课三十二小时，第二年每周授课三十三小时，第三、四年每周授课各三十四小时。

6. 中学校入学资格，须在高等小学校毕业及与有同等学力者。

雷阳中学堂改名为雷州中学校后，校长、教师不是清末出身的科举名流，就是北京大学、省高等师范学堂或相当高师的毕业生担任，当时称得上是人才荟萃之地，周烈亚、谭平山、温仲良等先后任校长。

1912 年，谭平山（又名谭鸣谦、谭聘三）接任雷州中学校长。他是广东高明县人，早年加入同盟会，被推选为广东省临时议会96个代议士之一，是广东党组织早期的主要领导人之一。谭平山任雷州中学校校长期间同时兼授数理化课。据有的学生回忆，他讲课条理清晰，表达能力很强，学生听后都能掌握要领。他的学问和人品在师生中留下深刻的印象，有彬彬君子的美称。

雷州中学校建立后，曾因经费困难数度停办。雷州中学堂期间，学校的办学经费由雷州府拨付，后由海康、遂溪、徐闻三县共同出资，加上原府学田租每年约三千元支撑学校。但从1916年起，徐闻连年遇匪患，不能如期交款给学校，遂溪也因财政困难无法支付学校经费，导致学校于1922年停办了一年。到1923年，校长梁连岐呈报省政府详述学校经费之困难，省长得知后训令海康县县长负责筹款维持学校经费，后经多方筹措，学校到1924年才勉强复学。但同年暑假，学校又被军队借驻，难以正常开课。学校在办办停停中蹒跚而行。

（四）广东省立第十中学

随着形势的发展，学制的修订又被提上议事日程。1919年，全国（省）教育会联合会第五届年会专门讨论学制修订问题。1921年10月，在广州召开该联合会的第七届年会，专题讨论学制改革问题，并从11种方案中择定以广东的方案为主进行增补修订，形成并通过《学制系统草案》。1922年，教育部门在北京专门召开会议对《学制系统草案》进行审订修改。同年10月，又将修订稿交联合会第八届年会代表终审。11月1日，《学校系统改革令》正式公布实施。因该年是壬戌年，故又称为"壬戌学制"。

"壬戌学制"内容主要有三个方面：一是规定了七条教育标准，包括适应社会进化之需要、发挥平民教育之精神、谋个性之发展、注意国民经济实力、注意生活教育、使教育易于普及，以及多留各地方伸缩余地。二是对中等教育提出十三条规定，包括中学校修业年限、初高级中学的单设和并设、中等教育有选科制、师范学校的设置等。三是规定初级中学、高级中学和师范学校的课程标准等。"壬戌学制"对师范教育的类别划分还是较为细化的，它把师范教育划为六科：完全六年的师范学校、后期三年的师范学校、高中师范科、师范专修科、师范讲习所和师范大学。

"壬戌学制"颁布后，各省相继对学校布局作了调整。1926年，雷州中学校更名为广东省立第十中学，招收三年制的初中生。1929年，每年加招高中师范班一班。到了1931年，全校拥有初、高中六个班，加上附设的实习小学，学生总数达300多人。1935年，省教育厅下令把学校的高中普通班改为高中师范班，相关领导到学校挥毫题写"广东省立雷州师范学校"校额。

1929年冬，学校发生了一起骇人听闻事件。海康县第一区警察数十人持枪闯入学校殴打学生，抢掠财物。学生宋育瑞被砍破头颅，梁大鹤被刺刀刺入腹部，如非及时抢救，性命不保。

事件发生后，师生们非常愤怒，连夜发出"快邮代电"并电报省教育厅，呼吁各界人士主持公道，校长何冠文亲自赶往省城请求，要求海康县一区警察署赔礼道歉、赔偿损失、惩办凶手。但当省里派人南下调查时，由于海康中学校长游某辩说是学生与警察争风吃醋引起的事端。结果，警察署既不赔礼道歉，也不赔偿损失，凶手仍逍遥法外，还责令学校开除"闹事"学生。何冠文一气之下愤而辞职。

接替何冠文任校长的是曾担任过雷州中学校校长的周烈亚。为了平息此事，周烈亚做了大量工作。他先是暗地里把被责令开除的学生改名易姓留校或转学他校；同时，他每天巡视学生宿舍，催促学生上课。在周烈亚校长的努力下，事态总算平息过去。

周烈亚担任校长期间，学校有了一些起色。他特别重视教师的品行，要求所聘用的教师必须品学兼优。当时，一批学有专长的教师被聘用并发挥了很好作用。他不干涉学生自由阅读。其间，校内自由进步书刊较多，为后来进步思想的传播奠定良好的基础。他为人清廉，从不侵占公家便宜。1932年他辞职时，学校学田租积存白银3000多元，分文未动如数交给继任校长。

由于学校进步思想较浓，学生积极参加革命活动。当马占山领导的义勇军在东北痛歼日寇时，十中学生在校内发起组织了"十中学生义勇军"，全校报名学生达 100 多人。他们还组织军事训练，准备有朝一日奔赴前线。1935 年，高中部学生陈其辉、曾锡驹和初中部学生王文劭等人发起组织"求真理读书会"。在他们的鼓动下，以聚资合营方式办起雷州图书杂志社，大力推荐进步书籍、杂志、报纸，进步学生的队伍不断壮大。后来，王文劭加入中国共产党。该校还培养一些爱国进步的革命知识分子，如南路著名的农民运动领袖黄学增，海康县早期地下党领导人黄杰等，都为革命事业作出贡献。

在多方共同努力下，学校规模不断扩大。1934 年，高中师范科有两个班，共 35 人；高中普通科一年级一个班 25 人；初中三个班，共 146 人；总计 206 人。学校办学经费由省里下拨，全年共计 19794 元；海康、遂溪两县协款全年计 4080 元；校产田租年约 3000 元；初中两班学费 1440 元；全校全年总收入共计 28314 元。校舍也初具规模，有教室七间，学生宿舍四十间，办事处一间，教职员住房六间，礼堂一座，图书仪器室一间，学生成绩室一间，膳堂一座，藏书千册，还有一批价值数百元的仪器。从 1903 年到 1934 年，毕业生总人数约达 600 名。包括旧师范班一班、高中班有三届毕业生、旧制中学连新制初中共有十三届毕业生，可谓桃李满天下。这在文化教育较为落后的雷州半岛，是一个了不起的成绩，为社会发展作出贡献。

（五）著名校友

谭平山

谭平山（1886—1956），又名谭彦祥、谭鸣谦、谭聘三，广东高明人。1909 年在两广优级师范学校学习期间加入孙中山领导的同盟会，开始投身于反对清政府的宣传活动。1910 年，于两广优级师范学校毕业，到广东雷州半岛的雷州中学担任数学教员。1912 年 1 月，中华民国成立，谭平山在雷州被推选为广东省临时议会 96 个代议士之一，参加广东省临时议会的活动。不久，谭平山担任雷州中学校长。1916 年，调到阳江中学任教。1917 年，谭平山考入北京大学文科哲学系学习。在北大期间，谭平山参加了李大钊等组织发起的马克思主义研究会、新闻学研究会等组织。1919 年，参加五四运动，成为五四运动的主要领导人之一，参与火烧赵家楼、痛打卖国贼的壮举，曾被北京政府反动军警逮捕关押，后被释放。1920 年 7 月，北京大学毕业后，回到广东高等师范学校任教，并发起组织广州共产主义小组。1921 年中国共产党成立后，任中共广东支部书记。1923 年，他以中共广东区委书记、中共中央驻粤代表、老同盟会会员和老国民党党员的身份，协助孙中山改组国民党。1924 年 1 月，中国国民党在广州举行第一次全国代表大会，谭平山当选为改组后的中国国民党中央执行委员会委员和组织部部长。

1927 年 8 月，谭平山与周恩来、朱德、贺龙、恽代英等领导发动南昌起义。起义失败后流亡港澳。因他参加南昌起义，武汉国民党中央于 1927 年 8 月 8 日开除谭平山的国民党党籍。同年 11 月，在中共临时中央政治局扩大会议，通过了《政治纪律决议案》，处分了一批党内干部，谭平山也受到严厉的处分，被错误地开除党籍。1937 年抗战爆发后，他回到武汉，投入全民族的抗日救亡运动。1947 年冬，在香港出席了李济深、何香凝等人组织召开的国民党民主派第一次代表大会，决定成立中国国民党革命委员会。1948 年初参与组织成立中国国民党革命委员会，任中央常委。1949 年 9 月参加中国人民政治协商会议第一届全体会议，当选为全国政协委员，并参加了 10 月 1 日的开国大典。新中国成立后，历任中央人民政府委员、政务院政务委员、政务院人民监察委员会（监察部前身）主任等职。1954 年当选为第一届全国人大常委会委员、第二届全国政协委员。1956 年 2 月出席中国国民党革命委员会第三届全国代表大会，并在会上发言，号召为和平解放台湾而奋斗。3 月当选为民革第三届中央副主席。同年 4 月 2 日在北京逝世。

谭平山是中国具有社会主义思想的早期知识分子之一，是第一次国内革命战争期间著名政治活动家之一，是中国共产党广东党组织的主要创建者，中国国民党革命委员会的主要领导人之一。同时曾是湛江师范学院前身雷州中学校长。他在雷州中学工作过多年时间，为雷州半岛教育事业立过汗马功劳，是从雷州中学走出去的杰出的革命活动家。

谭平山是中国现代史上颇有影响的人物。是广东社会主义青年团和广东共产党组织的创建人之一，是第一次国共合作的重要人物。当轰轰烈烈的大革命失败后，他离开了党的组织，但仍坚持反帝反封建的立场，努力团结和发展进步势力，同国民党反动派进行了多方面的斗争，为建立一个社会主义的新中国作出了贡献，不愧为有民族感的革命者和爱国主义者。

黄学增

黄学增（1900—1929）原名黄学曾。广东省遂溪县乐民镇墩文中村人。

黄学增是大革命时期与彭湃、阮啸仙、周其鉴等人齐名的广东省四大农运领袖之一，又是土地革命时期广东西江和海南岛红军、苏维埃的创始人之一。1929年，在海口市英勇就义，时年29岁。

黄学增，早年就读于雷州中学，1920年考入广东省立第一甲种工业学校。1921年加入中国社会主义青年团。1922年转为中国共产党党员。1923年初发起组织雷州留穗同学会。1924年7月，入第一届广州农民运动讲习所学习。结业后任国民党中央农民部特派员，到花县开展农民运动。10月被选为青年团广东区委候补委员，任工农部助理，并任中共广东文东区委农民运动委员会委员。1925年6月参与筹备召开广东省第一次农民代表大会，被选为广东农民协会执行委员，参与领导全省农民运动。1926年1月出席国民党二大，被选为大会提案审查、农民报告审查委员会委员，向大会介绍《农民运动决议案》内容。不久任广东省农民协会南路办事处主任，积极领导阳江、茂名、化县、电白、海康等县建立农民协会，开展反封建斗争。同时主持国民党广东省党部南路特别委员会工作。5月参与主持召开广东省第二次农民代表大会，任大会秘书长，继续被选为省农协执行委员。

1927 年初,黄学增在新成立的中共广东南路地方委员会任书记,并兼任广东农民自卫军南路指挥。在他领导下,南路八个县农民运动迅猛发展,农民协会会员达 12 万人。四一二反革命政变后受到缉捕,被迫随广东省委转移至香港。

1927 年 10 月,黄学增被选为中共广东省委候补委员,任西江巡视员,指导高要、广宁等地武装暴动以配合广州起义,均遭失败。1928 年春,他任中共广宁县委书记,4 月被选为中共广东省委委员。6 月被派到海南岛指导工作。7 月,黄学增担任中共琼崖特委书记,主持改组特委,恢复发展各县党的组织,成立以王文明为主席的琼崖苏维埃政府,整顿和扩大红军部队,建立革命根据地,开展土地革命。11 月,他被选为中共广东省委候补常务委员,不久增为常务委员,领导成立中国工农红军琼崖独立师,兼师政治委员,率部开展游击战争。1929 年春,南路、琼崖两特委合并为南区特委,黄学增任书记。5 月,他潜赴香港向中共广东省委汇报琼崖情况。不久省委派他为巡视员重返琼崖。7 月,黄学增因叛徒出卖被捕,不久在海口红坎坡英勇就义。

党史资料显示,1928 年 7 月,在海口的党员人数已发展到 680 人。但革命形势很快在敌人"围剿"下遭受挫折。于是,特委改变战略战术,将红军化整为零,分散到农村坚持斗争。

1928 年 8 月,由广东省委委派来琼主持琼崖特委工作的黄学增,到海口整顿党组织,改选海口市委。严鸿蛟为市委书记,云昌江、陆国宪为市委委员,潘子裕为交通员。

11 月 29 日,省委指示一个月内将南路特委、琼崖特委合并迁往海口,称南区特委,黄学增任书记。但由于南路特委遭敌破坏,合并计划未能按省委指示完全实现。12 月间,黄学增、官天民、陈大机等带领中共琼崖党团特委机关迁入海口市和府城镇,以各种职业为掩护领导斗争。特委秘密驻地有两处,其中一处就是海南云氏会馆。

1929 年 2 月 13 日,中共海口市委书记严鸿蛟在市郊罗陈村被捕,随后叛变革命,出卖了党的机密,向敌人供认出特委和市委机关的情况。2

月 18 日晚上，严鸿蛟带领敌人来到海南云氏会馆，破坏了特委及海口市委机关，逮捕了市委委员云昌江，又在三亚街三角路住宅逮捕了市委委员陆国宪。接着，又在海府地区追捕其他革命同志，海府地区的中共党组织遭到严重破坏。

1929 年 3 月 1 日，云昌江等人在红坎坡英勇就义。

中共琼崖特委及海口市委隐秘于云氏会馆那段时间前后，正是琼崖革命处于低潮阶段，那是一段在白色恐怖笼罩下的特殊艰苦岁月。

1928 年 4 月，国民党广东省南区善后委员公署成立，辖高州、雷州、琼崖共 28 个县和海口、北海、梅录三市。

当时的中共广东省委，由于受到当时"左"倾错误和政策的影响，决定琼崖今后工作的重心应该在城市，把革命斗争的希望寄托在开展城市工作上。

1928 年 6 月，黄学增主持特委工作后，决定将特委机关从乐会四区宝墩村迁入国民党在琼崖的政治、军事、经济中心海口市和府城镇。由于海府地区是敌人严密控制的地方，党在海府地区的活动格外容易引起敌人的注意。海口市区到处是特务和密探，革命同志处在随时都可能被捕和牺牲的危险境地。

1929 年 2 月，由于叛徒告密，敌人袭击了党的机关，市委委员云昌江和陆国宪先后被敌人杀害了。同时，敌人还破坏了府城西门外金花村吴宅的南区特委机关，陈大机、郭秀等八位同志也遭到敌人逮捕杀害。特委书记黄学增到省委开会，幸免于难。

特委及海口市委被破坏后，主要领导干部都牺牲了。在白色恐怖之下，许多党员潜伏起来，府城和海口地区的斗争处于低潮。当时党支部仅存 4 个，党员只有 30 多人。但他们仍然秘密进行革命活动，发动海口印务、屠业、人力车、汽车工人掀起罢工斗争，但这些斗争终因力量薄弱而失败。1929 年 7 月，特委主要领导人黄学增、官天民为了隐蔽工作，称病住进福音堂医院。不料，又被叛徒出卖。敌人得到报告后，立即包围医院进行搜捕。官天民在越墙逃跑时中弹牺牲。黄学增被捕后，关押在监狱里，每天遭受敌人刑讯逼供，但他大义凛然，没有屈服。不久，被敌人杀害。

经过这段特别艰苦的地下岁月，此后相当一段时间，海府地区党组织和革命斗争才得以恢复和发展。

1960年，周恩来总理到湛江视察时，对当时的地委书记盂宪德同志谈起黄学增早年参加革命和领导农民运动的情况，并关心地问起他的亲属的情况。1962年，中共湛江地委为纪念黄学增同志，特拨专款在其故乡修建"黄学增纪念亭"。

黄景星

黄景星（？—1927），海康县客路镇南金村人。清光绪三十二年（1906）在广东师范学堂读书时，因曾考取为"优贡"，后以生员已入堂不得与考为由而被革，故号"海康忧人"。

黄景星曾担任雷州中学教员。他在教学中，敢于破旧立新，引导学生写作大胆揭露现实问题，深受学生喜欢。1921年，他与富商符南山合资创办道南印务局，经营印刷、书籍、文具及其他货物。从此，他以印务局为基地，承印各方印刷物品，还积极收集资料出版地方文献及名人著作，如《陈清端诗集》、陈昌齐的《赐书堂集》、陈乔森的《海客诗文杂存》等，为雷州地方文化事业作出了贡献。他还埋头雷州歌及雷州歌剧的研究，收集整理数以百计的旧雷州歌剧剧本并印刷出版，使众多传统版本得以保存，他还以地方真人真事编写雷州歌剧，如《姐妹贞李》《学堂影》等。他还对雷州歌剧的内容进行深入研究，撰写《雷州歌谣》一书。这些研究和创作，推动了雷州歌及雷州歌剧的发展，为后人研究提供了宝贵的经验和珍贵的资料。

黄其江

黄其江（1914—2008），广东湛江遂溪人。1933年遂溪县第二高等小学毕业后考上广东省立第十中学。在十中学习期间，他经常与陈其辉、邓麟彰、黄彪、曾锡驹、谢兆琇、沈汉英、陈兆荣等探讨救国救民真理，还一起出壁报，出学生期刊，写文章抒发爱国情怀。

1936 年，在黄其江的倡议下，邓麟彰、唐才猷、黄彪、谢兆秀、沈汉英和黄明德、陈其辉、王玉颜、谢其乐等，积极筹集经费，先后前往香港、广西等地寻找共产党组织。1938 年 6 月，在江村师范由刘秉钧介绍加入中国共产党。7 月，受中共广东省委组织部派回遂溪重建党组织和开展青年运动。在黄其江、陈其辉等率领下，以遂溪七小为立足点，串连七小、遂中师、雷师、东海岛等地的进步师生和社会知识青年 50 余人，在原抗日救亡宣传工作队的基础上，成立了 80 人左右的抗日救亡下乡巡回工作队，开展抗日救亡宣传活动。8 月 25 日，成立遂溪青年抗敌同志会（简称"青抗会"）。大会选举黄其江、陈其辉、殷杰、王国强、邓麟彰、支仁山、周程、黄枫、陈炎、卢震、李品三等为干事会干事。这是一个由中共遂溪党组织领导的抗日青年团体。

1939 年 1 月 1 日，黄其江在赤坎潮州会馆主持召开党员会议，传达中共广东省委组织部的指示，成立中共遂溪县中心支部，黄其江任书记。5 月，中共高雷工委（是年 3 月成立）书记周楠宣布成立中共遂溪县工作委员会（简称"遂溪县工委"），由高雷工委委员黄其江兼任书记。10 月，中共广东省委巡视员温焯华宣布撤销中共遂溪县工委，成立中共遂溪中心县委（管辖雷州半岛及廉江、吴川党组织），黄其江任书记。

1943 年 10 月，遂溪抗日武装于整编后南下海康、徐闻活动。整编后余下的一百多人由唐才猷、黄其江率领，留在遂溪扩军、作战。11 月，唐才猷、黄其江率领整编后余下的武装人员到达杨柑，与东区抗日武装合编为雷州人民抗日游击队第三大队，大队的领导工作由唐才猷、黄其江负责。

1945 年 1 月，南路各县的抗日主力部队统一编为南路人民抗日解放军，黄其江任政治处主任。随后唐才猷、黄其江率领第二、第三大队北上配合吴（川）、化（县）、廉（江）、梅（菉）武装起义，并准备和张炎部队进军化县中垌建立根据地。2 月 5 日，张炎部队被打散、第二支队受挫折，组织派唐才猷、黄其江回遂溪敌后重新组建部队。2 月下旬，遂溪西北区党组织在黄其江的具体布置下，在山家新村成立遂溪西北区抗日民主政府，区政府完全控制的地区约 250 平方公里，人口 5 万左右，是当时南路敌后革命基础最好的抗日根据地，在南路抗日游击战争中起到了重要作用。

1946 年春节前夕，黄其江、支仁山、曾锡驹以雷州人民解放军的名义，向各界进步人士和国民党军、政要员散发贺年柬，贺年柬上附着一首要求和平、反对内战的诗，后又在雷州地区广泛散发和平呼吁书。3 月，中共雷州特派员根据上级的指示，派黄其江等人对遂溪和湛江市的一些民主人士和中间分子进行动员教育工作，鼓动这些人组建湛江市民主同盟团体，开展争取和平民主的合法斗争。6 月，黄其江由上级安排随东江纵队北撤山东。

1947 年 11 月，黄其江、马如杰等奉命由山东回南路工作，黄其江任中共粤桂边地委组织部部长。12 月，根据粤桂边地委的决定，黄其江主持召开雷州地区领导干部会议，总结了雷州地区过去在斗争方针、政策和军事思想等方面的经验教训，明确了打"歼灭战"的军事思想。在中共雷州工委的主持下，黄其江、马如杰向各地党、政、军领导干部汇报他们在山东期间的学习心得，并传达中共香港分局的有关指示。

1948 年 3 月下旬，黄其江召集沈汉英、陈兆荣、马如杰、陈醒吾、郑世英等人在遂溪组建粤桂边区人民解放军第二支队第八团。4 月，中共粤桂边区委在香山村陈氏宗祠成立。黄其江任区委委员。8 月，中共粤桂边区党委决定成立粤桂边地委，黄其江任书记。

1978 年 8 月，黄其江任广东省高教局副局长，1985 年 12 月离休。

唐才猷

唐才猷（1917—2019），广东省遂溪县沈塘区客路圩（现属城月镇）吴村乡人。1933 年 6 月，考入省立第十中学。后听人说到广州上学较好，便私自借钱到广州，考入广东省立第一中学。11 月，因父亲不同意其在广州上学，也不寄学费，只好转学回雷州，到广东省立第十中学上初中。

在校期间，经常与一批进步学生来往，学习、座谈如何救国救民，探讨真理。这时，他不仅有了初步的阶级觉悟，还知道了中国共产党和中国红军。

1936 年 6 月，初中毕业后，唐才猷回家拿了妻子、二嫂的黄金首饰到赤坎变卖作为寻找共产党的经费，到东海岛找到了黄明德，与黄其江、邓麟彰、黄彪、谢兆琇等同学前往广州、香港、北海寻找中国共产党。

1937 年 9 月，唐才猷在雷州师范学校上高中，在校期间，他与同学合资成立雷州图书供应社，推销进步书刊，并成立抗日读书会、抗日宣传队，投身抗日救亡运动。

1938 年 8 月，唐才猷在雷州师范学校加入中国共产党。8 月，听从组织安排，他离开学校到遂溪县参与组织青抗会。

1940 年 3 月，南路特委决定撤销遂溪中心县委，成立中共遂溪县委，唐才猷任党委委员，分管组织工作。

1941 年初，国民党顽固派掀起的第二次反共高潮达到顶点。在此形势下，中共遂溪县委根据中共南路特委的布置，撤退已经暴露的干部。

1944 年 7 月，南路特委决定于春节后举行南路抗日武装起义。8 月 9 日，在中共南路特委的直接领导和唐才猷、支仁山、陈兆荣等人的具体组织下，抗日武装举行遂溪县抗日武装起义大会，宣布成立遂溪人民抗日联防大队，任命马如杰为大队长。该大队撤离老马村后由唐才猷任大队长，10 月部队整编，成立雷州人民抗日游击队第一大队。整编后主力部队南下海康、徐闻活动，余下的 100 多人由唐才猷、黄其江率领，留在遂溪扩军、作战。11 月，武装人员到达杨柑，与东区抗日武装合编为雷州人民抗日游击队第三大队，大队的领导工作由唐才猷、黄其江负责。

1945 年 1 月，南路各县的抗日主力部队统一编为南路人民抗日解放军，下辖两个支队，唐才猷为第一支队支队长。一支队 800 人左右，编为三个大队，第一大队仍在海、徐地区活动，第二、第三大队由唐才猷、黄其江率领北上配合吴（川）、化（县）、廉（江）、梅（菉）武装起义，并准备和张炎部队进军化县中垌建立根据地。

2月5日，中共南路特委根据张炎部队被打散和第二支队受挫折的情况，在廉（江）博（白）边境照镜岭召开紧急军事会议，决定第一支队主力部队开进合浦白石水地区建立根据地，同时决定派唐才猷、黄其江回遂溪敌后重新组建部队。

3月，南下海（康）徐（闻）的第一支队第一大队返抵遂溪。随后，原由第一支队管辖的第二、三大队在合浦受挫后也先后回师遂溪。在西北区山家老村进行整编，支队番号不变，唐才猷任支队政委。

5月，中共南路特委将南路各县的主力部队整编为5个团，第一支队整编为南路人民抗日解放军第一团（亦称"老一团"），团长黄景文，政委唐才猷。

9月下旬，中共南路特委以南路人民抗日解放军第一团为主组成主力团，由团长黄景文和政委唐才猷率领，西进十万大山，开辟根据地，保存武装。10月10日，第一团首批突围西进部队由黄景文率领从中区泥地突围后，第二批突围部队于突围前夕由唐才猷指挥，在中区党组织的配合下，于10日零时袭击遂溪敌飞机场。这次战斗，全歼守敌150多人，其中俘敌飞行员、机务员8名，缴获20毫米机关炮2门、75毫米加农炮1门、重机枪3挺、飞机用机枪8挺、日式步枪130余支，以及各种枪弹一大批；我方牺牲1人。袭击遂溪机场后，敌军急忙回守遂溪，我第一团则乘机顺利西进。

1955年，唐才猷被授予二级独立自由勋章、二级解放勋章，1970年7月任湖南省军区副司令员（正军职），1979年2月任省军区顾问，1988年被授予独立功勋荣誉章。

第二章

独立师范教育的创办

一、从乡村师范到简易师范

1928 年 5 月，国民政府大学院召开第一次全国教育会议。会上，通过了《整顿中华民国学校系统案》，是谓"戊辰学制"。"戊辰学制"提出教育要根据本国实情、适应民生需要、增进教学效率、提高学科标准、谋个性发展、易于普及以及留地方伸缩等六条教育原则，并构建教育新的结构体系，把教育分为初等教育、中等教育和高等教育三段。与"壬戌学制"不同的是，"戊辰学制"废止六年制，取消师范专修科及讲习科的名目，添设乡村师范教育。至此，师范学校有三种规格：高中师范科、师范学校和乡村师范学校。人民教育家陶行知在《中国教育政策之商榷》一文中讲道："提倡以乡村学校为改造乡村生活之中心，乡村教员为改造乡村生活之灵魂。其具体办法，应设试验乡村师范以实验之。"8 月，在山西太原召开的中华教育改进社第四次年会上，师范教育组通过呈请教育部通令师范学校增设乡村分校提案。从此，乡村师范教育如雨后春笋般建立。

1929 年 3 月，广东省府（署）选定番禺的江村筹办乡村师范学校，这是全省最早的乡村师范学校。接着，广东省教育厅颁布四类乡村师范学校建设方案，规定每县应设一所乡村师范学校。如未能独立设置的也应在师范学校或公立初中附设乡村师范科。自此，广东全省的乡村师范学校陆续开始设立。其中，湛江共建立 5 所乡村师范学校：吴川县立乡村师范学校、廉江县立乡村师范学校、海康县立乡村师范学校、遂溪县立乡村师范学校和徐闻县立乡村师范学校。海康县立乡村师范学校校址就建在旧雷阳书院明伦堂，其教室宽敞，可容纳 90 多人，为学校发展提供了基本的教学条件保障。

1932 年，教育部门陆续颁布《师范学校法》和《师范学校规程》，要求各地设立简易师范学校，或在师范学校及公立初中设简易师范科，以满足各地急需的义务教育师资。此后，乡村师范教育逐步停止，大多改为简易师范学校。湛江的 5 所乡村师范学校到 1935 年，都已改为简易师范学校。而后经停办、合并等，到 1947 年 10 月，只存有廉江和遂溪两所简易师范学校，其他三所简易师范学校均已不复存在。

二、从简易师范到中等师范

1935 年秋，广东省决定将广东省立第十中学改为广东省立雷州师范学校。广东省教育部门负责人为该校题写校名。校长吴炳宋有较为独特的办学理念，为学校转型发展作出贡献。他先将高中一年级升高中二年级的班级改为高中师范二年级，并规定从 1936 年起，高中改招师范班新生。初中三个班和附属小学五、六年级两个班继续办。到 1937 年，全校有高中师范班一到三年级各一班，共 79 人；简易师范一个班，46 人；初中一到三年级各一个班，144 人；附属小学两个班，56 人；全校共 325 人。到 1938 年下半年，学校设有高中师范三个班、简易师范三个班、附属小学两个班，共八个班，全校师生员工达 400 多人。

学校实行军事化管理，规定全校高中军训学生和初中"童军"学生，饮食起居，一律士兵化。每天清晨六时升旗，下午六时降旗，全体学生军容整肃，精神振奋。

　　校长吴炳宋的教育理念和治校方略具有一定的开创性意义：一是稳妥实现由广东省立第十中学改为广东省立雷州师范学校，并有所发展；二是建设一支较高质量的教师队伍；三是增加校舍、教学设备；四是严格管理，因材施教。"七七事变"爆发后，日本帝国主义对中国发动全面进攻，日机经常空袭抗战后方不设防城市，原设在海康城的省立雷州师范学校的校舍被炸。为安全计，1939年3月，学校决定迁往湛江郊区的庐山村上课。迁往庐山村后的第一任校长是白学初。当时，因陋就简，学校把该村四间祠堂加草棚作为教室，学生甚至教师都借用民房住宿。物质条件虽然很差，但是师生不畏艰苦，安心教学。

　　1939年6月，中共遂溪县派王文劻到雷州师范发展党组织，周治平等7人被吸收入党，后成立党支部。雷州师范学校校长白学初因病辞职，省教育厅派邓时乐任校长。但邓时乐思想反动，且贪婪成性，遭到雷州师范学校师生一致反对。于是，省教育厅撤了邓时乐的职务，另派宋其芳接任校长。

　　宋其芳到校后，认为学校设在农村，孤立无援，难以立足，便呈准省教育厅，于1942年上半年学期结束后，把学校迁往遂溪县城，不久又迁往化州县林尘圩。1946年上半年，学校迁回雷州海康天宁寺和浚元书院。

　　1946年，雷州地区特派员沈斌，从各县动员一些党员和进步青年到雷州师范学校，以读书为名从事地下革命活动。9月下旬，党组织派黄轩同志到雷州师范学校重建党支部，杨金波任支部书记，杨惠文任组织委员，王英任宣传委员，他们依靠进步人士，团结中间力量，孤立顽固分子。敌人"清乡扫荡"时，他们有组织、有计划地张贴和散发革命标语和传单。这一政治事件影响深广，激发广大师生反美反蒋的爱国主义精神。

　　1947年，雷州地区反共头子"铁胆"（戴朝恩）被我军击毙的消息震慑了南路的反动势力，推动了南路军民革命情绪的高涨。南路特派员号召青年学生"投笔从戎"。雷州师范学校进步学生接受上级指示，有计划、有组织地开展大规模的学生运动，反对国民党压迫人民。

1949 年 12 月 19 日，湛江解放。12 月下旬，海康县军事管制委员会派员接管雷州师范学校，吴林任校长。

根据 1950 年毕业学生所录资料，解放后雷州师范学校有教职工 30 多人，学生 247 人，其中中师 53 人，简师 163 人，专理财班 31 人。

三、新中国成立后校址的迁徙

1952 年，广东省文教厅转发了教育部颁布的《师范学校暂行规程（草案）》，并于 1952、1953 年两次发出《关于试行师范学校暂行规程草案的指示》，强调教学工作要面向小学，着力办好附小。

按此文件精神，中等师范学校的修业年限定为 3 年和 4 年两种（民师一般为 2 年），普师班和幼师班为 3 年，中师函授班、业余进修班基本为 4 年，师范学校与教师进修学校办的脱产进修班、民师班和成人师资班多为 3 年。

在专业设置方面，雷州师范学校根据实际情况，着力解决小学在职教师的提高，除加强语言、数学等基础知识和教育学、心理学等专业课外，还强化体育、美术、音乐、英语等课程教学。

按照省文教厅要求，中等师范学校课程开设政治、语文、物理、化学、生物、生理卫生、历史、地理、外语、心理学、教育学、小学语文教材教法、小学自然常识教学法、体育及体育教学法、音乐及音乐教学法、美术及美术教学法等课程。幼师班开设政治、语文、数学、物理、化学、生物、历史、地理、外语、幼儿心理学、幼儿教育学、幼儿卫生学、语文及常识教学法、计算教学法、体育及体育教学法、美工及美工教学法、音乐及音乐教学法、舞蹈等课程。雷州师范学校办有体育、美术、音乐、英语等专业选修班。

雷州师范学校重视思想政治工作。学校成立由校长、教导主任、政治课教师代表、团委书记和生活指导员组成的学生思想政治工作领导小组，强调教师要以身作则，以正面教育和疏导为主，要针对中等师范学校的特点，增加学生实践和锻炼的机会，培养学生独立工作能力，同时，还不断建立健全各项规章制度，要求学生言行举止合规合范。

1954年8月，广东省人民政府粤西行政专员公署决定，雷州师范学校从海康县城迁到湛江市赤坎寸金桥畔燕岭，同时，创办于1916年的遂溪师范学校也迁来合并。1956年，雷州师范学校被教育部确定为全国80所重点配备的师范学校之一。

四、雷州师范学校时期的代表人物

宋其芳

宋其芳（1900—1984），字饬五，化州莞塘名教村（今官桥镇）人，化州教育界颇有建树的中学校长，曾任广东省立雷州师范学校校长。

宋其芳出身贫寒，但勤奋好学。1926年，他以优异成绩考取国立中山大学。1930年取得国立中山大学学士学位后即返回化州办教育。1931年任化州县县立第一中学校长，连任8年。

宋其芳任职期间，一心改造一中环境，倡导创办高中。因校址破旧不堪，不利于学校发展，他与县内贤达绸缪，通过多方商议，将州一中原地与县立一小校址对调，并动员民众乡绅，捐资筹款4万元，后又取得县长的支持，拨款筹建校舍，增加教学设备。经过大家几年的努力，全县最高学府耸立于县城西南，成为全省一流的学校。

宋其芳治学严谨，整顿校风，奖罚分明，在其任职期间，教学质量明显提高。"在高中第一、第二、第三届毕业会考中，化州一中无一落第者"。

宋其芳任化州一中校长期间，曾到中央军官学校特别党务班受训。毕业后，他被推荐为国民党化县党部执行委员，连任四届。1939年，他先后任县财政科科长、教育科科长。1942年春，宋其芳调任广东省立雷州师范学校校长，后又兼任化县参议会议员、国民党化县县党部书记。1943年春，他被免去雷州师范学校校长职务。1947年，宋其芳任化县县府科长、国民党县党部委员等职。1949 年移居香港。

黄其炜

黄其炜（1918—1944），海康县沈塘区平衡村人。1936 年在雷州师范学校学习期间，他加入学生组织的读书研究会，阅读进步书籍，积极参加学校组织的抗日救亡运动。1939 年，黄其炜加入中国共产党，后担任雷州师范学校党支部书记。1942 年秋，他参加遂溪县"青抗会"。1943 年，为抗击日寇侵略，他和莫志宗同志在上级领导下，成立雷州半岛第一个抗日游击队，并担任中队长。1944 年冬，黄其炜在遂溪县杨甘区白水塘与日寇作战时壮烈牺牲，年仅 26 岁。黄其炜同志为革命事业献出了自己的青春和生命。在追悼会上，有一副挽联深切表达对他的思念和怀恋之情：其人不死，伟绩长存。

在广东省立雷州师范学校期间，还有以下知名校友：南路人民抗日解放军第三团团长莫怀，雷州师范第一个党支部组织者王文劭，遂溪县青抗会总干事陈其辉，海康县委书记肖汉辉，雷州抗日游击大队政委、粤桂边区纵队第三支队副政委陈兆荣，海康县特派员、遂溪县青抗会领导人之一沈汉英，南路人民抗日解放军第二支队政治处主任邓麟彰，粤桂边区纵队第二支队第十五团政委周立人，遂溪抗日中队指导员周德安，雷州人民抗日大队大队长金耀烈，地下革命工作者黄雪霞、黄彪，粤桂边区纵队六支队十八团二营政治教导员谢妙，粤桂边人民解放军雷州支队司令员沈汉英，海康南区区委书记黄轩，东海岛龙池村交通站站长黄鑫等。

这段时期的革命烈士就有 10 多位，除黄其炜外，还有南路解放军第一支队第二大队长洪荣、南路抗日独立大队大队长方茂盛、海康县独立营政委欧汝颖、雷州地下革命工作者唐勤、遂南区委书记兼区长林飞雄、周超群、南路解放军第一团第一营教导员王平、遂南区特派员陈锡庸、地下革命工作者谢鼎等。

第三章

高等师范教育的兴起

一、湛江师范专科学校

20世纪50年代，为了不断满足更多的工农群众接受高等教育的要求，教育战线开始尝试探索中国高等教育发展道路，提出"十五年普及高等教育"的目标。要实现这个目标，必须大力兴办高等教育。于是，全国专科教育出现迅猛发展势头。1958年，专科生突破14万，比1957年增长了3倍。1960年，全国专科学校达到360所，专科生达187108人，占本专科总数的38%。

在全国大力兴办高等教育的背景下，广东省高等教育呈现高速发展的态势，各地纷纷建立工、农、医、师四类专科学校。高等学校数量由1957年的7所（中山大学、华南工学院、华南农学院、华南师范学院、中山医学院、广州中医学院和广东民族学院）到1959年增至50所；在校生数由14654人到1961年增至44594人。

1958年，湛江师范专科学校应运而生。由于准备仓促，学校在校址尚未选定的情况下就开始招收新生，教职工和新招收学生都只能借住在解放初没收的"敌产"——大中酒店内。面对这种情形，地委和专署派出大批领导干部到高校任职。当时，担任湛江师专校长的是时任湛江地委副书记张丕林，党委书记兼副校长是湛江市原副市长、时任地委统战部部长的王次华，担任党委副书记的是共青团原地委书记庄碧君。刚刚创办的湛江师专，行政机关很小，领导人数很少，主持日常工作的领导只有王次华、庄碧君两人，校部机关只设党委、行政办公室、教务处和人事处等部门，行政干部不到 20 人。

学校的首要工作是选定校址。当时的燕岭有一大片空地，除 1954 年搬来的雷州师范学校占有一小部分外，其他均属于湛江军分区后勤部所有。后勤部搬走后，只留下几间废弃的车库、马棚、仓库及几间破旧的房屋。后经交涉，军分区领导同意将这片空地暂借（实际上赠予）湛江师专作为校址。这片空地面积大，正门朝南，与正在兴建的湛江专区农业展览馆（今群众艺术馆）为邻。专区农业展览馆于 1960 年刚建成，不久又撤销，地委就将农业展览馆所有馆舍拨给师专作为教学用房。这样，南面包括今电信局宿舍的一大片土地，东面沿寸金公园（当时还无公园，名之为"西山公园"正破土兴建）迤逦而行，与西山砖厂为邻，西面临湛遂公路，与广东省湛江卫生学校毗邻。雷州师范学校校门就建在东面一隅。

1958 年，学校开始招生时，规模还较小，只设有政史、文史、数理、生化四个专业科（当时专科一律称科），另设工农预科高中两个班，（文理各一班，约 80 人）。1959 年，由于湛江专区与合浦专区合并为湛江专区，两个专区创办的师专也合并。合并后的湛江师专将学科调整为中文、政史、数学、物理、化学、生物六个学科，学制与工农预科一样，均为两年。

湛江专区当时是广东的一个大区，管辖范围包括今天的湛江、茂名、阳江所属地区。1959 年与合浦专区合并后，管辖范围增加到今天的广西钦州地区在内的 18 个县市。湛江师专面向全省招生，生源遍及全省各地，北至韶关、东至潮梅，均有学生前来就读。学校师资来源主要有三部分：一是湛江专区各市县中学的资深教师、老中学校长以及省内老大学下放到各地中学的中老年教师，这是学校最基本的力量；二是省内外各大学带支援性质的毕业生和提前毕业的大学生，他们是年轻人的主力；三是专区各机关历届大学毕业后从事行政、宣传工作的干部，这部分人数量不多；四是合并进来的合浦师专的教工。

当时，为了贯彻落实"教育必须为无产阶级政治服务，必须与生产劳动相结合"的方针，学校劳动课较多，经常搞大炼钢铁、修路、开荒种甘蔗、种菜等社会实践活动，师生的生活较为清苦。

1960年，湛江师专接收附近的一所中学（现湛江三中）作为附属中学，派得力教师梁维纪担任附中校长及一批骨干到附中任教。通过大家一年多努力，附中的教学质量有了明显提高。

为了贯彻中央"调整、巩固、充实、提高"八字方针，1961年，湛江师专停止招生。第二年，最后一届学生毕业后，湛江师专奉命解散。这样，湛江师专前后经历了五个年头（1958—1962），在校生最多时约600人，教职工人数170多人，教学设施已初具规模。

二、湛江地区教师进修学校

湛江师专解散后，大部分教师重新被安排到各市县中学任教。少数教师留下来，在原湛江师专的基础上，于1962年12月组建湛江地区教师进修学校，由原湛江师专党委副书记庄碧君任湛江地区教师进修学校校长兼校党总支书记。广东省立雷州师范学校党支部移归湛江地区教师进修学校党总支领导。后来，学校陆续调进一批教职员，充实了干部和教师队伍。

湛江地区教师进修学校主要任务是负责湛江地区各市县中学教师（主要是初中）和小学行政人员的进修和培训。湛江师专解散时留下来尚未毕业的两个师训班也移交给湛江地区教师进修学校培训到结业。

湛江地区教师进修学校设中文、数学、英语和理化四个专业，学制一年，同时开设一些短期培训班，直到1966年"文化大革命"，学校停办。其间，进修学校共培训了学员数百人，均回原地或原校任职、任教。

三、湛江地区师范学校

1970 年 7 月，全国废除考试制度，实行推荐升学制度，高等院校招收"工农兵学员"。同时，按照"读高中不出公社，读初中不出大队，读小学不出村"的要求，各地初中改办高中，大队小学一律附设初中班，造成师资相对短缺。根据湛江地区有关部门的意见，将原湛江地区教师进修学校、广东雷州师范学校部分教师和原湛江地区教育局部分干部从湛江地区"五七"干校抽调回湛江市，组建湛江地区师范学校。然因校址校舍已被外单位所占，因此，湛江地区师范学校只得选在距离湛江市区 110 多公里的高州，与广东高州师范学校合办。学校领导先后有郑棠、黄茂梅、杨子江、庄碧君、何德、曾有成等人。

广东高州师范学校前身是茂名县立师范学校和广东省立高州女子师范学校。茂名县立师范学校前身是创办于 1930 年的茂名县立乡村师范学校，1934 年，改办为茂名县立师范学校。广东省立高州女子师范学校创办于 1942 年。1949 年 11 月，茂名县立师范学校和广东省立高州女子师范学校合并为广东高州师范学校。"文化大革命"十年，学校停办中师班，只招收初中、高中教师轮训班。

湛江地区师范学校以推荐的方法招收"工农兵学员"三届两年制文史、生化、机电、数学、体育五个中师班，每个班 55 人。当时，实行所谓的开门办学，学生除了校内课堂教学外，还要经常下农村搞教育运动、调查研究和参加生产劳动。学生在校学习一年，回原地实习一年，经当地教育行政部门鉴定认可后，发给毕业证书，由原保送单位分配工作。

1973 年，中央发文，要求驻军退出"文化大革命"中所占的校舍。同年，湛江地区师范学校英语班和体育班先行搬回原湛江地区教师进修学校和广东雷州师范学校校址。1974 年，湛江地区师范学校分为湛江地区雷州师范学校和湛江地区高州师范学校。

在改革开放春风的吹拂下，高等教育获得新生。1978 年，湛江地区雷州师范学校获准开办中文、数学、物理、体育五个大专班，招收新生

206 人。后来，增加化学专业，共招收新生 363 人。

在改革开放中重生的雷州师范学校由庄碧君任党委副书记，汪川、朱兰清任副校长。全校教职工共有 92 人，专任教师 45 人。1979 年春，湛江地区高州师范学校招收新生 109 人，开办三个三年制大专班。

四、雷州师范专科学校

1978 年 12 月 28 日，教育部下发《关于同意恢复和增设一批普通高等学校的通知》（以下简称《通知》），该《通知》同意恢复和增设的七所广东普通高等学校，其中就包括雷州师范专科学校。该《通知》的附件部分内容如下：

名称：雷州师范专科学校

地址：湛江市

专业设置：中文、数学、物理、外语、化学

规模：900 人

面向：本省

领导关系：广东省领导

建校基础：以湛江地区师范学校为基础改建

1980 年 5 月，杨家盛调入雷州师范专科学校任党委副书记（1982 年 7 月升任书记）兼校长。雷州师范专科学校正式进入建设和招生阶段。同年，湛江地区高州师范学校的三个大专班转入雷州师范专科学校。

雷州师范专科学校创立之初，可谓满目疮痍，百废待兴。教室是临时搭建的简易平房，仅有的三栋两层楼房，其中两栋是危房。学校礼堂是茅草盖的。校园道路全是泥泞不堪的土路，教师宿舍更是简陋。整个校园被教育局、邮电局分解为许多块。地区糖机厂建在学校腹地，运输通道由校门直通教学区，严重影响正常的教学秩序。图书、仪器陈旧短缺，缺少教材、教学计划、教学大纲等教学条件。部分干部、教师对大学管理和教学方法比较生疏。为了迅速改变这种落后状况，步入正常的教学轨道，学校领导全力以赴，多方协调，在短时间内取得一定成效。

（1）加强党建工作，落实党的知识分子政策学校协调有关部门，彻底平反 26 宗牵涉 31 人的冤假错案，并提拔一批有真才实学的教师担任校系各级领导；注重在教师中开展党建工作，重点培养和吸收多年来要求入党而未能如愿的同志入党，在全校形成较好的正面影响，大大激发了广大教师的政治热情和爱岗敬业的精神。

（2）大力开展基础设施建设，保证基本的教学需求。学校平整道路并实施校园道路硬化，集中力量建成了较高标准的教学楼、实验楼和图书馆，以及两栋高层学生楼和一栋"讲师楼"，修建体育系游泳池，使校园环境得到明显改观。同时，学校积极争取湛江地委的大力支持，把糖机厂搬出学校，将教育局直辖的原雷州师范学校附属小学划归雷州师范专科学校作为其附属中学，用作学校教学实习、实验基地。这些基础设施的投入使用使校园面貌为之一新，大大振奋了全校教职工精神面貌，增强了办好学校的信心和勇气。

（3）着力加强师资队伍建设。当时的教师多为大学本科毕业，基础较好，在中学有较为丰富的教学经验。但是，从中学教师到大学教师的转变需有个过程。针对这种情况，学校采取请进来与派出去内外结合的方式加强教师培训：鼓励教师举办和参加各种学术会议，要求个人制订提高业务能力和开展科研活动的计划；以在职进修为主，分批派出脱产进修；陆续派出各系领导和骨干教师到国内各知名大学参观考察，开阔视野；认真开展职称评审工作，提高教师的综合业务能力。到 1983 年，全校已有讲师90 人，副教授 4 人，绝大多数教师满足大学教师的岗位要求。针对师资队伍建设，学校制定五年发展规划，提出三年处在全国、全省师专前列、五年实现升本的目标。

（4）加强系、教研组的建设，狠抓教学工作。学校建立教学第一线管理制度、外出兼课分配制度、重点教师培养办法等制度；在全校开展以不断提高教学质量、开展以科研为中心的、一切工作为教学服务的教育活动，增强教师的责任感、使命感和光荣感。

1982 年 4 月，学校适时提出新的方针、任务和工作目标，力争三年时间实现升格。此后，雷州师专的办学规模不断扩大，教学质量和科研水平稳步提升，在校园、校舍、图书馆、实验室、师资队伍建设等方面，无论在质上还是量上都走在全省同类院校前列。到 20 世纪 80 年代末，学校拥有中文、政史、英语、数学、物理、化学、生物、体育八个系、18 个专业。在校学生 2477 人，专任教师 203 人，其中教授 4 人，副教授 42 人，讲师 115 人，向粤西地区输送毕业生 4876 人，其中到中学任教的共有 4852 人，占总数的 99.5%。

通过十多年发展，雷州师专在学校党建、思想政治、教学改革、队伍建设以及教学管理等方面取得一定成绩，形成较为鲜明的办学特色。

（1）全面贯彻党的教育方针，实行党委领导下的校长负责制。学校坚持和加强党对学校的全面领导，加强党的思想和组织建设，做好教职员工的思想政治工作，发挥校长与行政系统的职能作用。1984 年，学校创办业余党校，建立一支由学校领导、教师及地方学校的理论教员组成的业余教师队伍；先后举办九期党员和入党对象培训班，参加培训人数 5000 多人，其中 412 名师生通过参加业余党校的学习和平时的教育、培养，光荣地加入了中国共产党。

（2）加强德育和思想政治工作，旗帜鲜明地宣传党的各项方针政策。学校注重在学生中加强国情教育、爱国主义教育、社会主义民主与法制教育、思想品德教育、劳动教育和艰苦奋斗教育等，并将这些教育内容列入学校思想政治教育的主渠道，成为"两课"教学的重要内容。同时，学校还注重组织学生开展社会调查，了解社会。针对学生是否愿意从事师范教育工作问题，学校专门作了一次调查。结果显示，入学前，没有当教师念头因家长劝说而来的占 37.1%，原来不想当教师为了文凭而来读师专的学生占 29.4%，认为当教师也可以的占 11.9%。可见，大部分学生是不愿意或不太愿意进入师专学习的。针对这一情况，学校把新生入学教育、日常教育、见习、实习、毕业后跟踪调查等五个环节作为重点，进行专业思想系列化教育。

（3）深化教学改革，适应基础教育的发展要求。学校在专业设置、课程体系、教学内容和教学方法等方面开展一系列改革。在专业设置方面，学校先后设置政史、中文、生化、体卫等双学科或主辅修专业。在课程体系方面，学校有目的地调整教学计划，改革课程体系，压缩一些必修课学时，增设选修课。在教学内容上，学校组织广大教师积极开展教学研究。大家认为，应该坚持启发式教学，反对满堂灌。教师群策群力，探索出许多行之有效的教学方法，如梁劲教授总结出来的"以写作理论为指导，以范文为借鉴，单项训练与综合训练相结合，进行多种训练"的教学方法，教育学教师在实践中总结出来的"提纲—辅导—自学—讨论—精讲"的十字教学法等。这些方法在培养学生自主学习能力和独立思考能力的同时，不断开发学生的智力和潜能。

（4）加强教师的基本技能训练，提高教育实习质量。学校根据"就近实习，面向基层，力求节约，保证质量"的原则，开展实习改革。①选择县以下中学作为实习点，学生集中到实习点进行见习、实习活动，时间一个月左右；②联系市区中学作为实习点，学生一边上课，一边分散到实习点见习、实习，时间一个学期。③学生分散回到原籍县、市中学进行实习，时间一个月。1985年，学校增开教育技能课选修课，要求每个学生选修一年，课程包括普通话、美术、音乐等。同时，学校开展第二课堂活动，组织筹建多个社团，如星期天俱乐部、中学辅导小组、摄影爱好者协会等。

（5）加强教学管理，提高教学质量。第一，加强课程建设与管理。学校建立课程档案，具体涉及教学大纲、教材、教学参考书、实验指导书、教学进度表、教学方法、教学内容、教学环节、教研成果、学生成绩、教师听课记录、教学质量评估等方面。第二，加强教学过程的控制与管理。学校组织修订《教学工作建设规范试行草案》，对教学过程各个环节作出规范化管理要求。第三，加强实践教学的组织与管理。学校把实践教学纳入教学计划，以保证实践教学的正常开展；针对实验室工作，制订《实验室工作条例》《实验室工作人员岗位责任制》等。

（6）学生培养质量明显提高。期间学校毕业生分配到高州县的共 500 多人，其中担任中学校长的有 17 人，担任教导主任的有 30 人，被评为中学一级教师的有 114 人，受县级以上奖励的有 240 人，考上本科深造的有 20 多人。1990 年，学校获得国家教委表彰，第二年，又获得广东省高等教育局发布的广东省直属高校"优校优投"资金资助。

第四章

高等师范教育的发展

一、"一体两翼"的办学模式

1991 年 12 月 30 日，国家教育委员会下发《关于同意雷州师范专科学校改为湛江师范学院的通知》（教计〔1991〕245 号），同意雷州师范专科学校升格并更名为湛江师范学院，正文转录如下。

广东省人民政府：

你省人民政府《关于将我省雷州师范专科学校升格为湛江师范学院的请示》（粤府〔1986〕35 号）及省高教局《关于将雷州师专升格为湛江师范学院的再请示》（粤高教规〔1991〕61 号）均获悉。考虑到广东省培养高中教师的需要及雷州师范专科学校经过近几年的准备工作已初步具备了招收本科学生基本条件的情况，经研究，同意雷州师范专科学校改为湛江师范学院。现将有关问题通知如下：

一、湛江师范学院在雷州师范专科学校的基础上建立，设在广东省湛江市，由广东省领导，其办学所需经费和投资均由你省负责。

二、学校发展规模为 3000 人，近期内本、专科并存，今后根据需要和学院办学条件的可能逐步扩大本科生规模。

三、学院的专业设置，按国家有关规定另行审批。

四、自湛江师范学院建立之日起，雷州师范专科学校的建制即行撤销。原有的在校学生仍按原定规格培养至毕业。

望你们加强对学校的领导和管理，进一步增加投入，切实保证办学条件，不断提高教育质量。

1992 年 4 月 25 日，广东省人民政府下发《关于湛江师范学院有关问题的批复》（粤府函〔1992〕88 号），正文转录如下。

省高教局：

粤高教规〔1992〕9 号的报告获悉。现就雷州师范专科学校改为湛江师范学院的有关问题批复如下：

一、湛江师范学院的领导体制为省、市双重领导，以省为主；学院建制为正厅级。

二、学院的领导班子配备和师资调配，请按有关规定办理。

三、学院办学经费，由你局在省计委、财政厅每年下达省高教口的经费中统筹安排。望你们按国家教委教计〔1991〕245 号通知精神，切实加强对学校的领导和管理，努力提高师范教育质量。

1992 年 6 月 23 日，省政府任命李运生为湛江师范学院院长。7 月 13 日，湛江师范学院挂牌成立。一所高等学校由专科升格为本科，这不仅仅是一个层次的简单改变，而是涉及教育观念、培养目标、培养模式的巨变。

根据当时形势发展的客观要求，学校领导班子及时提出了"一体两翼"的办学模式："一体"，即以普通高等师范教育为主体，"两翼"为高等职业技术师范教育和继续教育。

（一）背景及内涵

"一体两翼"办学模式是在高等教育面临多种机遇和挑战的情况下提出的。

20世纪90年代，高等师范教育主要面临三方面的机遇与挑战，即社会主义市场经济体制的建立、科学技术的快速发展和中等教育改革和发展。社会主义市场经济体制的建立对高等教育的发展既是机遇，也是一种挑战。它客观上要求高等学校树立办学的竞争意识、效益意识、质量意识，把高等学校的人才培养与社会需要紧密结合起来，建立起面向社会、依法自主的办学体制。科学技术的快速发展所呈现出来的新特征，如知识更新速度加快、科技应用化市场化不断提高以及科学技术与人文社会科学的结合等，要求高等学校必须革新陈旧的教学内容，探索以能力为主的教学模式。在课程设置上，学校应加强基础知识教学、拓宽专业范围、文理工渗透以及设置跨学科课程，培养基础扎实、一专多能的复合型人才。此外，中等教育改革发展对高师教育也提出了新的要求：一是对教师的素质要求更高，二是中等教育结构的变化要求高师承担部分中等职业技术学校的师资培养任务和在职教师的培养任务。

从高师办学所面临的处境看，教育投入不足是普遍存在的问题。湛江师范学院建院时间较短，基础相对薄弱，随着办学层次的变化，社会对学校的期望值和要求越来越高。建院之初，学院不仅面临其他高校所共同存在的经费不足、队伍不稳、质量不高等问题，还面临专科向本科全面转轨所带来的一系列困难。在这种形势下，只有深化改革，挖掘潜力，提高办学效益，才能增强办学活力，摆脱办学困境。

学校要走出困境，当务之急就是要进行包括办学模式在内的一系列改革。传统的师范办学模式在多种挑战面前，已日显弊端，难以适应时代发展的要求。第一，单纯的面向普通中学培养师资无法适应中等教育结构变化。第二，对应普通中学课程设置专业和课程，不能充分适应科学技术发展的要求，与当时中等教育课程改革的趋势存在一定的差距。第三，教学模式、职能单一化倾向明显不利于高师充分挖掘潜力和增强办学活力。第四，学校相对封闭独立，不利于与其他科类高校沟通和交流，不利于博采众长以提高学术水平和人才培养质量。

学校"一体两翼"办学模式就是在上述背景下不断探索的结果。这一模式的基本思想是以"为基础教育服务"为办学方向，以"提高人才质量"为办学目标，以突出师范性为办学特色，建立面向社会的良性循环办学机制。

坚持为基础教育服务的办学模式改革首先应当明确办学方向。在办学方向的认识上，学校旗帜鲜明地坚持师范特色，始终将服务方向定位于为基础教育服务。无论是"体"还是"翼"，学校的服务方向都是面向基础教育。作为主体的普通高等师范教育肩负着为普通中学培养合格师资的重任，高等职业技术师范教育则为中等职业教育培养合格教师。成人教育的服务面虽广些，但主要精力放在在职教师培训、继续教育和提高中学师资的学历层次和业务水平上。

学校是广东省西部地区唯一的本科师范学院，担负着为粤西基础教育培养合格师资的任务。数据显示，到1994年，湛江、茂名、阳江三市共有完全中学765所，这三个市的普通中学初中教师学历合格率分别为70.9%（湛江）、69%（茂名）、71.6%（阳江），高中教师学历合格率分别为42.8%（湛江）、36%（茂名）、43.8%（阳江）。当时，按三市教育部门统计，5至8年内，平均每年共需补充中学教师3250人，其中美术、音乐、英语、地理等学科教师缺口较大。这些统计数据表明，无论是粤西三市普通中学的师资补充还是在职教师的学历达标，都是十分艰巨的任务，学校在办学方向上坚持为基础教育服务是正确的。

"一体两翼"中的"体"和"翼"在学科专业上各有优势，互为补充。"体"一般是基础学科专业，"翼"一般是应用性学科专业，两者互相促进，协调发展，在教学上有利于文理渗透，开设跨学科课程，培养一专多能的复合型人才。

"一体两翼"办学模式具有层次多、形式灵活多样的特点，对社会的需要反应较快，为学校发展步入良性循环作出探索。

（二）专业模式改革

为了深入实施"一体两翼"办学模式，学校有计划、有步骤地进行专业结构的调整和人才培养模式的改革。

1."大基础、多方向"专业模式改革试验

"大基础、多方向"专业模式改革的目的是将"体"和"翼"统筹考虑，夯实基础，拓宽专业面，增强学生的适应能力。学校制定"大基础、多方向"专业模式实施方案，确定先在物理系进行试点。该系从1993年开始，在物理教育本科专业基础上，增设机械制造工艺、应用电子技术两个高等职业技术师范教育专业。这三个专业以中等教育教师所应必备的知识作为基础，学生在入学时确定初步专业方向，一、二年级按统一的专业内容组织教学，三年级机械制造工艺和应用电子技术专业的学生根据社会需要、个人特长以及学习情况进行分流，确定他们的专业方向。对于这两个专业的学生，学院着重加强专业技术培训，使他们毕业后既有师范生的职业素养，又有较强的实践能力，能胜任中等职业教育专业课的教学工作。

2.增设职业技术师范教育专业

当时，粤西地区相当数量中等职业技术学校因师资缺乏致使无法正常开课。学院从社会需求出发，按照"以体生翼"的模式增设部分职业技术师范教育专业，主动承担职业技术教育师资培养培训任务，除上述物理系所设的机械制造工艺和应用电子技术专业外，数学系以数学教育为主体，增设会计学教育本科等专业。

3.大力发展成人高等教育

针对中学教师学历达标率偏低和需要提高在职教师学历层次的要求等情况，学院充分利用本科教学资源优势，逐步建立函授和业余教育。通过第二学历教育、自学考试辅导、专业证书班等形式，学院着重培养中学在职教师能够胜任两门或多门课程教学工作。

4.实行主辅修制，培养复合型教师

为了适应中等教育课程改革的需要，学院针对当时粤西广大农村中学规模较小、教师缺口较大以及一名教师往往需要担任两门课程教学的特点，进行主辅修教学改革。学生在主修一个专业课程的同时，可辅修另一个相近专业的课程，如数学教育专业辅修计算机课程，汉语言文学专业辅修中文秘书课程，政治教育专业辅修法律课程等。1995 年，学校开设计算机应用、实用英语等第二专业，以期拓宽学生的知识面。

5. 拓宽专业口径

拓宽专业口径，重点在于推进体育与健康融为一体的专业改革。为适应新时期"全民健康计划"的要求以及中学体育教学改革的需要，体育系进行了体育与健康融为一体的专业改革。该项改革主要是拓宽体育专业口径，将体育与健康教育融为一体，培养既掌握体育运动理论又掌握卫生知识的中学体育教师。

（三）两手抓，两手都要硬

为了提高教学质量，在新旧办学模式的转换的过程中，如何正确处理好规模扩大与保证质量的关系，以及处理好"体"与"翼"的关系就成为学校发展的关键问题之一。

1. 扩大规模与保证质量的关系

随着"两翼"的发展，学院的办学规模逐步扩大，在校生人数由 1991 年的 1528 人增至 1995 年的 4563 人。规模的扩大一定程度上符合广东省加快高等教育发展步伐的方针，契合粤西基础教育发展的需要，也与高等教育发展走向内涵发展道路的精神相一致。但是规模的扩大对教学质量产生两方面的影响：一方面，规模的扩大可以提高办学效益，调动广大教职工的工作积极性，有利于教学质量的提高；另一方面，由于师资补充和办学条件上的改善相对缓慢，可能制约教学质量的提高。

要处理好这两者关系，学校必须充分发挥"一体两翼"办学模式有利的一面，改善和弥补其不利的一面，在加快办学"硬"件达标的同时，大力加强"软件"建设，向管理要质量。

（1）实施"人才工程"计划，提高师资水平。影响教学质量的因素很多，但教师的素质是关键。为此，学校制订并实施"人才工程"计划，采取一系列优惠政策，通过引进、在职进修等方式大大提高师资队伍的整体素质。专任教师总人数比 1992 年增加 94 人，高级职称比例为 28.8%，研究生学历比例为 23%，与 1991 年比，分别增长了 10.9% 和 18%。

（2）通过引进优秀教师，提高学校的科研水平。经过四年努力，到 1996 年，全校教师承担科研项目 73 项，其中省部级课题 18 项，在省级以上刊物发表学术论文 633 篇，出版学术专著 36 部，成功举办了"拓扑与几何"国际学术研讨会和 1 次全国性学术会议。

（3）狠抓教学改革管理，提高教学质量。学校教学紧紧围绕"建设、改革、管理"展开，以尽快实现专科到本科的转轨为目标，扎扎实实地打好基础。几年来，学校突出抓好以"五项建设""两项改革"为主要内容的教学规范化管理。"五项建设"是指制度建设、课程建设、实习基地建设、教材建设和学风建设，"两项改革"是指全院范围内专业模式改革和汉语言文学专业教学内容体系改革。学校狠抓教学规范化管理，建立健全教学过程监控体系，通过新任教师试教、听课评教、期中教学检查、年终教学考核等手段保证教学的正常运行。

2."体"与"翼"的关系

为科学处理好"体"与"翼"的关系，学校采取了以下措施。

（1）坚持普通高等师范教育主体地位。"体"始终是普通高等师范教育，是学校办学的基础和根本，承担着为普通中学培养师资的任务。为保证其主体地位，学校在招生工作中想尽一切办法完成上级交给的指标任务。同时，对相关专业进行优化，针对粤西地区紧缺艺术、教育管理师资的情况，学校先后设立教育管理系和艺术教育系，开办学前教育管理、小学教育管理、美术教育、音乐教育等四个普通师范教育专业。对于这些专业，学校在经费和其他条件支持上予以重点保证，确保其主体地位。

（2）实行内部管理体制改革。学校把聘任制、按绩取酬的分配制度和年度考核制度三者紧密结合，形成强有力的激励机制，提高广大教职工的积极性。

二、迎评促建工作

受教育部的委托，高等师范学校教学工作合格评估专家组一行 14 人，于 2000 年 6 月 4 日至 9 日，按照教育部《高等师范学校本科教学工作合格评估方案（试行）》对湛江师范学院本科教学工作进行实地考察和评估。

为了能以优异成绩开展迎评促建工作，学校上下齐心协力，全力以赴，有力推动学校发展。

（一）抓住评估的机遇，制定科学的发展目标，早起步、细安排、重落实，整体推进学校发展

学校党委认真学习教育部本科教学工作合格评估的相关文件，深入研究高等师范教育发展形势，分析全省建设教育强省中高等教育发展的新情况、新任务、新特点，分析学校取得学士学位授予权后的优势与不足，一致认为本科教学工作合格评估是学校发展的机遇，必须抓住它。学校希望通过评估工作，促进学校规模、结构、质量、效益的协调发展，逐步实现学校 1997 年党代会提出的"上水平、创特色、增效益"的跨世纪目标。

1. 提前谋划，提前准备

1993 年，学校党委确立在 20 世纪 90 年代分"三步走"的发展目标：用 3 年时间，以迅速扩大本科办学规模为突破口，形成较为完善的本科办学格局；用 3 年时间，以申请列为学士学位授予单位为目标，建成本科教学体系；再用 3 年时间"上水平、创特色、增效益"，以通过本科教学工作合格评估为标志，实现本科教学全面达标。1996 年 4 月，国家教委师范教育司下发《高等师范学校本科教学工作评估方案（试行）》，学校党委认真学习研究文件精神。1996 年 7 月，学校取得学士学位授予权，对照评估试行方案进行自评。1997 年 12 月，学校党代会明确提出，要把顺利通过本科教学工作合格评估作为实现学校 20 世纪 90 年代第三步发展目标的重要任务。1999 年 3 月，教育部下发新的评估方案，学校党委进一步加强对评估工作的领导，健全工作机构，成立学校评估专家组和评估

办公室。评估专家组负责评建工作的指导、评估材料整理工作的指导与检查以及学校的自评等工作。评估办公室下设秘书组、宣传组和后勤组，负责评建的日常工作和具体事务。

2. 周密部署，制定迎评方案

根据工作计划，评建工作大体分为学习动员、实施评建、自查自评、整改达标 4 个阶段。1999 年 7 月、10 月和 2000 年 3 月，学校组织校内专家组进行 3 次自查自评，根据自查结果进行总结整改。学校先后召开 4 次中层干部会，部署各个阶段评建的任务和重点。1999 年 10 月和 11 月，省高教厅专家组和教育部专家组先后对学校前期的评建工作进行考察，在肯定成绩的同时，提出十分中肯的意见。学校党委认真研究这些意见，对下一阶段的评建和整改作了部署。学校印发《关于学院下一阶段评建工作的若干意见》《关于 2000 年第一季度评建工作日程安排的通知》等文件，提出整改工作的基本指导思想、基本原则和基本方法，对照评估方案的标准和部、省专家组反馈的意见，落实整改，重点突破，巩固成果，整体提高，为学校发展奠定坚实的基础。

3. 狠抓落实，抓出成效

学校在评建中，把任务分解下达到各单位，落实到个人，要求按时保质保量完成任务；在整改中，加大经费投入，突破薄弱环节，改善整体条件。在实验室建设方面，学校加强基础实验室建设，重点做好物理、生物等系实验室的改造和设备的充实。1999 年底至 2000 年 3 月，学校再投入 400 万元用于基础实验室建设，实验条件有了较大的改善。在师资队伍建设方面，根据教学需要，学校多渠道加强师资的引进工作：一是多方联系，引进高水平教师；二是聘请兼任教师，解决少数专业课、公共课教师缺口的问题。1999 年下半年共调进教师 17 人。在图书资料建设方面，学校一方面使用高教厅下拨的 80 万元图书专款，购书约 5 万册；另一方面将教育部师范教育补助专款 20 万元用作购买图书，其中 6.5 万元补充 3000 多册教学科研急用书，用 5 万多元丰富学术期刊光盘的种类，补齐 1997—1999 年欠缺的部分，还划出 6.5 万元给各系资料室，用于购买专业图书资料。在教学规范化管理方面，学校重点抓好 1999—2000 学年第二学期教学计划的执行管理、考试内容与命题的改革与管理、实验教学与操作训练、教育实习与毕业论文（设计）等涉及教学质量的关键环节，对课程开出率、计算机上机训练、公选课设置、教学方法与手段、实验教学等薄弱环节进行整改。

经过几年的评建工作，学校以评促建成效十分明显。一方面，学校进一步明确师范教育的办学思想和教学工作新思路，基本上做到"硬件合格、软件优良"，达到本科教学工作合格评估方案的要求，教学质量和教学管理水平较快提高，初步建立教学质量保障体系。另一方面，学校改善办学条件，提高办学水平，在发展中评估、在评估中展现出良好势头。1999 年全校工作取得一定成绩：学校党委被评为广东省高校先进党委，学校被评为广东省文明单位，综合档案室被评为广东省特级档案综合管理单位，关心下一代工作委员会被评为全国先进单位，学校被评为全国大学生暑期文化、科技、卫生"三下乡"组织工作先进单位，《湛江师范学院学报》（哲社版）被评为全国优秀社科学报，财务管理工作评估在全省高校中获评分第二名，学校被列入我省重点支持发展的 6 所高校之一。1999 年是省高教厅对学校经费投入较多的一年，是基建立项和完成项目较多的一年，是科研项目申报中标立项较多的一年，也是应届毕业生考取研究生较多的一年。

教育部评估考察专家组认为，"以评促改、以评促建、评建结合、重在建设"的原则和目的在湛江师范学院的迎评促建中得到了比较充分的体现。学校在近年来改革和发展的基础上，按照评估方案进一步加强建设和整改，并取得了明显的成效和变化。学院的办学思想和教育教学观念进一步明确，教学基本建设取得较大的进展，教学改革和教学研究有了一定的突破，教学条件得到比较大的改善，并且有效地促进了教学质量和水平的提高。

通过评估工作，学校基本实现了预期目标，为在 21 世纪的发展打下坚实的基础，开拓了更广阔的发展空间。

（二）抓重点、抓薄弱、抓规范，脚踏实地抓好教学基本建设

学校对评估方案进行深入的学习和研究，全面理解和领会评估方案的指导思想，深刻认识与把握评估指标的内涵、标准、评估方法和观测点，在整体把握教学工作的同时，严格按照评估方案的各项指标来指导评建工作，逐条逐项地对全校教学工作进行全面的自我检查和自我评价；以评估方案作为保证本科教学质量的基本规范和实现本科教学工作的基本标准，脚踏实地抓好教学基本建设，着重抓好重点指标的建设，抓好薄弱环节的整改和教学管理的规范化工作。

1. 抓重点，全面推进教学基本建设

评估方案中的教学工作思路等 13 项核心指标都体现了学校本科教育教学质量的重点内容，是本科教育教学质量的生命线。为了保证和提高教学质量，学校对自评合格甚至优良的指标进一步加大建设力度，力求形成优势和特色项目；对于个别有一定差距、对教育教学质量影响较大的核心指标进行重点建设和整改，使其在比较短的时间内达到评估方案的要求。

2. 抓薄弱，保证教学质量

当时，学校的本科办学时间较短，本科教学质量保障体系尚在建设和完善过程中，很多教学基础性工作比较薄弱，跟规范管理的要求还有一定的差距，教学过程形成的一些文件材料或不规范或散失。一些基本的办学条件，如某些教学基本设施不能完全满足教学的需要，校舍建设、藏书数量等一些指标离评估方案要求还有较大的距离。在教学实践环节，如计算机教学、实验课开出率、实验操作技能、电化教学和学生的微机教学训练，以及部分教师特别是年轻教师的课堂教学质量等，也需下大力气加以改进。此外，学风建设的任务也相当繁重。针对上述情况，全校予以高度重视，加大整改力度，加大投入，突破重点，取得显著成效。学生微机训练上机时数未达标，学校制定相应的政策和措施，使每名本科生的上机时数都达到教学大纲的要求。公共选修课的开设未能满足学生学习的要求，学校在历年开设的公共选修课的基础上，对 1998 级、1999 级增设人文社会科学类、自然科学类和教育理论类三个系列的公共选修课共 62 门，大

大增加了学生选课的自由度。学校要求各单位根据实际情况，针对薄弱环节提出整改方案。同时，学校把整改的重点放在四个较薄弱方面，即开展本科实验室建设、师资队伍建设、图书资料建设、教学管理规范化建设。经过半年多的努力，这四方面的建设取得明显成效。

3. 抓规范，提高教学管理水平

无论是抓重点，还是抓薄弱，其最终目的都是使学院的教学基础建设达到"硬件合格、软件优良"的目标，而抓规范建设是实现"软件优良"的最基本、最关键的工作之一。教学基本建设的规范化是教学质量的重要保证，学校从教学基本建设和教学管理的基础环节抓起，不断建立健全各项管理规章制度和各种教学管理文件，并结合学校教学工作的实际，落实教学管理中各方面的规范要求。

（1）严格教学常规管理。学校严格执行《教学工作规程》及有关规章制度，在制订开课计划、遴选主讲教师、编排课程表、拟定教学日历、组织教学实施等工作方面，努力做到管理科学化、规范化和程序化。学校编印比较完备的本科各年级《教学计划》《教学管理规章制度汇编》，所有学生的成绩档案均采用计算机辅助手段管理，各系、部根据专业特点修订教学管理规章制度，并予以实施。由于校系两级重视抓好教学常规管理，在学校发展规模较快、办学层次逐渐提升的情况下，相关制度保证了全校教学工作的正常运转，保证了教学质量的稳步提高，基本上建立起一个稳定、良好的教学秩序。

（2）完善教学检查制度，加强对教学过程的监控。学校主要从以下三个方面开展工作：第一，严格执行新开课程和开新课的主讲教师试教制度；第二，认真执行院系两级领导听课评教制度和教学工作督导员制度；第三，严格执行教学事故认定和处理制度。总之，学校对教学管理规章制度的严格执行，有效保证了教学秩序的稳定和教学工作的正常运行，教师的教学积极性不断提高，呈现出良好的教风。

（3）抓好评估材料档案建设工作。学校整理、汇编系统的自评材料，做到各种档案材料与教学现场基本一致，院系两级都建立了一套比较完备的教学业务档案。

（三）加强师资队伍建设，重人才、重培养、优结构

学校在发展和评建过程中，始终以加强师资队伍建设作为保证和提高教育教学质量的关键，通过实施"人才工程"计划和"师德建设"计划，加大师资队伍建设力度，有力地促进了学校教学工作的开展。

1. 尊重人才，营造良好的工作和生活环境

作为一所新办的地处广东西部地区的本科师范学院，对人才的需求异常迫切。学校领导充分认识到人才是事业发展的关键，求才若渴，以对事业发展高度负责的态度对待人才，十分重视人才的引进工作，采取优惠和倾斜的政策与措施，大力引进具有研究生学历的教师，尤其是具有高学历的中青年教师。

为了用好人才，保证师资队伍的稳定性，学校强调要让教师安居乐业。一方面，学校不断深化人事制度改革，努力完善聘任制，建立竞争激励机制，从职称晋升、住房分配、津贴补助等方面向重点教师、骨干教师和学科带头人倾斜，为各类拔尖人才的脱颖而出营造良好的工作环境，激励教师发挥工作的积极性和创造性，做到"以事业留人"。另一方面，学校高度重视改善教职员工的工作环境和提高其生活条件与生活水平，解决教师的后顾之忧，同时加强"软"环境建设，大力实施"凝聚力工程"，把建设良好的人际关系作为各级领导的任期目标，以此来营造良好的工作、生活环境，做到"以适当的待遇留人"和"以感情留人心"。通过一系列的措施，增强学校对人才的吸收力和凝聚力，有效地保证了学校的教育教学质量。学校引进高学历、高职称和高水平教师的力度不断加大，教师队伍比较稳定，可以发挥自身的才华，成就一番事业。

2. 加大师资培养培训力度

学校在做好引进人才和用好人才的同时，重视对现有人才资源的培养和开发。学校积极落实政策，加大人才培养经费的投入，通过留学、学术访问和交流、科研进修、脱产或在职攻读硕士博士学位等途径对人才进行

培养和开发，师资培训工作有规划有成效。通过努力，共有 5 人获得博士学位，8 人获得硕士学位，还有在读博士 23 人，在读硕士 21 人。到 2000 年，学校有教授 23 人，除 1 人为引进以外，其余均为本院培养。

学校重点抓好学科带头人和骨干教师的培养培训工作，把重点教师的培养培训同学科建设、学术骨干和学科带头人的选拔培养紧密结合，有 16 名教师进入广东省高校"千百十"工程成为重点培养教师，其中乐茂华教授进入"百"的行列，成为广东省高校学科带头人，他有 56 篇论文被美国 SCI 收录；进入"千"行列的有 15 人，成为校级重点培养教师。一批教师脱颖而出，成长为学校重点学科带头人、学校重点教师和骨干教师，加快了学校重点学科学术梯队的建设。学校本科教学科研能力和办学效益得到明显提高，实现多方面突破：第一次承担 3 项国家自然科学基金项目；第一次有"面向 21 世纪的教学内容和课程体系改革项目"获教育部立项；承担"世界银行贷款师范教育发展项目"的 5 个教改项目全部通过鉴定，其中 1 项获得教育部一等奖；有学术著作获得国家自然科学基金优秀成果出版基金资助出版；有科研成果获得国家教委科技进步奖；承担广东省自然科学基金博士启动基金的项目；有科学专著入选广东省青年科学家学术丛书和广东省中青年社会科学家文库；1992 年以来理科论文近 100 篇被 SCI、EI 收录。

3. 形成结构合理、充满活力、适应本科教学需要的师资队伍

通过"人才工程"的有效建设，除了加大力度培养博士外，学校从全国 20 多所师范大学、综合性大学及其他本科院校引进 300 名中青年教师，这些教师逐步成长为学校教学科研的骨干力量，使学校师资队伍的学缘、学历、职称、年龄等结构得到进一步优化。学校师资队伍结构优化体现三个明显的特点：一是师资队伍年轻化。在 390 名专任教师中，45 岁以下的专任教师 264 人，平均年龄为 37 岁左右。二是学缘结构合理化。大部分教师来自全国各地的重点大学和师范大学，带来不同高校的良好学风和专业精神，为学校教学科研营造了浓厚的学术文化氛围。三是学历、职称层次显著提高。在专任教师中，具有研究生以上学历的教师近 160 人，高级职称教师 163 人，具有硕士博士学位的教师 118 人。一批年轻的硕士博士成长为学科带头人、重点教师和骨干教师，或走上教学科研单位的领导岗位，大部分各系的正、副主任年龄都在 40 岁以下。

评估专家组结论认为，学院在师资队伍建设方面下了很大的功夫，成效明显，优秀教师引进力度大，队伍比较稳定；青年高学历教师占比较高，具有一定的骨干力量；成才环境好，教师普遍热爱学院，热爱自己的事业；教师队伍有一股很强的凝聚力，有后劲，有活力。学校通过加强师资队伍建设，重人才、重培养、优结构，初步形成一支以高学历、高职称中青年教师为骨干的具有一定学术水平和教学水平的教师队伍，成为学校保证和提高教学质量的中坚力量，为学校在下一阶段的发展积聚强大的潜力和发展后劲。

（四）抓转变、抓改善、抓改革，努力构建教学质量保障体系

本科教学工作合格评估的目的是通过建设和整改，建立教学质量的保障体系，保证和提高教育教学质量。在评估过程中，学校始终贯彻以评促建、以评促改的原则，通过转变教育教学思想观念，进一步完善教学管理制度和改善办学条件，深化教学改革，实现教学质量的不断提高。

1. 坚持教学工作的中心地位，妥善处理好教学工作与其他工作的关系

在迎评过程中，通过教育思想观念的讨论，大家统一思想，凝聚共识。各级领导干部和广大教师深刻地认识到，在经济社会快速发展、科学技术不断进步、高校竞争日趋激烈的背景下，提高人才培养质量是高校发展的基石，因此必须突出教学工作的中心地位。在教学与其他工作的关系上，教学是"皮"，其他都是"毛"，"皮之不存，毛将焉附"。学校用"皮"与"毛"关系，十分贴切地说明教学中心地位问题。为落实教学工作的中心地位，学校必须正确处理教学工作与其他工作关系，即教学工作不是孤立进行的，不能就教学抓教学，而是需要各部门和其他工作的支持和配合，学校的任何工作及改革的出发点和落脚点都要有利于培养人才，

要为教学服务。在实践中，学校特别注意两个问题，一是思想政治工作与教学的关系问题。学校的思想政治工作必须为培养人才服务。由于培养人才主要通过教学进行，因此思想政治工作必须围绕教学开展才能有效，而教学工作也必须有思想政治工作的保证才能正常运行。或者说，思想政治工作在坚持党的全面领导下，教师积极参与，广泛开展爱国主义、社会主义、集体主义教育和人格培养，使学生有理想、有学习动力，能创造性地学习。党团组织要深入教学，在教风、学风建设方面形成一定的工作经验。二是机关工作与教学工作的关系。学校的机关工作要向教学一线倾斜，为教学科研、为教师学生提供优质服务。学校机关的主要职责是为教学科研服务，机关工作要经常深入教学和教师学生，主动为教学科研、教师学生解决问题。

2. 大力改善教学条件

为了满足教学条件和长远发展，在评建过程中，学校克服种种困难，多渠道筹集资金，加大投入，千方百计地改善办学条件。学校先后建成西校区（新区）综合教学楼、图书馆、学生饭堂、学生宿舍等，改造东校区（旧区）建筑，新增建筑面积近8万平方米。1997年至2000年，学校总计投入教学仪器设备专款共2500多万元。此外，学校累计投入200多万元用于校园绿化和环境整治，创造良好的育人环境，连年被省市主管部门评为"文明校园""花园式单位""绿化达标单位"等。

为了硬件达标，在困难面前，全校上下发扬艰苦创业的精神。西校区综合教学楼、学生宿舍、学生饭堂的建设，是学校多方筹集资金建起来的，各级领导对学校在改革与发展中表现的超前意识和较强的奋斗精神给予高度的评价。

3. 进一步完善教学管理规章制度

健全的教学管理制度是教学管理规范化的表现，是稳定教学秩序、保证教学正常运行的基础。特别是对于新办本科的院校，其本科教学管理缺乏经验，而建立健全教学管理制度又是一项长期性和基础性的工作。1995年，学校将当时的教学管理制度汇编成册。之后，根据上级教育行政部门有关教学管理的规定和教学形势发展的要求，陆续修订完善相关管理文件。为提高教学管理水平，学校在不断加强管理的规范化、制度化建设的同时，十分强调教学决策在教学管理中的关键作用，强调教学决策在教学管理中的重要地位。对于学校领导来说，教学决策就是要有正确的办学思想和明晰的教学思路；对于系领导来说，就是要有切合本系实际并贯彻学院领导决策的措施。

建立教学质量监控体系是教学管理制度建设的重要组成部分。为建立教学质量监控体系，学校从课堂教学质量监控和学生学业质量监控两个方面着手：一是建立课堂教学质量监控机制，全面开展课堂教学质量评估。在评建与整改过程中，逐步完善听课评课制度、公开课制度、期中教学工作检查制度、教学督导制度、课堂教学质量问卷调查制度、应届毕业生对所学课程满意率调查制度等。二是完善学生学业质量监控机制，全面检测教育教学质量。根据学校人才培养的规格和质量要求，进一步完善考试质量分析制度、毕业论文（设计）质量分析制度、实习生综合能力调查（评价）制度、毕业生质量追踪调查（评价）制度等。

4. 把握素质教育重点，以课堂教学改革为突破口，努力建设培养创造型人才的教学体系

教学改革是提高人才培养质量的主要动力。为了深化教学改革，学校以转变教育教学思想观念为先导，以改革教学内容与课程体系为重点，以课堂教学改革为切入点，以建立培养创造型人才教学体系为目标，有计划、有步骤地组织广大教师进行教育教学思想观念大讨论，开展教学研究，在人才培养模式、教学内容与课程体系、教学方法与手段等方面进行系统的改革，并取得较明显的成效，在某些方面还取得了一定的突破。体育系李祥教授主持的"体育与健康教育融为一体的专业改革"，突破传统的体育教育重竞技轻健康教育的人才培养模式，其改革成果获得教育部组织的"世界银行贷款师范教育发展项目"评选一等奖。唐有伯教授主持的"高师思想政治教育专业教学内容与中学政治课的接轨研究"，较好地解决高师教学内容如何与中学衔接的问题。这一课题具有一定特色，被教育部立项为"面向21世纪高师教学内容与课程体系改革"项目，其成果受到鉴定专家的高度评价。

为建立培养创造型人才教学体系，学校贯彻素质教育思想，把握素质教育的重点，全面修订人才培养方案，以课堂教学作为切入点，提高人才综合素质。

为制定科学合理的人才培养方案，学校于1999年全面修订教学计划，按照"加强基础，强化技能，突出能力，提高素质，发展个性"的原则，进行以下方面的改革，并取得较好的效果：一是控制总学时，保证学生自学时间。各专业总学时控制在2500学时左右，较1998级平均减少近90学时。主要专业课程体系大致分三类，即普通教育类课程、学科专业类课程、教育理论与技能类课程。三类课程比例为4:5:1；必修课与选修课的比例为7:3；总学分为150~180学分。三是大力促使课程的综合化模块化发展。在数学与应用数学专业的教学计划中，将原有多门相通内容的课程进行整合，形成模块化课程。四是根据培养目标与学科发展的需要，新增一些课程。数学与应用数学专业结合中学教学，提高学生应用数学和计算机知识研究和解决数学问题的能力，增设"数学测试与评估""数学模型""数学实验""离散数学"等课程。五是促使课程设置的文理渗透，努力提高学生综合素质。六是完善选修课设置，扩大选修课比例。1999级教学计划比1998级新增9门公共选修课，并开设较多的系列化模块化的专业选修课。选修课比例占总课时的30%左右，其中公选课占10%，专业选修课占20%。七是打破课程设置的封闭性，促使课程设置的开放性。要求各专业有计划、连续地开设专题讲座，介绍与本专业有关的国内外学术动态及研究成果。

建立健全教学体系是一个艰苦、复杂、繁重的工程。课堂教学是教学的基本形式，是教师实现自我价值的舞台，只有从抓课堂教学入手，才能调动全体教师的积极性。因此，学校把课堂教学改革作为实施素质教育、建立培养创造型人才的教学体系切入点。从具体要求看，课堂教学应该是素质教育的教学，不是单纯和单向灌输知识，而是在传授知识的过程中培养学生的思维能力和自学能力。只传授知识的课堂不是好课堂，只会传授知识的教师不是优秀的教师。在传授知识的过程中如何培养学生的能力，是实施素质教育的首要问题。学校只有抓住了课堂教学中素质教育问题，才能引导解决教学内容设置问题。

为了提高课堂教学质量，学校特别强调教师在科学传授知识的前提下，着重培养学生的综合能力，特别是创造性思维能力和自学研究的能力。通过教育教学思想观念的讨论，树立新的人才观、质量观；加强科研室的建设，以教研促教改；开展"教坛新秀"和"优秀课程"的评选，加强教学质量监控，建立起课堂教学的激励机制和约束机制；加强现代教育技术的研究、开发、推广和应用；试行导师制，加强学生课外学习和研究的指导，把学生自学纳入整个教学过程中；改革考试制度和综合测试制度，建立新的学习评价体系。通过这些改革，学校课堂教学质量不断提高。评估期间，评估专家组对学校教师的课堂教学普遍感到满意。

通过开展迎评工作，学校狠抓教学基本建设，建立本科教学基本规范，促进学校整体发展。1992 年至 2000 年，在校生从 1800 人增加到 6500 多人（其中校本部 5400 多人）；八年来引进教师近 300 人，全校专任教师增加到 390 多人，其中具有研究生以上学历的教师 131 人，高级职称教师 158 人，师资队伍的学缘、学历职称、年龄等结构发生较大变化；新征土地 291 亩，校园面积从 272 亩增加到 563 亩；校舍建筑面积从 8 万多平方米增加到近 20 万平方米，生均建筑面积大于 30 平方米；教学仪器设备固定资产由 240 万元增长到 3168 万元，生均固定资产接近 5000 元，学校本科教学的常规实验设备基本上得到满足；有近 100 篇科研论文被 SCI、EI 收录，学校的影响力得到提高。经过八年的努力，学校实现专科到本科层次的转轨，初步建立教学质量保障体系，保证本科教学质量，学生的培养质量基本达到本科师范院校的要求。

2001 年 1 月 15 日，教育部公布学院评估结论为合格。

这些成绩的取得，是贯彻"以评促改、以评促建、评建结合、重在建设"原则的结果。评估的重点是学校的建设，建设的目标是事业的发展，把评建工作和学校发展紧密地结合起来，有力地促进了学院的整体发展。

三、争创全国精神文明建设先进单位

1992年以来，学校党委坚持以邓小平理论为指导，联系高校办学实际，全面深入地开展精神文明创建活动，形成党政领导亲自抓、各部门密切配合、全校师生齐抓共建的局面，取得显著成效。

（一）坚持党的领导

学校党委认真落实"建设精神文明关键在党"的精神，切实加强和改善党对学校精神文明建设工作的领导。学校党委在精神文明建设中指导思想明确，把精神文明建设工作列为各级党政领导的一项重要任务来抓，分清责任，做到任务组织机构落实、制度措施和创建方案落实。学校努力贯彻落实精神文明重在建设的方针，成立精神文明建设领导小组、师德建设规划小组、安全文明小区管理委员会、爱国卫生委员会和综合治理委员会等精神文明建设有关的组织机构。这些组织机构各司其职，紧密配合，形成齐抓共建局面，有效集中资源开展精神文明建设。

学校党委科学决策全校改革与发展工作，一手抓教育教学改革和教育事业发展，一手抓精神文明建设。自1992年以来，学校党委作出建立"一体两翼"办学模式、实施"人才工程"建设计划、以人事分配制度改革和后勤工作社会化为主要内容的综合体制改革、"三阶段"发展的战略、全面启动"四个建设"（党的建设、师德建设、重点建设和办学条件建设）规划等一系列决策。在这些决策的正确指导下，学校得到迅速发展，规模不断扩大，教育教学质量不断提高。

学校领导班子坚持集中学习制度，努力提高领导成员的思想素质，提高领导两个文明建设的水平；建立健全以学校领导和党委部门主要领导参加的第一中心组和系（处）党政领导参加的第二中心组的理论学习制度，使学习做到制度化、规范化。学校中心组学习《掌握科学理论，指导学院改革》的经验，1995 年在湛江市县（处）领导干部理论学习汇报会上交流，并被编入湛江市委宣传部《掌握科学理论，实施港口战略》一书。学校中心组学习《坚持理论学习与实践探索结合，努力推进学院改革和发展》的经验，1998 年在全市作典型发言，并在湛江市《机关通讯》等刊物发表。

学校高度重视思想政治工作，加强党的基层组织建设，发挥共产党员的模范带头作用。学校党委以党校为阵地，举办多种类型的学习研讨班，加强对党员、干部的培训轮训工作，全面安排、分类指导党员和各级干部的理论学习。1998 年，学校举办党总支书记、支部书记、统战委员、教研室主任、政治辅导员等多种类型培训班，参加培训班学习的干部 300 多人次。学校党委围绕学院的改革和发展的中心任务，切实加强师生思想政治工作，加强党的基层组织建设，发挥党员在两个文明建设中的模范带头作用。

（二）切实加强教风和学风建设，全面提高师生的文明意识和水平

学校大力加强教师职业道德教育，培养教师崇高的敬业精神，坚持教书育人、管理育人、服务育人；抓好"两代"师德建设，深入实施师德建设规划，广泛开展以加强职业道德建设为主的精神文明建设活动。1998年，学校被评为湛江市职业道德建设先进单位，英语系被评为 1997 年广东省师德建设先进集体。

学校加强学风建设和校园文化建设，全面提高学生的政治思想道德文化素质。学校党委提出加强学风建设的"三大任务"，实施学风建设"515"工程，深入开展创建文明校园、社区援助与社区文明建设和社会实践活动。通过青年志愿者承诺责任制，全校 11 个分团委组织青年志愿者承诺校园 4500 平方米的草地绿化管理责任制；20 多个社团开展丰富多彩、健康高雅的校园文化活动；11 个分团委派出 100 多名优秀学生到寸金街道办 9 个居委会担任社区助理，开展社区援助和社会实践活动，并同寸金公园等单位联学共建；积极开展科技、文化、卫生"三下乡"活动。

校团委连续 5 年被评为湛江市先进团委，1996 至 1998 年，连续三年被评为湛江市红旗团委，1996 年和 1997 年连续两次被中宣部、国家教委、共青团中央评为社会实践活动先进单位，1998 年被团省委、高教厅评为广东省高校系统先进基层团组织。

学校积极推进素质教育，培育优良校风，大力培养复合型人才。学校逐渐形成了"崇德厚道、弘扬学术、育人为本、严谨治学、追求卓越"的校风，素质教育取得一定成绩。2002 届学生四、六级英语通过率 46%，计算机统考通过率 70%，有近 30 名学生考取南京大学、中山大学、北京师范大学等名校的硕士研究生；本科研究生就业率达 100%，在珠江三角洲地区就业的毕业生达 50%；学生合唱团在韩国举行的第二届国际奥林匹克合唱比赛中获得 2 项银奖；艺术系学生的舞蹈节目获得全国校园春节联欢晚会演出 4 项大奖；生化学院 4 名学生参加在北京举行的 IUPAC 国际化学大会，并用英语介绍自己的研究成果；有 5 名学生志愿到西藏支援西部的基础教育事业；英语系两批共 14 位师生赴美进行文化交流，引起中美媒体的广泛关注。

（三）全力提升教师教学和科研水平，努力提高人才培养质量

高等院校是培养高素质人才的摇篮，人才的素质是开展好"两个文明"建设的重要标志。学校坚持以育人为中心，转变教育观念，深化教育改革，积极推进素质教育，实施"人才工程"和"四大建设"。学校始终把教学工作的重点放在本科教学体系建设上，着重抓课程建设、实践基地建设、教风学风建设等工作。在课程建设方面，1994 年开始，学校分批建设 25 门院级重点课程，其中"文学概论"等八门课程被评为省级重点课程；在教材建设方面，公开出版教材 30 多部；在教学实践基础建设方面，先后建立 18 个教育实习基地。在师德建设方面，大力宣传模范先进教师的业绩，开展"教坛新秀""优秀课堂"评选活动，制订并试行教师教学工作考核办法，调动教师的积极性。在学风建设方面，以抓考风为突破口，以抓英语四级统考和研究生考试为契机，提高学生学习的主动性和

积极性，学风逐年好转。在搞好教学基本建设和教学管理的同时，学校还重点开展专业人才培养模式改革和教学内容与课堂体系改革。

学校持续加大对教学设备的投入，全面提高教学质量。学校不断增加教学仪器设备的投入，建成重点实验室、测试中心、电教中心等现代化设施，并于 1998 年建成校园网。1999 年，全校教学仪器设备固定资产达到 2500 万元，为培养适应 21 世纪需要的创新型人才提供条件。

提高教师的科研能力和水平是提高教学质量的基础。学校科研工作按照本科教育质量要求，逐步形成"提高层次，建设重点，赢得学位，形成特色"的思路，不断取得新的成绩。第一，学术交流气氛日趋浓厚。据统计，全校举办的省级、国家级学术研讨会达 16 次；校内各单位开设的学术讲座每年合计在 20 次以上。学校加强重点学科建设，健全科研机构，保证资金投入，形成尊重科学、尊重人才的良好氛围。自 1997 年开始，学校招收硕士研究生，发展研究生教育。第二，全校承担和完成国家自然科学基金项目 4 项，广东省自然资金 3 项，广东高校科研项目 27 项，发表论文 1534 篇，出版学术著作 72 部，译著 4 部，获省厅以上科研奖 15 项，学校优秀科研成果奖 83 项。1998 年，学校科研工作实现了多项零的突破：第一次承担国家自然科学基金项目 3 项，第一次承担广东省自然科学基金博士启动基金项目 1 项，第一次获学术著作基金资助 3 项，第一次获得国家教委科学技术进步三等奖，第一次有学术专著入选广东省青年科学家丛书和广东中青年社会科学家文库，第一次纵向科研项目经费超过硕士授予单位要求的高级职称人均 1500 元。在科研工作方面，学校积极探索产学研相结合的路子。1998 年正式成立科技开发中心，大力推广科研成果，使学校在产学研的发展道路取得良好开局。

2001 年 2 月，学校领导班子提出"立足湛江、服务全省、面向全国、走向世界"的办学定位，把服务社会与面向市场、学科建设与经济建设、办学规模与社会人才需求、政府供给与社会力量相结合，确立"发展是主题，学术是根本，质量是生命，特色是品牌"的办学理念，树立"崇德、博雅、弘志、信勇"的校训和建设"崇德厚道、弘扬学术、育人为本、严谨治学、追求卓越"的校风，致力推进教师教育进一步发展。同时，学校以学科建设为龙头（已建有基础教学、课程与教学论 2 个省级扶持学科，校内重点学科 10 个），以师范类教育专业建设和教育科学研究为主线，以专业改造和教学改革为基础，以抓重大战略性机遇为动力，以体制创新和"三大"资源建设为保障，以科技开发、教育服务和继续教育改革为支持，全面提高学校的办学质量、办学水平和办学效益。此外，学校强化"师范特色"，向学术性、综合性、国际性发展，加强一体化育人，提高学生综合素质。

2002 年，湛江师范学院实施"创新强校工程"，向着"高、快、实、强"的目标，努力实现跨越式发展。

学校加强科学研究和学科建设，促进学校学术水平的提高。学校重点学科建设取得一定成效，累计投入学科建设经费 1000 多万元，成立教育科学研究中心和自然科学与技术研究中心，科学研究与应用开发取得一定成绩。全校发表学术论文 955 篇，其中被 SCI、EID 等收录的有 56 篇；出版专著 15 部，出版全国有影响的高层次教材 12 部；获得校内外科研经费 335 万元（其中校外经费 220 万元）；获国家社会科学基金项目和全国教育科学规划项目各 2 项，教育部优秀教材建设二等奖 2 项，省部级教改课题 11 项，省新世纪教改课程课题 4 项，湛江市科技进步一等奖和湛江市"五个一工程"奖各 1 项。科技开发走向市场，信息科学与技术学院研制的"手机电磁辐射测试仪"、科技开发中心研制的"植物生长调节剂"分别通过省、市级专家鉴定。

学校深入实施"人才工程"，致力于建设一支结构合理、具有较高素质的师资队伍。引进教授 26 名、副教授 30 名、博士学位教师 10 名，9 名教师晋升教授职称，投入人才培养和培训经费达 110 万元。高级职称教师 219 名，占教师总数的 47.2%，其中教授 57 名，占教师总数的 12%；具有硕士研究生以上学历教师 167 名，占教师总数 36%，其中博士研究生 33 名，占教师总数的 6.9%。22 位教师成为广东省"千百十工程"的培养对象，其中 1 人进入"百"的培养行列。

学校加快专业结构调整和专业内涵改造，创新人才培养模式。学校制订《湛江师院专业结构调整方案与专业建设发展规划》，提出专业调整与改造的指导思想、基本思路、目标、任务与主要措施，组建教育科学学院、基础教育学院、生命科学与化学学院 3 个二级学院。学校增设 4 个新专业，专业总数 26 个，其中非师范专业 5 个，优化专业结构，进一步修订本科专业人才培养方案，启动双语教学工程。学校以争硕和协办省第六届大学生运动会为契机，进一步筹措资金，加快学校基本建设：加大购买教学仪器设备力度，使其总资产达 4700 多万元；新增图书资料 10 万册，图书总量达 68 万册；建造学生宿舍 22000 平方米，教学楼 27000 平方米，体育教学训练馆、学生饭堂、学生宿舍和综合实验楼等一批大型项目获得省立项，并及时开工建设；对部分楼宇进行外墙装修；绿化面积 3000 平方米；寸金路、寸金四横路等学校周边道路的整治改造得到市政府的大力支持，致力于把学院建设成为富有南方海滨特色的园林式学府。

学校进一步加强对外交流合作，迅速提升学校知名度。学校努力向国际化、开放性的办学方向迈进，积极开展联合办学。不断拓展与美国圣·约翰大学的交流合作，建立了互认学分、师生互访等实质性的合作关系；11 名教师参加境外国际学术会议；6 名教师到海外高校进行交流访问；11 名来自美国、澳大利亚、加拿大等国家的教育官员和专家到校访问交流，洽谈合作；组织两期共 41 名管理干部赴香港高校学习考察。

（四）加强校园综合治理整治工作，优化净化美化育人环境

学校党委"坚持两手抓、两手都要硬"的方针，大力开展校园综合治理工作，优化净化美化育人环境，为学校师生的工作、生活创造良好的环境。

1.设立机构，建章立制，实行综合治理三级责任签约制度

学校党委对加强综合治理工作十分重视，由党委一名副书记担任综治办主任，各级党政部门一把手层层签约，切实落实综合治理的各项责任，清除治安死角，以期形成良好的治安秩序。在综合治理中，学校完善各项

规章制度，加强各方面特别是薄弱环节的管理，大力整治周边环境，对校内流动人口、文化娱乐场地有序管理，使学校的各种案件发案率大大降低，无重大责任事故和重大刑事案件发生。综合治理整治工作的开展，确保了学校的政治稳定，自1992年以来，学校连续7年被评为湛江市社会治安综合治理先进单位。

2. 积极开展创建安全文明小区活动

全校努力整治小区环境，规范小区管理，确保小区安全；富有成效地开展创建文明班级、文明宿舍、文明食堂等活动，学校多次被评为湛江市安全文明小区达标单位；统一规划，统一安排，大力整治校容校貌，落实卫生责任区制度，建立较为健全的环保管理体系，学校多次被评为花园式单位。

3. 加强国防、法制和安全教育，强化师生的法制观念

学校党委十分重视加强师生的法制教育，实施依法治校战略，在师生中加强《中华人民共和国教师法》等法律学习的基础上，特别加强国防意识和安全意识的教育。1999年，学校获得湛江市学习贯彻《中华人民共和国国家安全法》先进单位一等奖。

4. 加大校园管理的力度，努力提高管理水平

学校制定《湛江师范学院校园管理制度》《湛江师范学院校园管理实施细则》《关于进一步加强学院优化育人环境工作的若干意见》《校园广告宣传管理暂行规定》《湛江师院治安综合治理奖惩暂行办法》《关于实施"环境工程"，整治校园环境工作的实施意见》等一系列规章制度，校园管理水平不断提高。

5. 开展各种群众性文化活动和全民健身活动

从学校到各系，都建立了有活力、素质高、组织能力强的文体队伍。工会的教工合唱团、团委的艺术团、各系的文工团等团体，每年都有计划地开展多种文体活动，丰富广大师生的文化生活，把校园文化生活水平提高到新的高度。特别是，团委的话剧小品《爱心》获得广东省高校艺术巡礼小品类创作奖。学校积极实施全民健身计划，每两年举办一届田径运动会和教工运动会，并有计划地开展多种球类比赛，师生竞技体育水平逐年提高，体育社会化和师生的身体素质得到明显加强。

（五）加强环境建设，推动校园建设上台阶

征地工作是校园建设中关键的第一步，也是一场攻坚战。学校选拔任命原籍湛江、熟悉民情、风格干练的学生处原处长陈文为专责征地的院长助理，组建征地工作组。

学校原有校园占地面积 234 亩。1994 年 12 月 27 日，学校与湛江市国土局签订协议书约定：市国土局出让位于现西山砖厂用地范围内的土地使用权 288.09 亩给学校作扩校用地，学校则按湛府发〔1993〕35 号文件二类工业用地的出让标准价 18.7 万元 / 亩，总额为人民币 5387.283 万元付给市国土局作为西山砖厂转产发展生产的专项基金。此后，就地面附着物补偿问题，在湛江市规划、国土等行政主管部门的支持下，学校和西山砖厂、赤坎区等有关各方进行反复协商，1996 年 5 月 24 日，市国土局、市建委、学校和西山砖厂共同签订《关于西山砖厂地面附着物处理协议书》。湛江市人民政府办公室于 1996 年 7 月 18 日发出工作会议纪要，决定"湛江师院在市建委这次评估总价人民币 1217842.4 元的基础上再增加人民币 10 万元，作为师院对西山砖厂地面附着物拆迁补偿费用"。1997年 11 月，湛江市人民政府向学校发放西山砖厂新征地 186664 平方米的《国有土地使用证》。与此同时，学校与西山砖厂签订《关于解决砖厂搬迁户调整划拨土地协议》，另划出土地 3.2 亩给学校，土地补偿款（含地面附着物补偿）共计 60 万元。

2002 年 8 月，鉴于上述征地存在遗留问题，即原西山砖厂烟囱周围 36.86 亩土地尚未被征用，破旧砖窑及烟囱挤在学校新区建筑群中有碍观瞻，对学校的发展带来较大的影响。对此，在省教育厅领导的关心过问下，学校多次与湛江市人民政府商议。后来，市政府主要负责同志在学校召开的现场办公会上确定，36.86 亩土地给学院征用，地价为 15.7 万元 / 亩，费用 578.702 万元。

2002 年 9 月 6 日，学校雷阳区高 58 米的西山砖厂烟囱定向爆破成功，揭开校园内部环境整治工作的序幕。

2002 年冬，经有关部门批准，学院又征得与西山砖厂相连的麻章砖厂和坑拍砖厂共 363 亩土地。

学校旧校区总体规划方案在 1998 年 1 月省高校专家组评审通过后报湛江市规划局审批确定。该方案拆除旧平房面积 3370 平方米，扩大校园绿化面积 2250 平方米，扩充体育活动场地 3500 平方米，新建篮球场 3 个、排球场 2 个、网球场 2 个。

在此基础上，学校按新旧校区统一的标准，对整个校园进行全面、合理、科学的规划，得到省高教厅、湛江市政府及有关部门的批准。

公用事业建设日趋完善。学校共投入资金约 500 万元充实供水、供电、通信、煤气等后勤设施建设。通信、供电线路逐步地下化，提高抗灾能力，有力地保障了教学、科研和全体师生员工的生活。学校投入资金近 7000 万元，新建校舍 63472 平方米；投入资金近 100 万元，绿化校园 43769 平方米，占校园面积 33.8%；投入资金近 500 万元，铺设连接新旧校区的主校道、老校区主校道的人行道以及整治学院周边环境。通过一系列的投入和建设，学校的校容校貌日益美化。

校园文化设施建设按照一定的美化标准，有计划、有步骤地进行。新校区建设全面铺开，新建图书馆面积 12000 平方米，并于年底竣工；体育场馆及配套设施的建设力度逐步加大；新建成教职工活动中心，为教职工开展多种文体活动和全民健身活动提供条件；有计划地规划建设校园人文环境，校园内的板报、广播站、闭路电视、宣传橱窗等宣传舆论阵地逐渐完备，形成较好舆论氛围。

学校在开展精神文明创建活动中取得一些可喜的成绩。学校曾连续七年被评为湛江市文明单位；党委连续七年被评为市直或教育战线先进党委，1999 年被评为广东省高校先进党委；连续七年被评为湛江市社会治安综合治理先进单位，多次被评为湛江市花园式单位、爱国卫生达标单位、军民共建先进集体和职业道德建设先进单位。

经过努力，湛江师范学院于 1999 年 9 月被广东省人民政府授予广东省文明单位光荣称号，成为第一所整建制获此荣誉的广东高校。该荣誉给予全校师生员工极大鼓舞，倍添干劲。大家继续发扬湛师人"自强不息、发展不已、敢为人先、追求卓越"的精神品格，全面提升学校"软实力"，全力推进学校精神文明建设再上新水平、再迈新台阶。

2005 年 10 月 26 日上午，全国精神文明建设工作表彰大会在北京隆重举行，中央文明委对全国文明城市（区）、文明村镇、文明单位和全国精神文明建设工作先进单位进行表彰。湛江师范学院荣获全国精神文明建设工作先进单位称号，这是学校发展史上迄今获得的最高荣誉，这也是学校上下长期努力的结果，展示了湛师人的精神和品质，实现了"大学文化与城市文明"的互动共赢。

四、申办协办省大运会

2001 年 8 月 31 日，在部署新学年工作大会上，学校提出申办 2003 年广东省第六届大学生运动会。11 月 22 日，广东省教育厅、湛江市政府和湛江师范学院召开联席会议，达成学校申办大运会的共识。2002 年 1 月 15 日，湛江市政府在湛江师范学院召开现场办公会，决定由湛江师范学院负责筹划申办 2003 年广东省第六届大运会事宜。4 月 16 日，广东省政府正式批复由湛江市政府承办、湛江师范学院协办第六届省大运会。2003 年 8 月 18 日，大运会湛江主赛区的战火正式点燃；8 月 25 日，历时 9 天的第六届省大运会在湛江赛区胜利降下帷幕。时光匆匆，足迹永存，申办协办大运会为湛江师范学院的发展史添写浓墨重彩的一笔。

广东省第六届大运会组织严密、精彩纷呈，令人赞叹，被社会各界誉为成功、出色的一届大运会。作为东道主，学校与市政府通力合作，并肩作战，以高水平的规划、组织、服务赢得参会人员的一致好评，创下地方政府和省属高校携手合作办大运的成功范例。湛江师范学院不负众望，以优异的工作业绩向市领导、全省兄弟院校、全市人民和社会各界交出一份满意的答卷。

第六届大运会开设 11 个比赛项目，湛江主赛区承担田径、武术、篮球（决赛）、足球（决赛）、网球、羽毛球、游泳、健美操等 8 个项目的比赛。比赛分本科院校（甲组）、专科院校（丙组）、高水平运动队（乙组）3 个组别进行。全省 70 所高校中有 67 所共 6338 名运动员报名参赛，比上届大运会的 46 所 4147 名运动员的参赛人数多出三分之一。在参加大运会的人员中，各代表团团部人员、运动员、裁判员、科报会（科学论文报告会的简称）获奖作者、工作人员、嘉宾、新闻记者和志愿服务人员共计 1 万多人，是广东省内规模较大、比赛项目丰富、参赛人员较多的一届大学生体育盛会。

大运会比赛竞争激烈，赛风赛纪严明，参赛大学生展现出较高的竞技水平和良好的道德风尚，取得比赛成绩和精神文明的双丰收。在湛江主赛区进行的比赛中，田径项目有 32 人 7 队 60 次打破 27 项省大运会甲组纪录，3 人 7 次打破 2 项全国大运会乙组纪录，2 人 2 次打破 2 项全国大运会乙组纪录，6 人 2 队 10 次打破 5 项省大运会丙组纪录。其中，游泳项目有 7 人 8 次打破 7 项全国大运会纪录，18 人 10 队 39 次打破 24 项省大运会甲级纪录，6 人 6 次打破 4 项省大运会乙组纪录，15 人 6 队 24 次打破 16 项省大运会丙组纪录。特别值得赞赏的是，湛江师范学院代表队，在比赛中尊重对手，尊重裁判，不畏强手，顽强拼搏，敢于胜利，勇摘 13 金 22 银 15 铜，取得团体总分甲组第 9 名、乙组第 6 名的好战绩。代表队及多名运动员、裁判员被授予体育道德风尚奖，学校被评为体育工作先进单位和优秀赛区奖。代表队在武术、田径、健美操等项目的比赛中，赛出水平，赛出风格，赛出东道主的声威和气势，为学院赢得了荣誉，为湛江人民争了光。最终，代表队不仅实现了金牌数零的突破，而且取得了金牌数全省第 6 名的佳绩。

信息大运是本届大运会最具特色的亮点之一。电子网络技术部充分发挥技术资源优势，敷设光纤主干网、ADSL 数据网和信息中心，设立大运会专题网站、无线局域网、触摸屏查询系统，借助信息高速公路架设起组委会中心、新闻中心和比赛、住宿场馆的桥梁，实现文字、图片、音频、视频的高速传输和综合信息发布。学校通过网络实时传送大运会开幕式实况，扩大大运会的影响，并首次使用运动员注册检录系统，大大提高了大运会的科技含量，体现教育信息化、体育信息化的趋势。

新闻宣传紧扣大运会宗旨，突出"青春、活力、海洋"的主题，通过灯杆旗、标语、横幅、主题宣传会、吉祥物、大型画册、大运会快报、新闻发布会以及报纸、电台、电视台、广播、互联网等多渠道、多形式、多方位宣传报道大运会盛况，营造出隆重热烈、喜迎宾客的大运氛围。人民日报、新华社、中央电视台、中国教育电视台、南方日报等25家国内知名新闻单位的上百名记者跟踪采访报道大运会。广东电视台、湛江电视台分别派出卫星直播车直播开幕式盛况。《湛江日报》《湛江晚报》推出"大运会特辑"。学校大运会宣传部主办《大运会快报》，108名学生深入大运会各场馆，宣传大运会、学校和湛江的形象，出色地完成了各项宣传任务，受到与会领导和代表团的好评，打造了"信息大运"和湛江师院的品牌形象。

学校自编自导自演的大运会开幕式大型团体体操获得成功，受到多方称赞。这是学校领导和大型活动部人员坚持实事求是、勇于创新、追求艺术精品、完美效果的结晶，全面展示学校师生的创新精神、组织能力和艺术水平。学校1750名学生演员激情演绎"故乡的花海""蔚蓝的畅想""为生命欢歌""让理想高翔"和"青春放飞新世纪"五大篇章，仅用80多万元、3个月的准备创下原创性、开创性两大特色。开幕式大型团体操在白天室外举行，设立三个互动表演区，新颖独到的入场式，制作精美的表演区背景，设计大舞美氛围，制作高水平的会歌，文艺晚会富有特色，以恢宏壮丽的诗乐景观、光彩绚丽的色彩道具、气势如虹的操舞表演征服在场的所有观众，为大运会的成功奠定了坚实的基础。

后勤服务工作严格按照组委会提出的"严、精、细、实"的要求展开，相关工作人员不辞辛劳，忘我工作，时时处处为参会人员着想，做到分工负责、各尽其职、忙而不乱、热情周到，为大运会的顺利举行起到有力的保障作用。大运会期间，学校共接待运动员、教练员、裁判员、领队、随队医生、志愿者、演职人员等近万人次，认真做好饮食、住宿、交通、通讯、医疗卫生防疫、水电气象服务、安全保卫、园艺布景等工作。意外事故发生率为零，参会人员满意度近乎100%。有运动员评价："两个月建好东大门，一个月装修好集食、住、办公、会议于一体的信息化的大运会总部，这是超乎想象的'湛师速度'""大运会的后勤保障工作做得这么好，没有想到"。特别是学校饮食服务中心全体干部员工，在膳食接待工作中讲奉献、善创新，以一流的环境、一流的管理、一流的服务赢得宾客的交口称赞，"食在湛师"成为美谈。

为了迎接大运会的胜利召开，湛江市积极开展创建国家园林城市活动，大力整治市容市貌，建设"彩色湛江"，努力打造"南方港城、南国风光"的海滨城市形象。学校抢抓机遇，大力实施校园环境整治，建设精品校园。在相关部门的努力下，学校新建气派典雅的东大门，扩建美化校园主干道，修整装饰古榕广场，实施"穿衣戴帽"工程，兴建改造园林绿化等景点14个，新增绿化面积2万多平方米，种植各类乔木灌木1000多棵。整个校园绿意浓浓，花团锦簇，人文与生态和谐、现代与历史相承、充满雅致校园文化气息的南方海滨园林学府形象更加突出，赢得来宾的由衷赞赏。

大运会的各项改造建设工程、大宗物资设备采购等严格按照公平、公开、公正的原则进行竞标，审计、法律、财务等职能部门全程介入、监督落实，排除外界各种干扰，杜绝"暗箱操作"，建立一整套科学、高效、严明的监管机制，确保了工程建设和物资采购质量。大运会期间，组委会和纪律监察部门没有收到违法违纪的投诉和举报，保证了大运会筹备、组织工作高质量按时完成。

为了当好东道主、办好大运会，学校上下从校领导到各级党政干部、师生3000多人顾全大局，忘我工作，全心投入到大运会各项工作中。2500名青年志愿者哪里有需要哪里就有他们的身影，活跃在大运会演出舞台、宣传报道、技术服务、联络引导、礼仪接待等领域，唱响"奉献、友爱、互助、进步"的主旋律,为来宾提供热情、周到、优质的服务,充分展示学子不怕吃苦、勇于奉献、素质过硬的精神风貌,展现学校的新形象。一大批干部、教师和学生在大运会的大舞台迅速成长,成为业务骨干、管理行家、技术能手、学习标兵,实现大运会育人进步的宗旨。

大运会的成功离不开各方的共同努力,学校作为协办单位,统一全校师生思想,坚定意志,同心同德,团结拼搏。在这支庞大的队伍中,有老当益壮的离退休干部主动请缨,要求到大运会的一线服务;有从校本部和基础教育学院、湛江高级技工学校教学点等单位抽调来的师生员工,为大运会成功举办历尽辛苦;还有更多的是甘于奉献的各级管理干部,努力维护学校稳定,在后方默默无闻地为大运会构筑坚强的堡垒。正是由于有全校上下的通力拼搏,才能在非常艰苦的条件下办出高水平、有特色、有影响的一届大运会。

大运会的效益为人们瞩目,并将随着时间的推移全面呈现出来。学校自筹2000余万元(其中226万元为集资部筹得)办大运会,以较少的投入,实现较大的回报,取得较好的办学效益:加快学校周边环境整治、体育场馆建设及校园建设的步伐;全面展示湛师人开拓进取的精神面貌和能办大事的综合实力;增进学校与地方政府的交流合作,形成良性互动关系;检阅和锻炼干部队伍,提高学校的整体管理水平;提升学校对外交流的层次和影响力,为学校推进跨越式发展奠定了坚实的物质基础和创造了良好的外部条件。

沧海横流,方显出英雄本色;关山飞渡,唯靠团结拼搏。回首共同走过的征战大运会的难忘岁月,学校为当时作出的正确决策而深感骄傲,也为师生的奋斗精神倍感自豪。举办大运会是一项十分光荣而艰巨的任务,是信念和使命使大家勇挑重担,是理解和支持使人们干劲十足,是自强不息、迎难而上的"湛师人精神"和勇猛精进、卓尔不凡的"大运精神"使大运会取得成功。

"大运精神"是学校在协办大运会的实践中凝结成的一笔精神财富,是"湛师人精神"在竞技体育领域的延伸和发展,两者一脉相承。这种精神，突出表现为抢抓机遇、不甘人后、善为人先、自强不息、团结拼搏、顾全大局、公而忘私和追求卓越的湛师人思想境界和群体规范，成为推动学校不断发展的又一重要精神力量。

在第十届全国运动会期间，国家体育总局举行四年一度的全国群众体育先进集体和个人表彰活动，表彰推动全民健身事业中作出突出贡献的群众体育先进单位和先进个人，湛江师范学院荣获"全国群众体育工作先进单位"称号。全国共有 2403 个单位被授予此称号，其中高校 30 余所。广东省获此称号的单位有 130 个，其中高校 3 所，湛江师范学院是唯一一所获此称号的省属普通本科院校。

五、创建依法治校示范校

根据《教育部关于加强依法治校工作的若干意见》《教育部办公厅关于开展依法治校示范校创建活动的通知》《中共广东省委教育工委、省教育厅关于加强教育系统依法治校工作的意见》等文件精神，学校积极开展创建依法治校示范校工作。通过创建活动，学校管理纳入法制化轨道，为教育事业全面、协调、可持续发展营造良好的法治环境，促进学校各项事业的发展。

（一）制定工作方案，全面铺开示范校创建工作

2004 年 2 月 15 日，学校制定《湛江师范学院依法治校工作实施方案》（以下简称《实施方案》），对依法治校工作的指导思想、工作目标、主要任务、工作措施和工作步骤都作了明确规定。特别是在时间步骤上，方案明确 2004 年 3 月至 4 月为准备阶段，5 月为动员学习阶段，2004 年 5 月至 2005 年 2 月为全面实施阶段，2005 年 3 月至 7 月为检查阶段，并明确每阶段的具体任务。根据《实施方案》，学校依法治校工作全面展开。

2004 年 4 月，学校向上级作了依法治校工作的汇报，形成《湛江师范学院依法治校工作报告》，对前一阶段的依法治校工作进行总结，并形

成下一步工作的基本思路。

2004 年 6 月 11 日，学校召开依法治校动员大会，时任学院党委书记郑永辉同志作了题为《加强依法治校，建设和谐湛师》的讲话，对全面推进学校依法治校工作进行部署。

2004 年 10 月 22 日，省教育厅专家组到学校检查依法治校工作。在专家组意见反馈会上，专家们对学校依法治校工作作了较为全面的评价，既肯定成绩，也指出不足。

2004 年 11 月 3 日，学校召开依法治校整改工作会议，系统总结学校依法治校工作开展情况，客观剖析存在的问题，并对今后如何加强和推进学校依法治校工作提出"机构要健全、方案要完善、制度要建立、宣传要跟上、措施要得力"等 5 项要求。会后，学校依法治校工作领导小组又多次召开会议，依照专家的意见，加快落实各项整改措施，包括充实队伍，尽快形成依法治校的工作机制，加大力度开展形式多样的宣传教育活动，建立依法治校专题网站，加紧进行制度建设等。同时，学校根据省教育厅依法治校评估组的反馈意见，制订《湛江师范学院依法治校行动计划》，对依法治校组织领导机制、执行机制、监督机制、评估机制、制定学校章程、依法治校的理论创新、档案建设等作了明确规定，要求依法治校工作实施方案和行动计划情况 2004 年每月总结一次，以后每季度总结一次。

2005 年 3 月 12 日，根据省教育厅组织的建设创建工作实地评估专家反馈意见，学校向上级作了《关于创建教育部依法治校示范校的整改工作报告》。

2005 年 7 月 7 日，学校党建中心组召开以依法治校为主题的会议，郑永辉同志在会上作了增强法制观念，提高依法治校能力的中心发言，认为"依法办校、民主办校、科学决策"是建立现代大学制度、实行依法治校的重要目标和原则。7 月 14 日，学校召开依法治校工作领导小组会议，就下一步如何推进学校依法治校工作进程提出意见。

（二）成立专门工作机构，扎实推进示范校创建工作

2002 年 4 月 21 日，学校成立法律室，其主要职责包括对学校法律事务及法律工作提出意见和建议，为学校领导提供各类法律咨询，依法审查学校的制度性文件、对外文件和合同，参与学校重要事项的审议工作，代表学校参加诉讼，处理对外纠纷等。

2004 年 1 月，学校成立以校长为组长、学校主管领导及有关职能部门负责人参加的依法治校工作领导小组，负责组织、协调、检查、研究和制定学校依法治校的工作方案，完善学校工作制度，明确各职能部门的工作职责，分工协作，密切配合，共同创造性地做好依法治校工作。

2004 年 2 月 27 日，学校把法律室和发展规划处合并，成立规划与法规处，并将依法治校领导工作小组设在该处，作为依法治校工作领导小组的办事机构。这样，既能保证依法治校工作落到实处，也意味着将学校改革与发展的重大事项纳入法治化道路上来。

（三）制定《湛江师范学院章程》，促进示范校创建工作

学校章程制定工作于 2004 年启动，前后经历五个阶段。

1. 草案起草阶段

2004 年 2 月 15 日，学校制定《湛江师范学院依法治校工作实施方案》，把"制定办学章程，完善管理制度"作为学校依法治校工作主要任务之一。2004 年 10 月 29 日，学校印发《湛江师范学院关于制订章程的工作计划》，明确学校章程的起草程序，所含章节及起草时间；明确在规划与法规处提出章程的章节结构的基础上，按章节分工由规划与法规处、校长办公室、教务处、科技处、组织部、宣传部、人事处、财务处、审计处、法政学院、教育科学学院等部门和单位写出章程的初稿。2004 年 11 月上旬，规划与法规处收集整理形成学校章程第一稿，提交学校章程起草工作小组成员征求意见，随后召开学校章程工作会议讨论。11 月下旬，根据学校章程工作会议提出的意见，规划与法规处对章程第一稿进行修改后形成第二稿和第三稿。12 月，第三稿下发校内各部门讨论，根据各部

门提出的修改意见形成第四稿。2005 年初，章程第四稿在学校校园网公开征询师生的意见的同时，向省内有关专家征求意见。根据校内外意见，规划与法规处完成章程第一讨论稿（这个章程共有 11 章 78 条，6879 字，以下简称"方案 1"）的编写工作。

2. 草案修改阶段

2005 年 5 月，学校章程起草工作进入第二阶段。规划与法规处多次召开会议讨论章程"方案 1"，对"方案 1"作了认真的分析与研究，并根据国内部分高校新近拟订的章程，组织力量，形成章程第二讨论稿（这个章程共有 12 章 74 条，8468 字，简称"方案 2"）。2005 年 7 月 14 日，学校召开依法治校工作领导小组全体成员参加的依法治校工作会议，规划与法规处将二份章程讨论稿（"方案 1"与"方案 2"）同时提交会议讨论。之后，学校成立 7 个由校领导作为组长的规章制度审核小组，其中由校长任组长的章程审核工作小组对章程进行认真讨论修改，进一步规范记载事项，对校训、校歌、校庆日等记载事项的表述形成一致的认识。

3. 校内通过阶段

2005 年 9 月，根据学校依法治校工作会议精神及会后反馈的意见，参考部分院校最新公布的章程，规划与法规处再度组织力量，对章程的格式体例、章节内容等进行研讨修改，形成章程的第三讨论稿（简称"方案 3"）标志着起草工作进入第三阶段。2005 年 12 月 2 日，学校召开"十一五"规划编制暨依法治校工作会议，"方案 3"提交会议讨论，会议对"方案 3"的框架体例给予认可。此后，规划与法规处多次召开处务会议，认真讨论研究"方案 3"，反复修改后形成《湛江师范学院章程（送审稿）》，2006 年 4 月 10 日提交学校党委常委会讨论。会后，根据党委常委会的决定，规划与法规处对章程进行再修改后，4 月 19 日提交校长专题会议讨论，形成《湛江师范学院章程（教代会征求意见稿）》，2006 年 5 月 11 至 13 日提交学校第三届教代会第二次会议讨论并通过。

4. 上级核准阶段

2006 年 5 月 23 日，学校将《湛江师范学院章程（草案）》上报广东省教育厅请求核准。

5. 颁布实施阶段

2006 年 10 月 24 日，广东省教育厅下发《关于湛江师范学院章程的意见函》，对学校章程（草案）部分条款提出修改意见，并正式批准学校章程。2006 年 11 月 17 日，根据省厅意见对部分条款进行修改完善后，学校以中共湛江师范学院委员会、湛江师范学院的名义，颁布《湛江师范学院章程》。

（四）多措并举，促进学校各项事业发展

1. 加强党风廉政建设

学校进一步明确各级领导班子成员党风廉政建设职责，健全责任制领导机制；完善党风廉政建设责任制考核机制，把党风廉政建设责任制的主要任务、责任要求，落实到主管领导、责任部门和有关人员；建立党风廉政建设责任追究制度，对违反党风廉政建设责任制规定的领导干部进行责任追究，做到从严治党、依法治校。

2. 建章立制工作

学校制定《湛江师范学院教师管理手册》《湛江师范学院行政管理手册》《湛江师范学院学生管理手册》《湛江师院发展党员公示制暂行办法》《湛江师院治安综合治理目标管理责任制》《湛江师院编制暂行规定》等，并把已发文施行的多项规章制度汇编成《湛江师范学院规章制度选编》，作为学校办学工作的制度依据。同时，各职能部门和教学单位也制定各自的业务规章，使学校各项工作有章可循。

3. 完善教职工代表大会制度

为了切实保障教职工参与学校民主管理的权利，坚持和完善学校民主监督机制，学校健全教职工代表大会制度，对于学校改革和发展问题和关系到教职工切身利益的重大事项，广泛征集教代会提案，执行教代会决议。同时，学校大力宣传和贯彻《中华人民共和国工会法》，重视和加强工会工作，充分发挥工会在保障教职工合法权益中的作用。

4. 推进校务公开

为实现校务公开工作的高效运行，确保校务公开工作的健康开展，学校颁发《关于开展校务公开工作的实施意见》，成立以党委书记为组长的校务公开领导小组、以校长为组长的校务公开工作小组和以工会主席为组长的校务公开监督小组。通过经常性的检查、指导、整改，校务公开成为学校的一项常规性工作，推进学校民主化管理进程，加强廉政建设，校内形成强大的凝聚力和向心力。

5. 加强校风建设

学校努力建设"崇德厚道、弘扬学术、育人为本、严谨治校、追求卓越"的校风。通过深入开展依法治校工作，学校进一步推进校风建设，并形成"廉洁高效、公正民主、诚信为本"的政风。各级党政领导干部初步树立依法行政的理念，贯彻落实目标管理责任制，推行服务承诺制，实行首问责任制、限时办结制和过错责任追究制，健全效能考评制度，规范管理和办事程序，确保依法行政，提高工作效率，形成"以生为本、为人师表、锐意改革"的教风。在依法保证教师合法权益的同时，学校建立健全多种教学管理制度，加强师德师风建设，不断提高教师道德水准和法律素质，规范从教行为，弘扬学术，严谨治教，为人师表，追求卓越，形成"崇尚学术、严谨治学、追求卓越"的学风。在依法保证学生合法权益的同时，学校积极做好学生法制教育工作，依法建立健全多种学生管理制度，严格管理，使广大学生树立较强的法制观念和社会责任感，明确做人与做学问的要求和规范，努力做到"崇德、博雅、弘志、信勇"的校训要求。

6. 保障师生权益

学校在教师聘任、职称评审、进修培训、工作条件、任职资格、收入分配、工资和福利待遇等方面制定一系列制度，使教师的合法权益受到保障，充分调动广大教职员工的积极性。学生工作是学校管理的主要工作之一，学校对学生管理工作非常重视，提出"一切为了学生"的要求。学校不但尊重和维护学生的权益，而且千方百计创造一切条件使学生的权益得到实现。学校在学生管理中实行政务公开、民主管理，凡涉及学生权益的事情，都采取政务公开的办法，并让学生充分发表意见、申辩和讨论，力求公开、公平、公正，保证学生能行使自己的权利。

7.加强普法教育工作

学校建立普法教育责任制及有关法律学习制度，加大法律法规尤其是有关教育工作的各种法律法规的学习和宣传力度，法律法规主要包括《中华人民共和国宪法》《中华人民共和国教育法》《中华人民共和国高等教育法》《中华人民共和国教师法》等，全体师生员工的法律素质有了明显的提高。在普法教育工作中，针对学习对象的不同，学校坚持有重点、分层次、全方位的原则开展普法教育和法制宣传教育工作。

8.加强校园治安综合治理工作

学校努力创建制度健全、管理有序、环境优美、校风良好、举止文明的安全文明单位，把这项工作纳入依法治校的重要工作内容，成立治安综合治理委员会，坚持实行目标管理责任制，常抓不懈。

（五）通过艰苦努力，创建工作成效明显

到 2005 年底，围绕创建教育部依法治校示范校工作，学校取得明显成绩。

1.建立健全管理制度体系

学校将立制条例、学术委员会章程、教职工申诉条例、学生申诉规定、校园管理规定、基建工程管理规程等 14 个制度进行修改完善后颁布施行；实施电话费管理、水电管理、非学历办学经费管理、办公设备管理等规定；重新审核修订基建、财务、设备管理、学生工作等方面的管理规定；健全学校制定规章制度审核程序，建立健全管理制度体系。

2.进一步完善管理体制和运行机制

学校坚持民主集中制原则，进一步完善党委领导下的校长负责制；通过理顺和规范内部治理结构，建立校院职责分明、架构清晰、运作高效的新的校院两级管理模式和运作机制，实现管理从金字塔的科层制模式向扁平化模式转变，完善校院二级管理体制；进一步明确二级学院的职责、权限，规定二级学院的决策、执行、咨询、监督程序。

3. 依法规范办学活动

学校建立健全合同审核程序，对每份合同从政策、法律和技术等方面进行审核，逐步实现对外合同管理的规范，依法维护学校权益；根据有关采购管理规定，学校对基建、财务、设备采购等招投标管理工作进行规范，明确规定必须实行招投标的标的限额，有效降低了学校办学成本。

4. 进一步推进民主管理、民主监督

学校制定并完善《湛江师范学院教职工代表大会暂行实施办法》，坚持教代会一年一次定期召开；健全定期向民主党派、离退休干部、教职工通报校情制度；学校监察审计部门对各部门及其工作人员的行政效能、校务公开、岗位目标责任制等情况实施监督检查，逐步形成比较完备的监督机制。

5. 师生权益维护逐步形成良好机制

学校制定《湛江师范学院教职工申诉暂行条例》《湛江师范学院学生申诉条例》等规章，成立教职工申诉委员会、学生违纪处理委员会、学生申诉处理委员会等专门机构；根据教育部 2005 年颁布的《普通高等学校学生管理规定》，学校对有关学生工作的各类文件进行一次全面清理和重新修订。

6. 普法宣传教育成绩显著

师生的法制意识、维权意识和法律素质逐步提高。学校认真贯彻国家和教育系统四五普法规划，成立由学校领导任组长的普法领导小组，坚持有重点、分层次、全方位地开展普法宣传教育工作；制定《湛江师范学院依法治校及四五普法教育工作规划（2001—2005）》，通过开展多种形式的普法宣传教育活动，把普法宣传教育与依法治校工作紧密结合起来。

（六）被命名为教育部依法治校示范校

2005 年 12 月，教育部办公厅发出《关于公布教育部依法治校示范校名单的通知》，广东省共有 5 所学校被命名为"教育部依法治校示范校"，其中包括湛江师范学院。2006 年 5 月 26 日，中共广东省委省政府发出《关于表彰 2001—2005 年广东省法制宣传教育先进集体和先进工作者的决定》，学校被评为 2001—2005 年全省法制宣传教育先进集体。

2006 年 11 月 29 日，省委教工委在广州召开全省教育系统普法暨依法治教、依法治校工作会议，会议授予学校由教育部颁发的全国依法治校示范校牌匾以及由省委省政府颁发的 2001—2005 年全省法制宣传教育先进集体牌匾。学校党委宣传部部长、规划与法规处处长陈恕平获得由省委省政府颁发的 2001—2005 年全省法制宣传教育先进工作者荣誉证书。

2006 年 12 月 1 日，学校党委召开扩大会议传达全省教育系统普法暨依法治教依法治校工作会议精神，郑永辉同志主持会议并作讲话，与会同志共同研究和讨论学校普法教育和依法治校工作。

六、努力争创新型综合性师范大学

2004 年 11 月 5—8 日，湛江师范学院第二次党代会召开，郑永辉同志在会上作《树立科学发展观，加强党的执政能力建设，为建设新型综合型师范大学而奋斗》报告，提出从本次党代会起至 2010 年，是学校进一步形成办学特色和品牌优势，实现新一轮跨越式发展的重要时期。这一时期学校发展的总体目标是：以邓小平理论和"三个代表"重要思想为指导，全面树立和落实科学发展观，根据广东建设"教育强省"和"文化大省"的要求，贯彻"发展是主题、学术是根本、质量是生命、特色是品牌"的办学理念，坚持"立足湛江、服务广东、面向全国、走向世界"的办学定位，抓住百年师范、"争硕迎评"和教育国际化等机遇，大力推进教育创新，进一步增强在人才培养、科学研究和社会服务方面的综合竞争力，促进持续、健康、协调、快速发展，力争建成一所在省属高校中具有较大规模效益、明显办学优势与办学特色、在国内同类院校中居于前列、在东南亚有一定影响的新型综合性师范大学。

为了进一步促进学校发展，2006年5月10日中共湛江师范学院委员会全体会议、第三届教代会暨工代会第二次会议讨论通过《湛江师范学院"十一五"规划纲要》（以下简称《纲要》）。

《纲要》按照国家和广东省"十一五"事业发展规划精神和省教育厅关于编制学校教育事业"十一五"规划的要求，根据中国共产党湛江师范学院第二次代表大会所提出的学校"十一五"发展目标和主要任务，结合湛江师范学院第三次教职工代表大会工作报告的内容和学校近年来发展的实际编制而成。该《纲要》主要阐明湛江师范学院"十一五"发展意图，明确学校工作的重点，引导全校师生员工的主体行为，是未来五年学校的发展蓝图和全校师生员工的行动纲领，是学校开展各项工作的重要依据。

《纲要》提出，"十一五"期间，学校发展的总体目标是：在邓小平理论和"三个代表"重要思想的指导下，全面落实科学发展观，适应广东建设"教育强省"和"文化大省"的要求，进一步贯彻学校的办学理念，明确学校的办学定位，抓住"迎评争硕"和教育国际化等重大战略机遇，大力推进教育教学创新，进一步提高学校的自主创新能力和依法治校水平，增强学校在人才培养、科学研究和社会服务方面的综合竞争力，促进学校持续、健康、协调、快速发展，力争把学校建成一所在省属高校中具有较大的规模效益、明显的办学优势与办学特色，在国内同类院校中位居前列的新型综合性师范大学。

建设"新型综合性师范大学"，就是把学校建设成为一所具有自主创新能力、培养综合素质高的复合性创新型人才、具有鲜明的师范特色和综合大学格局的高等学府。

新型的特质就是创新。教育创新、科技创新、管理创新、文化创新是学校的神圣使命，是学校生存与发展的根本所在。

　　综合性指综合性大学。它有多种学科的汇集、多种学科的交叉，专业门类齐全，办学层次多样；它的教育教学机制具有综合性的育人功能，能培养综合性的高素质人才。

　　师范大学是学校的功能定位，是师范学院的转型目标，也是不断发展、不断跃升的进步过程。

　　新型综合性师范大学的主要内涵是：①在办学层次定位上，以本科教育为主，积极发展研究生教育和留学生教育，形成师范教育和非师范教育两种类型，本科教育、专科教育和硕士研究生教育三个层次，普通教育、成人教育和留学生教育三种规格协调发展，教师职前培养、职后培训一体化的人才培养体系。②在办学功能定位上，以师范教育为主、培养应用型人才为主，努力使学校成为培养优秀教师及各类专业人才的摇篮，成为培养和输送研究生，促进地方教育、经济、文化和社会发展的基地。③在办学类型定位上，努力使学校成为人才培养、科学研究和社会服务更加协调的教学科研型大学。④在办学特色定位上，以教师教育为主线，积极推进国际化、综合化办学，努力打造教师教育和学生素质教育品牌。⑤在学科专业发展定位上，坚持以文理科为主，积极发展工科及应用型、交叉型学科，突出师范教育专业，使本科专业达到 55 个，硕士点 10 个以上。⑥在办学规模定位上，在校普通生 28000 人以上（其中本科生 20000 人左右），继续教育各类学生 20000 人以上，留学生 100 人左右，在校研究生 150 人左右。⑦在办学条件建设上，校本部专任教师达到 1250 人，争取新征土地 850 亩，新增校舍建筑面积 20 万平方米，教学科研仪器设备资产值达到 1.2 亿元，新增图书、期刊数力求达到国家生均规定标准。⑧在发展目标定位上，确保实现本科教学水平评估"保良争优"目标和获得硕士学位授予权，为创建新型综合性师范大学奠定基础。学校实现名称和办学层次上升格，办成名副其实的教育部依法治校示范校和全国文明单位。（表 4-1）

表 4-1　湛江师范学院"十一五"发展主要指标

指标		2005 年	2010 年	年平均增长（%）	属性
全日制在校生	普通本科生（人）	14097	19908	7.2	预期性
	普通专科生（人）▲	6189	6121	5.3	预期性
	留学生（人）	5	100		预期性
	研究生（人）	0	150		预期性
学科专业	本科专业（个）	42	55		预期性
	学科门类（个）	10	10		预期性
	科研经费（万元）	550	800	7.8	预期性
师资队伍	专任教师（人）	996	1152	13.7（11.6）	预期性
			933	7.2	约束性
	专任教师占教职工总数比例（%）	64	65	[1]	预期性
	硕士学位以上占专任教师比例（%）		70（30）	[23]	预期性
		47	10		约束性
	博士（人）	71	156	20.4	预期性
	教授（人）	75	112	14.9	预期性
	副教授（人）	252	285	20.8	预期性
基本建设	校舍建筑总面积（m²）	436626	636626	[200000]	预期性
	占地面积（m²）	624004	1188000（1093500）	[563996]（[469496]）	预期性
	教学及行政用房（m²）	180611 ★	293611（283500）	[113000]（[102889]）	预期性
			162000		约束性

续表

指标		2005 年	2010 年	年平均增长 (%)	属性
图书 资源	图书（万册）	105	210（205）	20	预期性
			103		约束性
	电子图书（万种）	0.5	50		预期性
资产	教学、科研仪器设备 资产总值（万元）	6485	11500（10263）	12	预期性

注：

1. 带 [ ] 的为五年累计数。

2. ▲：普通专科在校生全部为分校区学生人数，其中 2010 年专科生 8000 人中，基础教育学院 4000 人。除本项的普通专科生人数之外，本表各项指标均为校本部数据。

3. ★：建筑面积为当年正在施工面积。

4. 教学、科研仪器设备是指单位价值在 800 元以上的。

5. "2010 年"和"年平均增长"两项中带（）的值是按教育部 2004 年 1 月 4 日《普通高等学校基本办学条件指标（试行）》中基本办学条件指标合格标准和监测办学条件指标合格标准计算得出的数据。表中预期性指标是指按以上标准规划的数据，约束性指标是指按以上所提教育部文件中的限制招生标准计算的数据。

6. 校本部全日制学生数为 20250 人，折合学生数为 20525 人。

要实现这些目标，《纲要》提出必须从以下方面努力。

（一）坚持教学中心地位，提高人才培养质量

顺应世界范围内教学改革所呈现的课程设置通识化、人才培养个性化、教学管理信息化、教学成果品牌化的发展趋势，学校努力培养德、智、体等全面发展的、具有创新精神和实践能力的专门人才，使学生毕业后面向基层、服务基层、扎根基层，能胜任中等学校的教育教学工作或其他专业工作。"十一五"期间，学校人才培养的主要任务有以下几个方面。

一是建立健全教学质量保障体系。学校通过进一步完善校院两级督导制、加强教学各环节的检查和抽查、开展课堂教学的质量评价、严肃教学事故的处理、加强教学工作评价体系的建设、两年一次对各学院的教学工作综合考核、建立校院两级学生质量评价制度和毕业生质量跟踪档案库等

方式，全面提高人才培养的质量。

二是建立多元化、个性化人才培养模式。适应高素质、复合型、多元化的人才培养要求，学校推行大类招生，推行"2+2"专业培养模式、"3+1"师范生培养模式和"4+0"非师范专业选修师范类课程模块，鼓励学有余力的学生自主选择第二专业或取得双学位；全面推进学分制，深化和完善导师制，建立责任追究制和奖励机制。

三是加强教学基本建设。以新的二级学院组建为契机，学校将专业建设作为教学与科研的结合点，培育特色专业；要用前瞻性的眼光，率先申报几个目前在同类院校中尚无但发展前景看好的新兴专业。花大力气建设一批校级重点专业，力争有3个以上专业进入省级名牌专业；建设一批重点、优质、品牌课程，编撰和出版高质量的教材；教学改革和教学研究成果进入全省同类高校的前列。

四是改革课程体系。在强调拓宽基础的同时，学校全面加强对学生的实践能力和综合素质的培养，控制必修课的门类及时数，增加通识类、实践类、选修类、研究类、艺术类课程的门类及比例；同时，加强对学生选课的指导，努力培养学生成为受社会欢迎的"一专多能"人才。

五是强化实践环节。学校进一步完善实践教学方案，加强实践教学，每个专业至少建立三个相对稳定的校外实习基地；保证实验开出率达到95%以上；有综合性、设计性实验的课程占实验课程总数的比例达到80%以上。为不断提高学生的就业竞争力，非师范生在校期间的实践课时达到40周以上；鼓励和组织高年级学生与教师一道从事教学研究，承担校内外科研教改课题，通过解决教学实际和社会生产实践中的有关问题，培养学生的实践能力，创新能力和自主学习能力。

六是改革思想政治理论课和公共体育课教学。学校适应思想政治理论课改革的需要，不断提高思想政治理论课教师的思想理论水平、业务素质和教学质量；构建一体化的育人体系，营造浓郁的校园文化氛围，开展多种多样的社会实践活动，使思想政治理论课教学丰富多彩，让"小课堂"步入"大社会"。公共体育课按照教育部关于学生体质健康标准和全国普通高校体育课程教学指导文件的要求，全面贯彻"健康第一"的指导思想，逐步实行体育课程的俱乐部化。

七是改进教学方法与教学手段，大力推进现代教育技术在教学中的应用。必修课应用多媒体授课的课时达到15%以上；所有的重点课程、优质课程均建立教学网站；鼓励教师开展双语教学、开设个人教学网页，尝试开展网络教学。

八是完善学生综合测评和奖励处分制度。学校建立科学化、多元化、个性化的学生综合考评体系，增设"社会服务"学分，以"合格加特色"为导向，鼓励学生创新，发展学生特长；通过建立和完善激励竞争机制，促进学校自我教育、自我管理、自我服务、成长成才；通过建立学生申诉制度，维护和保障学生的合法权益。

九是鼓励二级学院与国内外高校开展教学合作，引导有条件的二级学院与国内外高水平大学共同培养学生，实行学分互认、课程对接、师生交流等方面的合作。

十是倡导高雅健康的校园文化生活，大力营造以生为本的校园文化氛围。学校通过设立专项基金，聘请校内外专家每学年举办各类大型讲座，精心打造素质教育、学术文化讲座的品牌，使学校成为学生的精神家园；通过动员学生踊跃参与校园文化建设，提高校园建设的人文艺术含量，增强学生的主人翁意识；通过设立"周末学生论坛"和"校长信箱"，确保来自学生方面的信息畅通。

十一是加强毕业生就业指导，建立健全毕业生就业市场，完善毕业生就业服务体系。学校通过加强就业教育，引导毕业生转变择业观念；通过加快职业技能鉴定基地的建设，全面实施就业准入制度和职业资格证书制度。

十二是构建一体化全员育人体系。全员一体化育人体系，就是要求学校把育人作为中心任务，将育人工作纳入学校工作的各个环节，形成三支队伍（教师、干部、职工）互动，三个课堂（第一课堂、第二课堂、第三课堂）并举，实现全员、全方位、全过程育人。

（二）建立科研创新机制，提升学科建设水平

学校初步建立起学校科技创新体系，制定并实施学校中长期科技发展规划；以学科带头人为中心，以重点学科、重点实验室为依托，加强学校科技平台的建设；以产学研结合、学科实验室建设、科技产业创办等为重点，促进科技成果转化，为校办产业和区域经济发展提供科技支持；鼓励与高新技术企业、研发机构和科研院所实行优势互补、资源共享和联合攻关。

学校完善科研奖励机制，鼓励教师开展学术创新，多出标志性成果，争取在国内权威刊物上发表的论文以及被 SCI 等三大索引收录的论文每年增长 10% 以上，学术著作出版、科技成果转化取得比较明显的成效。

学校每年承担国家级、省部级项目稳中有升，"十一五"期间分别承担国家级项目 10~15 项、省部级项目 25 项左右。

校内外科研经费在现有基础上以每年 10% 到 15% 的速度递增，到 2010 年科研总经费达到 800 万元左右。

重点学科每年出版 15 到 20 部高质量学术著作和教材，每个重点学科每年在权威刊物上发表论文 5 到 8 篇。全校副高以上职称平均每年至少发表学术论文 1 篇。全校每年被 SCI、EI、ISTP 收录论文 25 篇左右。

"十一五"期间，学科建设遵循"重点建设教育学科，强化基础学科，重视发展应用学科，大力扶持新兴交叉学科"的基本原则，以学术梯队建设为基础，以调整学科研究方向为切入点，以突出学科特色、优势为重点，以硕士学位授予权的申报建设为抓手，集中力量建设 8~10 个重点学科；努力形成以教师教育为特色的基础学科与应用学科相结合、传统学科与新兴学科相促进、优势学科与特色学科相统一、多学科协调发展的学科体系。

根据省内学科布局及学校学科建设的具体情况，学校将"课程与教学论"和"基础教学"两个省级扶持学科建成省级重点扶持学科，另有 1~2 个学科进入省级扶持学科；通过优化整合校内外资源开展交叉学科的研究，力争形成有特色的学科群；到 2010 年，争取建成 1~2 个省级重点扶

持学科，1~2 个省级扶持学科，1 个省级人文社科基地；在校级学科建设中，争取建成 15 个左右相对稳定的涉及教育学、文学、理学、工学、哲学、管理学、经济学等学科门类协调发展的学科体系。

学科建设要积极参与地方社会经济文化建设，主动切入当地经济文化建设和社会发展需要的热点，努力发挥重点学科所具有的人才源、信息源、科学技术辐射源的重要作用，进一步提升学校在粤西地区经济文化建设和社会发展中的地位和影响。

（三）推进依法治校进程，构建现代大学制度

从建设教育部依法治校示范校的实际出发，从增强学校办学实力的需要出发，从经营大学拓展发展资源的要求出发，学校加快内部管理体制改革；按照客观规律，逐步建立自主办学、依法治校、学术自由、文化包容、民主管理、开放平等的现代大学制度。

1. 进一步健全和完善党委领导下的校长负责制

学校健全党委决策机制和议事规则，完善学校内部治理结构，加快制定和颁布《湛江师范学院章程》，在此基础上建立健全以《湛江师范学院章程》为中心的管理体制和运行体制；修订《湛江师范学院职能部门职责范围与办事程序》等规章制度，整合与确定各职能部门的责、权、利关系，形成权责分明、公正廉洁、程序规范、运转高效、团结协助的组织体系；坚持依法行政，规范运作，克服管理弊端，减少决策和管理工作失误；增强干部的敬业精神和责任意识，提高广大干部的执行力。

2. 进一步建立健全校院两级管理体制，深化二级学院管理体制改革

随着学校办学规模的不断扩大，为提高工作效率，充分发挥二级学院的积极性和创造性，学校必须深化二级学院管理体制改革：建立校院职责分明、架构清晰、运作高效的新的两级管理模式和运作机制，逐步将以学校职能部门为主转变为以二级学院为主的管理模式，实施扁平化管理；在调整结构的基础上，根据学校现有条件，通过整合二级学院教育教学资源，增设新的二级学院；制定相关管理规定，改革现有拨款机制和预算机

制，明确规定教学经费投入在学校总经费中的比例，明确规定各二级学院在人、财、物方面的管理和支配权限，提高各二级学院办学的积极性。

3. 进一步改革人事分配制度，完善聘任与激励机制

学校积极完善各级管理干部的考核评价标准与选拔任用机制，按照"有理想、有责任、有能力、形象好"的要求，加强干部队伍建设；依据"按需设岗、公开招聘、择优聘任、合同管理"的原则，加快推进以教师聘任制为核心的全员聘任制改革，着眼于引进、遴选和造就一批具有国内领先水平或知名度较高的学科带头人；着眼于培养、支持一批学术根底扎实，具有创新能力和发展潜力的优秀人才充实干部、教师队伍。在教师队伍建设过程中，学校通过优化结构，引进具有活力的学科带头人；在引进和使用人才方面，建立科学、合理、多元的教师工作评价体系；同时，重视开展形成性评价，帮助和促进教师教学工作，使各类人才都能在教学和科研工作中脱颖而出；通过建立和完善教师申诉制度和劳动争议仲裁制度，畅通民主渠道，保障教职员工的合法权益。

4. 加快后勤服务的社会化改革

学校尽快在各后勤实体建立产权明晰、责权明确为基本特征的制度；建立公平公正的竞争环境，引入校内外多元的竞争主体和市场资源，提高后勤服务和保障能力，为学校创造更好的社会和经济效益。

（四）加快办学条件建设，夯实事业发展基础

按照教育部本科教学水平合格评估的要求，学校抓好办学条件建设；进一步加大教学经费的投入，保证教学运行经费达到占学费总收入的30%，争取生均经费逐年有所增加。

1. 加快师资队伍建设

学校大力培养和引进学科带头人和学术名家，造就一批具有较高学术水平的中青年学术骨干和研究型教师，建设一支素质优良、结构合理、富有创新精神和竞争活力的高水平教师队伍。到 2010 年，专任教师总数有较大发展，学校各类人员比例更加合理，其中教师占 65% 以上，教辅人

员占 20%，党政管理人员占 15%；具有研究生学历（学位）教师比例达到 70% 以上；教授、副教授占专任教师总数的 50% 以上；教师队伍的学缘结构更加完善。

2. 加强教学基本条件建设

按照教育部组织的本科教学水平评估的要求，学校加快办学条件建设，尤其是新办非师范专业的实验室、教学科研设备的建设；对公共实验室、跨专业实验室实行统管共用，实现资源共享；在继续建设好"粤西测试中心""综合化学实验室"等重点实验室的基础上，结合重点学科建设需要，建设 2 个以上重点实验室；建设 1 个省级实验示范中心、3 个校级实验示范中心，充分发挥实验示范中心在实验教学和实验室建设中的龙头作用；继续增加馆藏图书的数量，更加重视图书馆的自动化建设、电子资源建设和馆藏资源整合，到 2010 年，馆藏图书要达到 210 万册以上，期刊 5000 种，电子资源大幅度增加，其中电子图书达到 50 万种以上，并整合成统一的馆藏体系；图书馆自动化、信息化建设明显推进，服务模式实现大流通、大开放、个性化，管理实现人性化和现代化；网上服务体系基本完善，读者服务初步进入知识服务层次。

3. 进一步规划校园建设

按照办学需要，学校进一步扩大校园面积，加快建设综合实验楼、教学楼、图书馆新翼、艺术楼和学术公寓，确保校园面积和教学行政用房达到教育部办学条件标准要求；树立科学发展观，坚持以人为本，加强校园的功能规划与综合利用，充分考虑生态、园林、节能环保以及资源的再生与充分利用等因素，建设规划合理、高容量、中密度、低消耗的生态节约型校园，把学校建设成为中外合璧、古今相映、优雅协调、充满人文气息、适应师生员工创业、安居和治学的具有南方海滨特色的园林式学府；支持基础教育学院各项办学条件力求达到国家规定标准，支持附中建设和发展，努力创造条件扩大或搬迁其校园。

4. 进一步扩大办学规模，拓展办学空间，丰富办学内涵

学校借助现代交通和通信手段，加强校区间的联系与合作，争取创办

独立学院。

（五）加强思政工作，促进精神文明建设

1. 坚持理论武装，树立科学发展观，全面加强思想建设

学校坚持用邓小平理论和"三个代表"重要思想武装全体党员和广大师生员工的头脑，树立科学发展观，弘扬和坚持求真务实精神；坚持完善校、院两级中心组理论学习制度，重点抓好二级中心组、教职工和学生三个层面的理论学习。

2. 坚持民主集中制，加强领导班子建设，提高党的执政能力

学校坚持和完善党委领导下的校长负责制，坚持民主集中制；坚持集体领导，促进决策的民主化、科学化，对重大问题和重大事项实行民主决策；建立完善党内情况通报制度，逐步推进党务公开，增强党组织工作的透明度；按照集体领导、民主集中、个别酝酿、会议决定的原则，完善党内的议事规则和决策机制；进一步做好后备干部的选拔和培养工作；改进干部管理办法，健全干部选拔、考核、教育、评价机制；积极做好妇女干部和党外干部的培养选拔工作。

3. 探索和完善党的先进性教育机制，加强党的基层组织建设

学校进一步健全和规范各级基层党组织；加大在青年教师和学生中发展党员的工作力度，到 2010 年，35 岁以下青年教师党员比例达到 55%，具有硕士、博士学位和副高以上职称的党员占同等学历、职称教师总数的65% 左右；学校本科生党员比例 18% 以上，把高年级学生党支部建立在每个班级上、低年级学生党支部建在年级上，推进党支部进社团、进公寓工作，力争使学生党员比例和教职工党员比例处于我省高校前列。

4. 发扬党的优良传统，从严治党，不断推进党风廉政建设

学校积极探索建立教育、制度、监督并重的惩治和预防腐败体系，健全党风廉政建设责任制，建立保持共产党员先进性长效机制；深入开展机关作风建设，努力建设职责分明、公正廉洁、程序规范、运作高效、团结协作的组织体系；建立和健全"重大事项决策、重要干部任免、重要项目安排和大额度资金使用"等方面的决策议事制度，加强对招生录取、工程建设、物资采购、人事任免等工作的监督；进一步推进校务公开，自觉接受群众监督。

5. 坚持育人为本，构建一体化育人体系

学校深入开展创新教学管理、创新培养模式、创新教学方法，提高以育人质量为中心的素质教育，构建全校一体化育人体系，提高思想政治教育的针对性、实效性、吸引力和感染力；以校园文化建设为抓手，开拓大学生思想政治教育的有效途径；坚持专兼职结合的原则，建设一支高素质的思想政治工作队伍；拓展思想政治工作的空间和渠道。

6. 加强统一战线工作，为学校建设与发展服务

学校积极协助民主党派组织加强自身建设，提高参政议政水平；认真做好党外代表人士培养选拔和安排使用工作，建立健全培养、举荐党外代表人士的机制。争取每个民主党派在学校都建立支部，条件成熟的民主党派成立总支；坚持情况通报会、党外人士座谈会、结对交友等制度，充分调动和发挥民主党派和无党派人士的积极性和主动性，发挥优势，广开言路，集思广益，大力营造宽松和谐的民主氛围。

7. 充分发挥工会、教代会、共青团的作用

学校支持工会、共青团独立自主地开展适合教职工、青年、妇女特点、健康有益的活动，增强组织活力；进一步健全教职工代表大会制度，充分发挥教代会、工会的桥梁和纽带作用，促进学校的民主管理与民主监督；加强对学生社团的管理，发挥这些组织在团结、教育、引导学生方面的作用。

8. 坚持依法治校和以德治校相结合，广泛开展精神文明创建活动，建设和谐湛师

学校坚持以科学的理论武装人，以正确的舆论引导人，以高尚的精神塑造人，以优秀的文化熏陶人，不断提高师生员工的思想道德和科学文化素质；适应新时期改革发展需要，确立现代大学制度，不断提高依法治校和以德治校水平；进一步开展"文明单位""文明家庭""文明班级"等单

位、教工、学生三个层面的"比、学、赶、帮"活动，深入实施"思想政治教育工程""师德建设工程""校园文化建设工程""文明修身工程""正确舆论导向工程""文明共建工程"等六大工程，努力建设文明校园和谐湛师；增强广大师生员工的凝聚力，为学校的改革发展稳定提供精神动力和思想舆论支持；通过五五普法宣传教育，进一步增强法制观念和法律意识，不断提升依法治校水平；强化治安防范机制，保证校园稳定，增强安全防范能力；通过创建全国安全文明校园，促进学校综合治理工作迈上新台阶。

（六）实施精神文明建设六大工程

1.思想政治教育工程

学校加强思想政治工作，充分落实理论武装；抓好校院（处）两级领导干部、教职工、学生三个层次的政治理论学习，进一步落实中共中央、国务院《关于进一步加强和改进大学生思想政治教育的意见》，加大学校思想政治课和形势与政策课的建设和改革力度，加强党建和思想政治工作理论研究。

2.师德建设工程

学校提高教师的文化素养，积极开展"崇教厚德、为人师表"主题教育活动，加强教师职业道德建设；倡导"廉洁高效，公正民主、诚信为本"政风，加强学校党的建设和机关作风建设；倡导"以生为本、为人师表、锐意改革"的教风和"崇尚学术、严谨治学、追求卓越"的学风，明确师德规范，严格师德考核，倡导良好师德风尚。

3.校园文化建设工程

学校提高大学文化品位，弘扬大学精神；认真学习贯彻教育部、共青团中央《关于加强和改进高等学校校园文化建设的意见》，大力加强学校校园文化环境建设，加强校史研究和校史展览，倡导"崇德厚道、弘扬学术、育人为本、严谨治学、追求卓越"的良好作风；切实建立和完善学校校园文化建设的保障机制。

4. 文明修身工程

学校提高学生的文化素质，广泛开展"立志、修身、博学、报国"主题教育活动，按照"崇德、博雅、弘志、信勇"的校训精神，全面提升学生素养。促进学生自我教育、自我管理、自我服务；建设基础文明，进一步加强学生网络道德教育，倡导积极健康的网络生活，转变教育观念，全面推进素质教育。

5. 正确舆论导向工程

学校加强新闻宣传工作，弘扬主旋律；强化校园意识形态管理，加大宣传舆论阵地建设和管理的力度，加强校报、记者站等校内媒体管理。

6. 文明共建工程

学校充分发挥大学作为社会主义精神文明重要阵地的作用，积极引导社会、服务社会、贡献社会，努力提升学校品牌形象，把学校建设成为社会主义精神文明建设的示范区和辐射源。

（七）落实规划保障措施

1. 加强"人才工程"建设，充实学校发展实力

学校确立"人才资源是第一资源"的意识，实现管理模式从行政指挥型向经营服务型转变，提高人才资源的经营能力和经营效益，创造适宜高素质人才引进和队伍稳定的环境；制定针对各级各类人才更加灵活的政策，将人才引进计划层层分解落实到各用人单位并与之签订责任状，营造更加温馨宽松的人文环境、更加舒适优美的工作和生活环境。

学校加大对"人才工程"建设的投入。学校增加对人才引进和人才培养所需经费的投入，妥善解决引进教师的后顾之忧；加大对教师进修、培训和参加学术会议的投入力度；与重点名校合作举办研究生课程进修班，为青年教师参加学历或学位教育提供支持；根据学校事业的发展，不断提高教职员工的福利与生活待遇，规划和建设好各种文娱体育等校园文化生活设施，使各类人才和广大教职员工安居乐业；完善教师职务聘任制和校内津贴分配方案，建立较为科学的教师工作绩效考核体系和体现岗位类型差别及工作绩效高低的分配办法；认真贯彻《广东省高等学校教师职业道德规范（试行）》，树立一批师德高尚的先进典型，弘扬高尚的师德风范，提高师德建设水平。

2. 认真做好以评促建工作，全面提高办学水平

学校以 2007 年教育部本科教学工作水平评估为契机，坚定信心，统一部署，周密安排，精心准备，加大投入，狠抓落实，贯彻"以评促改、以评促建、以评促管、评建结合、重在建设"的评建方针，全面加快教学基本设施和办学条件建设，进一步提高本科教育教学质量，确保 2007 年评估实现保良争优的目标。

各级领导必须高度重视评建工作，做到党政一把手亲自抓，全员参与，责任到人，奖罚分明；同时，要以平常心对待评估，把评估工作与日常工作结合起来，处理好材料的收集整理与实际教学工作的关系，大力整改薄弱环节，建设重点指标项目，形成明显的办学特色，创造教学工作的优秀成绩，提高学校整体办学实力和竞争力。

3. 以"申硕"工作为动力，加强学科及专业建设

学校力争 2007 年成为硕士学位授予权单位，5 个左右的学科成为硕士学位教授点；在此基础上，每一轮新增学位授权点 6~8 个（其中一级学科硕士点 1~2 个）；以争取列为硕士学位授予权单位为契机，建设特色明显的学科群体，打造自己的学术品牌；重点学科建设目标瞄准省级重点学科，力争若干个学科进入省级重点扶持学科的行列。此外，各教学单位还应根据自己的优势和特点，通过院校共建、系统共建、系院共建开展重点学科建设，使学校形成多层次的、特色明显的学科群体。

学校建立中青年教师基金，加快建设结构合理的学术梯队；根据学科需要有针对性地选拔一批中青年学术骨干，采取倾斜政策，加大培养力度，使之尽快脱颖而出。

学校加快专业调整的步伐，构建数量较多、结构合理的专业群；从适应广东社会经济发展需求和大学生未来就业形势以及建设新型综合性师范大学的办学目标出发，按照学校确定的专业发展思路，通过整体专业群的结构调整，实现学校持续、稳定和快速的发展。

4. 加强校本研究，促进学校健康快速发展

学校重视改革与发展的研究。学校对如何创出特色、办出水平、增强学校整体办学实力，如何推进依法治校、促进自主办学，如何构建一体化的育人体系等课题进行专题立项；鼓励和支持高等教育研究部门和科研人员对学校发展的路径选择、办学资源的目标投向、招生类型、就业方向发展趋势等方面进行积极的探讨；重视和支持学校改革与发展委员会工作，确保来自广大师生员工的建言献策畅通无阻，认真筹备和组织召开改革与发展战略研讨会并及时吸取其有益成果，推动各项工作健康快速发展。

5. 整合优化校内资源，进一步提高办学效益

（1）树立经营大学的理念，提高办学效益。学校大力提倡勤俭节约，艰苦奋斗，努力做到开源节流，逐步减少资源耗损率，降低管理成本，建设节约型校园。

（2）加强财务和后勤部门的管理改革。学校加快财务管理改革，强化财务预算，增加财务管理的公开性与透明度，加快实现由会计核算型向财务管理型的转换；全面实行校内财务集中管理，提高学校资金的使用效益；继续完善内部控制制度建设工作，使之成为一个健全有效的制度体系；加强基建的预决算制度，加大成本监管力度。

（3）集约整合全校教学资源，提高设备使用效率。学校完善各类实验室设置的论证、设备选型的论证工作，提高资源使用效益；对现有基础实验室进行整合，建立全校共享的"实验教学中心"；加强粤西高校分析测试中心建设，全校大型精密分析仪器由粤西高校分析测试中心统管，以便更好地为本校教学科研服务，更好地对外开展分析测试服务。

（4）加快校园信息化建设。学校加快校园网基础设施的建设，课室、办公室、教师宿舍、学生宿舍的通网率达100%，解决好校本部与各校区、教学点的网络互联问题；优化网络环境，完善服务功能，制定规范标准，整合信息资源，提升应用水平；依照共建共享原则，统一规划、统一标准，在总体规划指导下，建立基于校园网环境的人力资源、教学、科研、

校产等共享资源库；研发和引进适合各职能部门业务需求的应用软件，业务管理工作实现数字化、网络化；规范学校业务流程，推行办公自动化；加快教学资源建设，推广网络教学，使学生能够在网上自主学习；建设好校园"一卡通"系统，校内各项收费以及各种需要身份认证的管理工作逐步使用"一卡通"系统，提高管理水平和工作效率。

6. 充分利用社会资源，开展多种形式的联合办学

学校积极争取省、市有关主管部门和社会各界的帮助和支持，充分利用各种社会教育教学资源合作办学，积极推动建设湛江教育园区工作。

学校积极开展与国内外的联合办学工作，持续花大力气，主动走出去，开展与国内外重点名校、民营企业、周边学校的多层次多类型的联合办学工作；继续推进与美、日、英、澳、泰等国的联合办学，积极建设对外汉语教学基地，加快发展留学生教育；通过对外办学，提高教育的国际化水平，促进学校内部的改革和发展，提高教育教学水平，培养具有国际视野和对外交往能力的师资队伍和学生群体。

7. 建立健全规划的实施机制

（1）建立学校规划的管理体制和分类指导的实施机制，健全科学化民主化的规划编制程序。在学校党委领导下，校长主持和组织，学校规划部门具体协调，各有关职能部门编制专项规划、部门规划，各二级学院编制二级学院规划，通过充分征求各方面意见，起草和形成规划的征求意见稿。该意见稿由学校教职工代表大会讨论，学校党委决定，报广东省教育厅备案后执行，以期形成以学校规划纲要为统领，各类规划定位清晰、功能互补、统一衔接的规划体系。学校规划部门具体负责协调规划纲要与各专项规划、部门规划及各二级学院规划之间的关系，统筹协调学校发展与各二级单位发展、长期发展与短期发展、近期发展措施与长期性发展目标之间的关系，使规划目标转化为具体办学行动，分解为各部门和院系的年度工作计划，确保规划目标的均衡、协调和稳步实施。

（2）加强对规划执行情况的考核和评估。学校强化各职能部门对规划目标实施的保障，把本规划确定的具有行政强制效力的约束性指标，纳入

各职能部门和各二级单位的业绩评价和绩效考核范围，并分解落实。学校各有关部门加强对本规划实施情况的跟踪分析并接受学校教职工代表大会的监督检查；在本规划实施的中期阶段，对规划实施情况进行中期评估，其评估报告提交学校教职工代表大会讨论；经中期评估若需要修订本规划，由学校教职工代表大会讨论，学校党委批准执行。

七、创新人才培养模式

进入 21 世纪，以互联网为代表的信息技术使世界成为一个互动的整体，不仅技术、资本、知识迅速国际化，就连劳动力市场也迅速国际化。由此，为了顺应新技术发展的要求，新一轮高等教育改革正在全球悄然兴起。作为高等教育重要组成部分的师范教育改革也提上议事日程。师范教育作为培养人才的重要基地，改革的着重点自然是人才培养模式的改革。湛江师范学院在这样的大背景下，掀起了一场声势浩大的人才培养模式改革的讨论和实践。

2009 年 9 月 30 日，时任校党委书记梁英在校报上发表《改革和创新师范教育人才培养模式的思考》一文，揭开学校人才培养模式改革的序幕。在文章中，梁英同志主要从什么是当代所需要的合格教师、高等师范院校应该如何办学、教师教育是否需要独立设置三个方面论述高等师范院校改革的重要性和紧迫性。他在文章中讲道："高等师范院校要根据教师教育专业化的要求，从更高层次上设计、提升相关的学科与专业，提升办学水平和综合实力，在实现教师专业化的同时，实现学科专业化，为教师教育专业化打下良好基础。我们湛江师范学院是否可以考虑按照'厚基础、宽口径、精专业、强能力'的总体要求，积极创造条件，实行'按类招生、学程分段、方向分流'，形成学科专业教育与教师专业教育分离的'3+1'培养模式（教师专业教育约占总学分，即总学程的 1/4）。培养模式前期按大类培养，中段按学程分段设计，适时按专业或专业方向分流。通过搭建'博雅教育＋学科专业教育＋教师专业教育'的'平台＋模块'的课程结构，促进教师教育人才培养向综合化、专业化、个性化发展。"10月23日，学校党委在国际会议厅召开理论学习中心组专题学习会，主要议题是探讨创新型人才培养问题。梁英同志作题为《当代高等教育改革对创新师范教育人才培养模式的思考》的报告，提出创新型人才的五项基本特征。"创新型人才起码应该具备这样五项基本特征：一是有很强的好奇心和求知欲望。二是具有良好的自我学习与探索的能力。三是在某一领域或某一方面拥有广博而扎实的知识，有较高的专业水平。四是具有良好的道德修养，能够与他人合作或共处。五是有健康的体魄和良好的身体素质，能承担艰苦的工作。"

2009年11月25日，罗海鸥同志被任命为湛江师范学院院长，他上任后继续开展创新人才培养模式的改革，抓典型，树榜样，形成示范效应，全校上下积极投入人才领域的改革与创新中来。外语学院坚持以课程改革为突破口，变革重理论学习轻实践培养、重外语专业课程建设轻职业教育课程建设的传统课程体系，优化显性知识与隐性知识、理论课程与实践课程的配置，努力使学生的知识结构、能力结构和素质结构协调发展。从2003级学生开始，外语学院在师范方向推行"3+1"人才培养模式，即前三年以外语专业课程学习为主，最后一年主要开设与职业发展相关的理论与实践课程。延长见习与实习时间，增强学生的实践能力。总结外语学院改革经验主要有：一是强化教师队伍的整体建设，搭建学科、课程教学团队；二是完善基于博雅教育的"3+1"人才培养模式，建构合理的专业课程教学体系；三是教师教育领域的研究与改革，引领基础教育课程教学改革；四是在学生专业实践方面，强化基于工作的学习理念，提升学生的专业实践能力，打破工作与学习的界限，强化学生的职业技能，为学习与就业构建中介平台，使学习与就业无缝对接。

为了进一步推进人才培养模式的创新，解放思想，开拓进取，学校党委决定从2010年4月到9月在全校范围内开展一场以"办一所什么样的湛江师范学院，如何办好湛江师范学院"为主题的教育思想大讨论。这次讨论围绕校"十二五"规划的制定，认真思考学校的发展定位，分析存在的主要问题，理清今后的发展思路和目标，创造性地加强和改进人才培养和学科建设，不断提高学校的办学质量、办学水平和办学效益。

2010 年 5 月 11 日，学校印发《湛江师范学院关于开展教育思想大讨论活动的通知》（以下简称《通知》），号召在全校范围内广泛开展新一轮教育思想大讨论。《通知》要求本次讨论以创建特色鲜明的高水平师范院校为目标，动员和组织广大教职员工认真分析我校面临的形势和任务，认真思考教育教学各个环节存在的问题与不足，进一步明确学校的历史阶段和发展目标定位，进一步厘清学校的发展思路和战略举措，努力彰显学校的发展特色和优势。学校以党委中心组理论学习的形式举办"广东经济社会发展走向与我校发展战略"为主题的专题学习会。校领导积极带头，引导各自分管、联系的部门和二级学院参加讨论活动。学校各部门、各院系积极响应，通过专题报告会、座谈会、研讨会等方式开展讨论活动，部分干部和教师以高度的热情参与讨论活动，结合从事的工作提出一系列富有建设性的意见和建议，其中很多建议非常中肯，对学校改革与发展和育人工作具有较强的针对性，体现广大教职工对学校改革发展及创新人才培养模式的热切期待和深刻思考。通过讨论，全校上下思想更统一，办学信心更足，干事创业的干劲更足了。

2010 年 12 月 30 日，学校印发《湛江师范学院关于创新人才培养模式的意见》（以下简称《意见》）。该《意见》分析了创新人才培养模式改革的重要性和紧迫性以及指导思想、基本思路、主要任务和保障机制，其中基本思路包括以下几个方面。

第一，把"合理定位"作为创新人才培养模式的出发点。围绕经济与社会发展、科学与技术进步、文化与教育振兴对人才的需求，结合学生个性化发展的基本诉求以及学校办学定位和现有优势，学校合理定位人才培养目标，促进社会需要、人才发展和学校特色和谐共生。

第二，把"分类规划"作为创新人才培养模式的基本策略。针对新老专业、文理专业、师范教育专业、非师范教育专业、职业技术师范教育专业等专业的特点，学校实行分类指导和规划；积极鼓励各二级学院、各专业创新人才培养模式，凸显自己的特色和优势，切实提高人才培养质量。

第三，把"优化结构"作为创新人才培养模式的核心内容。各专业要依据社会发展、人才需求和学科专业特点制订培养目标，优化专业课程结构和课程设置，处理好国际课程与本土课程、必修课程与选修课程、通识课程与专业课程、理论课程与实践课程的关系；更新教学内容，处理好显性知识与隐性知识的关系；改革教学方法方式，倡导学生在文本世界、经验世界和虚拟世界中学习。

第四，把"合作培养"作为创新人才培养模式的重要途径。学校树立人才培养的整体观，吸纳社区、企业、中小学校等参与人才培养过程，形成人才培养合力；搭建实践大平台和虚拟学习空间，实现理论学习与实践训练有机结合；建立用人单位的人才质量反馈机制，及时调整人才培养方案；拓展与国外高校合作办学的路径，培养具有国际视野的创新人才。

第五，把"提高质量"作为创新人才培养模式的根本任务。学校牢固树立育人质量意识，深化教学改革，把教学作为教师考核的首要内容，建立教授为低年级学生授课制度；注重精神激发和心灵励志，引导学生把学习放在第一位，充分调动学生学习的积极性和主动性，鼓励学生刻苦学习、诚信学习，养成良好学风；支持学生参与科研，强化实践教学环节，提高人才培养质量。

《意见》提出，创新人才培养的模式要求是适应国际化、信息化和本土化的要求，努力体现自己的特色和优势。第一，国际化。学校发挥地处沿海开放城市和学校外语师资的优势，积极开展双语教学，大力提高学生的外语水平；引进和吸收国外先进的教育资源、优秀的课程体系、有效的教学范式；加强与国外高校合作办学，开展2+2、3+1两段式共同培养模式，建立学分互认制度，拓展国外见习、实习、研习渠道，培养具有国际视野的外语能力较强的人才。第二，信息化。学校通过在教育领域运用计算机多媒体和网络技术，运用抛锚式教学、随机访问教学、在线认知学徒制等教学方式，为学生搭建基于技术的学习空间（如咨询空间、实践空间、阅读空间、创造空间、虚拟空间、对话空间等），实现课堂教学信息化、虚拟化和可视化，培养具有较强的媒体素养和信息技术能力的人才。第三，本土化。一是继承和发扬优秀的教育传统和文化精神；二是建立与地方中小学校、企事业单位合作培养人才机制，培养具有服务于地方基础教育、职业教育和经济建设的本土情怀和社会责任感的人才；三是教育研究要服务于人才培养，科学研究要服务于地方经济社会发展。

在此基础上，《意见》提出创新人才培养模式的六大任务，即以"责任、能力、创新"为核心，建构人才培养的三维目标；以优化专业结构为重点，满足基础教育、职业教育和地方经济建设的不同需求；以课程改革为突破口，完善学生的知识、能力与素质结构；以实践教学为主线，打造实践教学平台和合作培养共同体；以分类培养为导向，促进学生多元发展；以教学改革为手段，推进教学与教研的同步发展。

2011年，学校把创新人才培养模式、提高人才培养质量作为学校年度工作的"三个重点"之一。为加快推进这项工作，学校于3月28日上午在国际会议厅召开人才培养工作会议。

会议指出，《意见》广泛吸取了校内外教育界人士的意见，是全体教职工教育智慧的结晶，它清晰展现了创新培养模式的思路和预期目标，是今后一个时期人才培养工作的指导性文件，需要大家认真贯彻落实。为更好地落实《意见》，会议对新时期人才培养的目标和规格，人才培养的国际化、信息化和本土化特色，专业设置和建设，课程建设，"卓越教师"实验班试点，学程安排，教学优化等方面的内容要点和提出依据作了详细的阐述，并提出具体落实要求。

罗海鸥同志在会上作了题为《回归育人之道，造就优质人才》的讲话，指出会议是学校贯彻教育工作会议精神和教育规划纲要、落实今年重点工作的一次重要会议，是深化人才培养模式实践探索的一次再动员、再鼓劲。他围绕创新人才培养模式，从当前的形势要求、意义，国内外的理论和实践探索等方面内容进行论述，还就学校推进培养模式创新提出五个方面的要求。第一，提高改革认识，明确创新思路。通过前期的讨论，大家逐步形成三点共识：通识教育、专业教育、职业训练三位一体贯穿在"教、学、做、研"的大学生活之中；创新人才培养模式的根本出路在于多样化，关键在于校（院）长、学科专业带头人和骨干教师；创新人才培养模式的实效取决于机制创新，让教师真正把教书育人放在首位，让广大教师静下心来教书、潜下心来育人。第二，职能部门牵头，搞好启动实施。第三，鼓励先行先试，实现整体推进。第四，抓住关键要素，注重分类指导。第五，增加教学投入，解决突出问题。罗海鸥同志认为，创新人才培养模式的根本出路在于多样化，各二级学院、各专业应大胆探索、积极创新，以更宽广的视野来谋划和落实这项工作，各职能单位和教辅单位应进一步增强服务育人意识，为提升人才培养质量努力做好各项服务工作。

10 月 25 至 26 日，2011 年度广东省高等教育教学工作会议在湛江召开。省教育厅有关职能部门负责人以及来自全省 130 多所高等院校的主要负责同志参加会议。罗海鸥同志代表学校在大会上作题为《"教学研做"互动合一，培养"五力型"优质教师——创新教师教育人才培养模式的思考和实践》的发言，从五个方面介绍学校近年来创新人才培养模式的探索及成效：一是创新培养目标，为基础教育培养"五力型"优质教师（五力，即驾驭课堂的教学力、体验反思的教研力、协同创新的实践力、心志专一的坚持力和为人师表的引导力）；二是夯实基础，突出精新实，构建三维立交的课程体系；三是创新教学方法方式，推进"教学研做"的互动合一；四是创新教育学科建设机制，为师范人才培养提供学科支撑；五是创新管理机制，为人才培养模式多元化发展提供保障。

八、学校发展目标的科学定位

2010 年 6 月 20 日，罗海鸥同志在湛江师范学院第四届教代会暨工代第一次会议上作了《凝心聚力　真抓实干　为建设特色鲜明的高水平师范院校而努力奋斗》的报告，明确提出把"建设成为特色鲜明的高水平师范院校"作为学校发展目标的定位。具体说来，学校坚持以科学发展观统领工作全局，认真贯彻执行国家和省中长期教育改革与发展规划纲要，以学校第三次党代会召开为契机，继续解放思想，更新教育观念，遵循教育规律，坚持错位竞争、内涵发展和特色兴校的办学策略，深入推进人才培养模式、学科建设机制和内部管理体制改革，不断优化办学资源，着力构建融师范教育和非师范教育、普通师范教育和职业技术师范教育、职前培养和职后培训为一体的"大师范"办学格局，进一步整合和强化人才培养、科学研究和社会服务的功能，推动学校教育教学上质量、学科建设上水平、内部管理上效益，努力把学校建设成为特色鲜明的高水平师范院校。

所谓特色就是拓展服务面向，强化师范性，突出技能性，兼顾学术性，积极探索建立师范教育和非师范教育、普通师范教育和职业技术师范教育、职前培养和职后培训一体化的"大师范"办学体系，构建"大师范"办学格局。这就要求学校紧跟国内外基础教育改革和职业教育发展趋势，扩展和优化师范教育专业结构，做强高等师范教育；积极发展职业技术师范教育，为广东特别是粤西地区中等职业教育大发展培养职教师资，更好地满足地方经济社会发展特别是教育均衡发展的需要。

为此，学校坚持教育改革，创新师范教育人才培养模式，以"德先能重、通专结合、扬长发展"为主题，在师范专业中实行"通识教育＋专业教育＋教师教育"的人才培养模式，构建理论、技能和实践三大课程模块，打造师范教育特色品牌。改革包括发挥普通师范教育优势，助推职业师范教育发展，使两者优势互补、相得益彰，切实增强教学改革的针对性、人才培养的适应性和教育研究的引领性；积极推行优秀人才培养试点改革，挑选一批基础较好、勇于创新的优秀学生组成"未来教学名师"试点班和非师范创新班，培养未来的教学名师和教育专家以及其他行业精英；邀请知名教育专家学者和基础教育一线的优秀校长、教学名师来校讲学辅导，参与人才培养过程；鼓励教师到中小学或中职学校开展教学实验和教育研究；建立人才培养质量信息反馈机制，与时俱进，不断促进课程结构、教学内容、教学方法和教学手段等方面的改革。

2010 年 12 月 17 日，学校举行第三次党代会，再次强调建设特色鲜明的高水平师范院校的目标。会议总结过去六年来党的建设和学校发展取得的成绩和经验，描绘今后发展的蓝图。时任学校党委书记梁英向大会作了题为《求实创新　科学发展　为建设特色鲜明的高水平师范院校而奋斗》的报告。报告共分为三部分：一是第二次党代会以来的工作回顾，二是未来五年的奋斗目标和主要任务，三是全面加强和改进学校党的建设。

报告指出，过去的六年，学生规模不断扩大，教学水平进一步提升，人才培养特色凸显，学术实力显著增强，队伍建设富有成效，基础条件不断改善，合作交流有新进展，党的建设进一步加强，精神文明建设扎实推进，是我校办学事业快速发展的六年，是我校综合实力和办学水平大幅提升的六年，是我校各级党组织创造力、凝聚力和战斗力明显增强及充分显示的六年。

报告总结过去六年取得的五条经验：一是坚持践行科学发展观，这是学校不断发展的根本；二是坚持加强和改进党的领导，这是学校不断发展的保证；三是坚持全心全意依靠教职工办学，这是学校不断发展的源泉；四是坚持抢抓机遇、追求卓越，这是学校不断发展的关键；五是坚持改革创新、特色发展，这是学校不断发展的动力。

报告提出学校发展的七大目标：一是办学规模结构更加优化，二是人才培养质量稳步提高，三是学科建设水平明显提升，四是师资队伍实力显著增强，五是办学资源建设更有成效，六是办学特色更加凸显，七是党的建设全面加强。

报告强调，在创新强校的征程中，湛师人以坚强的意志和出色的胆识，不断开创事业发展的新天地。良好发展局面来之不易，全校需要倍加顾全大局，倍加珍惜和谐，倍加维护稳定。站在新的历史起点上，学校要高举中国特色社会主义伟大旗帜，深入贯彻落实科学发展观，进一步解放思想，抢抓机遇，求实创新，为建设特色鲜明的高水平师范院校而努力奋斗！

2011 年 4 月 26 日，罗海鸥同志在湛江师范学院第四届教代会暨工代会第二次会议上作了《实施三步走战略　建设特色鲜明的高水平师范院校》的报告。报告提出实现特色鲜明的高水平师范院校分三步走的发展战略。

第一步：保障与优化——"三年见成效"。这一阶段的发展任务是保障与优化，发展目标是到 2013 年，学校办学条件明显改善，取得明显办学成效，重点做好"三大保障"和"三大优化"，即条件保障、机制保障和民生保障，岗位优化、资源优化和学科专业优化。

第二步：转型与升级——"五年上台阶"。这一阶段的发展任务是转型与升级，发展目标是到 2015 年，高标准完成广东省硕士学科授权立项规划建设任务，力争成为硕士学位授予单位，人才培养和学科建设初显优势和特色，办学水平迈上新台阶。

第一步与第二步之间，虽然目标相互衔接，任务各有侧重，但两步之间并不是截然分开的，不能理解为第一步的目标完全实现、时限结束后才开始第二步的工作。第二步的转型与升级与第一步的保障与优化是协调并进的。

第三步：特色与品牌——"十年大提升"。第三步的发展任务是特色与品牌，发展目标是到 2020 年，学校综合实力全面提升，成为跻身国内同类院校先进行列、在国内外有一定影响的特色鲜明的高水平师范院校。

为了实现上述目标，报告提出五大任务：扎实推进人才培养模式创新，努力提高人才培养质量；落实学科建设和科研工作的各项任务，提高学科建设水平；扎实开展"管理效益年"活动，切实解决广大教职员工关心并且影响学校发展的突出问题；深化人事制度改革，激发队伍活力；大力改善办学条件和师生生活，为实现发展目标提供条件和民生保障。

在多次征求意见和反复讨论的基础上，2011 年 5 月 25 日，学校发布《关于印发湛江师范学院"十二五"发展规划的通知》，公布《湛江师范学院"十二五"发展规划》（以下简称《规划》）。《规划》在总结"十一五"规划执行情况的基础上，分析当前学校发展所面临的问题和挑战，明确学校的发展目标、定位以及各项战略举措，是"十二五"时期学校发展的纲领性文件。《规划》明确"十二五"时期学校发展的指导思想是：牢固确立建设"特色鲜明的高水平师范院校"的发展目标，坚持"三年见成效，五年上台阶，十年大提升"三步走的发展战略，"错位竞争、内涵发展、特色兴校"的发展策略和"教育教学上质量、学科专业上水平、管理服务上效益"的发展主题。《规划》要求，学校立足教育改革与发展的政策前沿、理论前沿和实践前沿，发挥师范教育优势，优化学科专业结构，构建"大师范"办学格局。《规划》指出，以培养德智体美全面发展的"负责任，强能力，善创新"的高素质应用型人才为目标，创新人才培养模式；以高标准建设硕士学位规划授权单位为重点，强势推进学科建设和科研工作；以管理体制机制改革创新为动力，促进管理和服务效益的提高，全面提升人才培养质量和综合实力，努力把学校建设成为特色鲜明的高水平师范院校。

《规划》提出"十二五"时期学校的各项发展目标。

第一，办学规模与专业设置：办学规模适度增长，2015年，在校本科生争取达到24000人，专业总数达到55个，联合培养研究生100名，各类成人教育在校生18000人。

第二，教学建设与教学改革：实现两个突破，优化三批专业，建设"双百课程"和"百家合作培养共同体"，即创新人才培养模式、国家级标志性教学成果取得突破；重点扶持一批基础较好、发展前景较好的专业，调整改造一批招生困难、就业前景较差的专业，开发建设一批适应新兴产业需要的新专业；建设100门双语教学课程和100门高水平主干课程；与50所条件较好的中小学校、50家企事业单位建立人才培养共同体。

第三，学科建设与科学研究：确保一项重点，实现四大跨越，建成"两个高地"，即确保高标准完成硕士学位授权规划单位建设重点任务，争取成为硕士学位授权单位；实现高级别科研项目、高水平科研成果、高层次科研平台、横向科研经费等四大跨越；成为区域教育科学研究高地和区域科技创新高地。学校建成省级重点扶持学科、扶持学科2~3个；建成省厅级工程技术中心和学科基地3~5个；争取获得国家级科研项目年均10项，校外到账科研经费年均1000万元，2015年当年校外到账科研经费达到 1500 万元；提高科技成果转化率，形成为地方文化教育服务、经济发展服务的标志性成果；争取获得教育、工程等专业硕士授予权，开展专业硕士研究生教育。

第四，师资引进与师资培养：实施"三百人才计划"，打造"两高团队"，实现高水平人才队伍建设的新突破，即引进或培养 100 名海外留学归国教师和专业外籍教师、选派 100 名学术和行政骨干到海外知名大学进修访学、聘请 100 名高水平的兼职教师和客座教授；打造一批高水平的教学团队和科研团队；2015 年，具有正高职称教师 170 人，具有博士学位教师 300 人。

第五，对外交流与合作办学：实施"双百交流计划"，推进"五大合作"，拓展"三大领域的联合"，即实施学生海外交流学习每年百名计划、来华留学生每年百名计划，推进与地方在经济、教育、科技、文化、政策与法律等五大领域的合作，拓展与海内外高等院校、科研院所在合作办学、分段培养人才、合作研究等方面的联合。

第六，办学条件与校园建设：进一步完善校园规划，建造"三化校园"，实施"三大建设工程"，建设"幸福湛师"，即建造人文化、数字化、园林化的高等学府；实施征地工程、办学条件提升工程、民生工程三大工程，把学校建设成为安居乐业、潜心求学的"幸福湛师"；争取新增校园土地面积 500~1000 亩，教学及行政用房、学生宿舍、教学仪器设备等主要办学条件与办学规模同步增长，较好满足人才培养需要；建设一批数字化教室；建设省级实验教学示范中心 5 个；大量增加电子图书；实现全校网络覆盖，实现校园数字化。

第五章

新时代高等师范教育的发展

一、学校更名

湛江师范学院地处广东粤西，距离省城广州较远。随着学校事业的不断发展，作为一所省属师范院校，校名的地域局限性日益突出，在一定程度上成为制约学校发展的瓶颈。

2014 年 4 月 21 日，教育部正式发文，同意把湛江师范学院更名为岭南师范学院。5 月 29 日，省教育厅转发教育部文件，同意学校更名事项。6 月 9 日，学校转发教育厅文件，并定于 6 月下旬举行新校名揭牌仪式。

六月荔枝红，岭南花果香。2014 年 6 月 28 日上午，岭南师范学院群贤毕至、高朋满座，学校隆重举行岭南师范学院揭牌仪式。来自全国各地的专家教授、长期扎根农村基础教育一线的校友代表、教师代表、学生代表和各级领导一起为岭南师范学院揭牌，共同见证湛江师范学院更名为岭南师范学院的喜庆时刻。

广东省教育厅相关负责同志宣读《广东省教育厅转发教育部关于同意湛江师范学院更名为岭南师范学院的通知》批文并发表讲话，对学校提出"坚守办学定位、打造教育品牌，推进协同创新、增强核心竞争力，传承百年传统、实现发展新目标"三点希望和要求，认为岭南师范学院是一所文化积淀深厚、师范特色突出、综合实力较强的广东省属本科师范院校，在长期扎根基层办学的过程中，形成了艰苦办学、严谨治教、务本开新、追求卓越的优良学风和校风。

罗海鸥同志发表致辞指出，新的校名，赋予我们新的眼光和新的气象，提出新的目标和新的要求，要求我们应有新的追求和新的担当，广大师生应有文化自信和行为自觉，按照高、深、新、实的要求扎实推进内涵发展，深深扎根在湛江和粤西，在岭南文化的最深处，吸收其丰富的精神资源和文化营养，经过一两代或两三代人的共同努力，实现"岭南一流、师范先锋"的发展愿景，成为一所无愧于时代和人民期望的好大学。

二、育人模式的成功实践

学校党委积极探索人才培养模式改革与实践，逐渐形成具有一定特色的"三大育人模式"，在省内外形成颇具影响的湛师效应。"三大育人模式"是党建育人、实践育人和文化育人。三者既与教书育人、管理育人、服务育人的高校三大职能相对应，又具有自身鲜明特色的育人工作侧重点和突破点，在湛江师范学院创新人才培养模式探索中具有不可替代的重要作用。以梁英同志为编委会主任的三大育人成果丛书，共16册，经过近4年时间（2011年至2015年），由广东高等教育出版社出版，这是学校育人成果的集大成者。

1. 党建育人有新意

党建是指党的建设，是党为完成自身使命、保持自身生机和活力而开展的一系列自我完善的活动，如何发挥党建工作在高校育人工作中的重要作用是高校党委的重要使命和责任，正如梁英同志在三大育人成果丛书的序言中指出："高等学校党建工作所面对的最重大、最核心，也是最重要的任务是学校党委如何带领全校教职工推动学校各项事业的改革与发展，最大限度地调动教职工的积极因素，大力推进特色鲜明的高水平师范院校建设。

"湛江师范学院党建工作研究丛书"正是在实践基础上，经过深入概括和总结，充分展示学校党建育人工作成果的集中体现。

该丛书包括《党建育人的探索》《亮点能见度——高校基层党建案例》《打造党建示范点：湛江师范学院党建案例》《党支部共建活动的实践与探索》四本书，从不同角度展示学校党建育人工作的成绩和党建工作鲜明的特点。

《党建育人的探索》——大学生党员培养教育的新模式。该书是课题组成员思考、研究与探索的结晶，也是学校党委在学习实践科学发展观活动、在优质党建示范点建设、在创先争优活动、在党建育人工作等方面取得较为丰硕的理论成果和实践成果。在高校人才培养工作中，学校党委充分发挥党建工作的政治优势和党建育人的政治功能，不断推进学生党员的三项培养工程和"早启发引导，早教育培养，早考察发展，早发挥作用"的"四早"工作，要求党务工作者深入探究新时期、新形势下培养、发展、教育和管理学生党员工作的理论创新和实践创新，进一步完善"以党建促成才"的党建育人工作机制。

《亮点能见度——高校基层党建案例》——高校基层党组织党建工作新透析。该书是学校20个二级党委（党总支）党建工作的40个亮点总结，每一个亮点都意味深长，韵味无穷。该书第一部分"党建实践"对本单位基层党建工作特色和亮点进行概述，包括起因、过程、效果，时间、地点、人物等，相关材料具体、独特、典型。第二部分是对党建工作进行分析、评议、归纳、挖掘，具有一定的学理色彩和学术深度。

《打造党建示范点：湛江师范学院党建案例》——透视高校党建规律与方法的作品。该书是学校党委四年来积极探索高校党建育人工作新载体、创新党建工作模式、开展党建示范点建设、精心打造党建工作品牌的实践成果和结晶。学校党委"建立示范，以点带面，整体推进，争创优质"打造的党建示范点工作思路较好地推进了学校的中心工作。该书的出版不仅是学校党建示范点建设的阶段性成果，还是学校打造党建工作品牌的新起点。该书内容源于实践，高于实践，既有二级党委（党总支）围绕中心、积极探索、大胆实践、推动发展的成功实践，更有学校党委对基层党建工作创新的全面支持以及对将党建实践成果转化、凝练、升华为党建理论成果的大力推动。该书的出版增强了学校党建工作的积极性，为学校优质党建示范点建设画上一个圆满的句号。

《党支部共建活动的实践与探索》——高校党建工作协同创新的大胆探索。书中 19 个案例对机关党支部与学生党支部结对共建成效作出分析和总结，另外 18 个案例对如何开展支部共建进行多层次、多角度、多途径、多模式、多目的、多效果的总结和探索。协同创新和实践性是这本书的特色。一方面，这本书可以有效提高机关教工党员的育人意识和能力。机关教工党员与学生的接触（除团委、学生处等学生工作部门外）比较少，全员育人的功能无法完全发挥。开展与学生支部共建活动，能不断增强教工党员的育人意识，提高育人能力，增强服务意识，也能不断提高他们的素质，更好地适应时代和社会发展的新要求。另一方面，这本书有利于高校全员育人、全方位育人氛围的形成。开展机关党支部与学生党支部共建活动，有利于带动全校教职员工参与到育人工作中，以期形成人人关心学生成长的全员育人格局，形成"教书育人、管理育人和服务育人"的良好氛围。

2013 年 4 月 10 日上午，为了进一步探讨党建工作的"湛师效应"，由湛江师范学院、广东高等教育出版社共同主办的"湛江师范学院党建工作研究丛书"出版暨研讨会在广州召开。广东省教育研究院、广东省教育工委组织处、广东高等教育出版社等单位领导，以及来自广东省委党校、中山大学、华南理工大学、广东外语外贸大学、华南师范大学等高校的 10 多位专家学者出席研讨会，并围绕"湛江师范学院党建工作丛书"产生的效应进行交流和讨论。这次研讨会既是对高校党建工作如何提升的一次对话，又是对党建工作产生的"湛师效应"的一次审思。

该套丛书的出版，特别是学校党委的党建工作成果，得到与会专家学者的高度评价。华南理工大学的专家认为，湛江师院对党建工作有专致的感情，能够发动各二级党委和广大机关干部的积极性和主动性，以高度的自觉性去做好党建工作，抓好党建工作不拘泥于理论研究，主张创新，有实践和示范点。

广东省委党校的专家认为，丛书印证湛江师院在创新高校党建工作中迈出的坚实步伐，体现学校党委对党建工作的主体意识。湛江师院以创新的精神推进党建工作，很好地运用了科学发展观指导实践，有力地推进了"三型"党组织建设，通过注重理论与实践的结合，让大家看到了一个从学校党委到二级党委再到基层支部的整体联动，形成了崭新的团队合作精神。

广东外语外贸大学的专家指出，湛江师院党建工作讲究针对性、方法强调科学性、内容彰显创新性、教育力求实效性、经验富有指导性，党务工作者要进一步思考如何将大学生培养成社会主义的合格建设者和可靠接班人。

2. 实践育人有亮点

按照教育部等七部委关于高校实践育人的指导意见，学校提出强化实践育人的工作措施，不断深化实践育人改革，全面提高培养人才质量。学校遵循"全员参与、全程实施、以人为本"的原则，建立健全实践育人质量监控体系，将其贯穿于组织开展社会实践活动的准备、过程和结果等各个环节，构建学校、二级学院、学生的三级社会实践质量监控体系。在学校层面，学校将社会实践质量检查纳入期中教学检查，通过深入实际开展质量评价、运用管理信息系统进行质量分析、召开社会实践总结会等方式对实践育人进行全面总结。在二级学院层面，每学期下达社会实践任务，开展期中检查和召开年度实践育人工作总结会，对实践育人执行情况进行全面总结。在学生层面，通过定期召开学生座谈会、学生汇报校外社会实践心得体会等形式进行总结，实现质量监控由单视角向多视角转变。

"湛江师范学院实践育人工作研究丛书"就是在这样的基础上组织编写的。该丛书分为四册，即《理想在实践中升华》《在实践中成长》《特色照亮实践育人路》《问路"三下乡"》，包括实践育人工作呈现的特色和亮点、思想政治理论课社会实践、大学生暑期"三下乡"社会实践、每学期最后一周安排的"社会实践服务周"实践活动等四个方面的相关内容及其产生的良好效果。

《理想在实践中升华》——思想政治理论课社会实践新探索。该书紧紧围绕人才培养的中心任务和实践育人的主题，针对思想政治理论课的社会实践育人案例，做好归纳、统筹、协调、督促、提炼、总结、探索工作，体现思想政治理论课教师在育人工作中的重要价值和位置。该书的出版既是对学校思想政治理论课实践教学的阶段性总结，又是成果展示，更为思政教学工作提供生动的素材。

《在实践中成长》——社会实践服务周实践育人新突破。实践育人是高校人才培养工作的重要模式，社会实践服务周强化学校实践育人工作。该书以学校社会实践服务周的实践育人为主题，涵盖学生了解社会、服务社会、开展竞赛、文化交流四个方面内容，体现社会实践服务周在培养学生社会责任感、创新精神和实践能力的重要作用。这本书科学地探究了社会实践活动周在人才培养中的价值和成效，为社会实践服务工作高水平开展具有一定的指导作用。

《特色照亮实践育人路》——社会实践特色案例集。该书是实践育人工作的特色案例篇，是对岭南师范学院实践育人工作做法和经验的梳理和总结。全书分为"落实立德树人，创新教学模式""遵循育人规律，突出活动主题""充实实践内容，增强教育实效""增设锻炼机会，激发实践活力""延拓实践平台，推动协同育人"五个部分，图文并茂、蕴涵丰富地讲述了学校实践教学工作、专业类学生第二课堂活动、服务实践育人工作、顶岗锻炼实践育人、对外交流实践育人等五大类别的特色案例。本书的编印出版充分调动学校有关职能部门和二级学院对实践育人工作进行理论探索和实践研究的积极性，进一步凝练实践育人的校本特色和亮点，提升实践育人工作的科学化水平。

《问路"三下乡"》——"三下乡"工作的凝练。本书总结归纳岭南师范学院"三下乡"社会实践育人工作的做法与经验，探索研究社会实践工作的理论与规律，从点、线、面三个方面把学生的学术、专业与实践很好地结合在一起，是一本"记录实践"的书。书中选编的案例与理论分析对指导社会实践活动，开展实践育人工作具有积极的作用。该书以辅导员的视角，肯定师生在工作实践中得到锻炼成长，展现岭南师范学院实践育人工作紧扣时代主题、与地方需要相结合、与专业特点相结合的特色，展现高校实践育人工作的新机制和新思路，展现"三下乡"社会实践活动组织推进与工作目标有效结合。

3. 文化育人有特色

校园文化建设从校园"精神文化"建设入手，在"以文化人""以文育人"润物无声的过程中，让教育成为深入人心、树立品牌的载体，引导学生走向成功。长期以来，学校积极推动校园文化创新，不断培育出新的文化成果。

"文化育人工作研究丛书"共有《大学与社区的文化情缘》《红帽子演绎生态梦》《榜样的力量》《大学与地方的历史情牵》四册，包括"开心广场"校地共建联合义演项目、"红嘴鸥"护鸟生态习性研究项目、培育雷阳英才的"榜样湛师"项目、"爱我湛江"历史知识校地情牵项目等。

《大学与社区的文化情缘》——校地共建的代表。该书总结分析了岭南师范学院"开心广场"校地共建的平台与机制、文化惠民的承诺与坚守、志愿服务的目标与行动、文化育人的认识与体会。该书是对学校开心广场十五载校地情、文化行、志愿魂、育人曲的记录，是一本展现岭南师范学院十五年来参与地方文化建设历程的书，是一本具有实践探索、理论探讨、历史价值的书。全书理论与实践相结合，以"开心广场""校地情缘"为明线，以学校的办学理念为暗线，讲述学校与地方开展文化建设和进行文化育人活动的典型案例。

《红帽子演绎生态梦》——生态文化教育的典型。该书以纪实的方式记录红帽子护鸟队的成长过程，是一本展现湛江人追逐生态梦的图书，也是一项在高校文化育人、精神文明建设等方面进行有效探索的成果。该书关注课堂内外学生的成长，把实践过程凝练为文字，培育学子茁壮成长。

该书内容可读性、实用性较强，从生态意义、教育意义、专业意义等多个层面分析和讲述红嘴鸥护鸟活动，突出社会功能，展示雷阳文化精神，吸引众多专业人士和学生的关注。该书契合时代主题，以保护候鸟为切入点充分展示湛江地方文化特色与岭南师范学院的文化特点，生动再现文化育人实践特色，凸显"小题大做、以小见大""成果丰硕""育人成效明显"等特点，展现学校努力为学生的成长发展创设校园文化与社会文化相结合的优质平台。

《榜样的力量》——榜样的力量是无穷的。该书叙述岭南师范学院开展榜样教育的传统，论述在深厚师范文化中开展榜样教育活动育人实践的经验与启示。该书是对岭南师范学院榜样教育进行立体化和个性化的研究和反思，是对榜样教育品牌活动内涵的梳理和挖掘，也是对榜样教育实践的探索和研究。该书以传记的写法为主，角度独特新颖，具有针对性强、寓抽象于具体、启示作用突出的特点。

《大学与地方的历史情牵》——历史知识服务队宣讲掠影。该书紧紧围绕立德树人的根本任务和文化育人的主题，讲述"爱我湛江"历史知识服务队文化宣讲活动的由来、具体做法以及取得成效，以小见大探索研究高校文化育人工作的理论和规律。本书以一个学生社团的视角，充分挖掘文化育人的功能与内涵，探索高校第一课堂与二、三课堂有机结合的路径，体现学校教育教学模式的改革。本书的出版，标志着学校文化育人成果由工作总结走向理论总结的开端，形象地记录了学生在参与地方文化建设实践过程中的思考，反映他们的文化追求和文化自觉。

三、丰富多彩的校园文化

对于校园文化，罗海鸥同志有较为深刻的论述。他认为其包括理想、信念、观念、理据等多个层面的认识，是大学文化的神韵。大学文化的建构者基于特定理念对若干文化因子解构与重构、排列与组合，使之与特有的大学标识精气融通，与独具特色的大学景观天人合一，令大学文化神奇律动、风韵卓尔。岭南师范学院在大学文化建设特别是校园景观建设中有一些体会，形成了一些理念，又用这些理念构建大学文化。

第一，大学校园里的整体氛围十分重要，尤其在今天，一个能净化心灵的优美校园环境，对培养学生气质、陶冶学生情操、提升学生精神境界十分必要。高水平大学应有高水平的校园景观展现自己的特色和魅力，给人以视觉冲击和享受。比如，以校徽来标识大学精神、象征大学文化的同时，以景观来表达大学使命、延续大学传统、展示大学理想、彰显大学文化，从绿化到美化，到文化，再到教化，将大学校园变为文化校园乃至教育校园，实现"人在哪里，教育在哪里；景在哪里，教育也在哪里"。校园里的每一座建筑和一木一草，都是学校活的历史，都值得珍惜，这是大学校园景观建设应有的理念。

第二，立足自身，道法自然，大拙至美。这是中华美学精神，也是大学校园景观与建筑的原则，以此怡情养性，找到精神依归，陶冶美好情操，达到天人合一的境界。从某种意义上说，大学生活是内心生活，也是精神生活。理想的校园建设应与大学精神一致，彰显大学文化的使命，还原其简约、单纯与真诚的本色，而不是为了追求奢华。学校要赋予校园建筑、景观以生命，注重因地制宜，以较少的建材蕴藏丰富的人文内涵。

第三，校园人文景观要体现本土化和现代化。景观建设要以人为本，因地制宜，就地取材，怡悦师生，方便师生，陶冶师生。某位哲学家说，文明内含人文和科技，人文要本土化，科技要国际化，两者要融合一起奔向现代化。大学里的景观建筑更多是人文属性。学校要立足本土和自身，致力于让每个地方的潜质、亮点、灵性彰显出来。

第四，校园里最美的景观是人，是师生，是来讲学的名家。他们是大学精神的传承者与创造者，是实现大学使命的承载者，是大学文化的构建者和彰显者，是校园里最美的景观。正所谓真正的好大学，不在有大楼，而在有大师。

第五，人创造和改变环境，同时环境也影响人，陶冶人。"山水有灵，亦惊知己；性情所得，未能忘言"。学校应高度重视校园环境建设，不断提升学校整体规划水平，加强校园公共文化设施建设，着力打造优美校园环境，营造文明和谐育人氛围，增强师生的获得感、幸福感、归属感。

岭南师范学院坐拥寸金桥公园、瑞云湖公园两大城市主题公园。513亩的寸金桥文化主题公园在校园的南面，与校园有 2 公里的共同边界；2070 亩的瑞云湖生态主题公园在校园的西南面，与校园有 300 米的共同边界。师生从寸金路的东大门进入岭南师范学院，沿着从东到西偏南共计 2.1 千米的校内道路——燕岭大道，动人画卷便逐一呈现在眼前。

［校训石］

学校东大门的迎门石是一块铭刻着校训的黄蜡石，石上刻有"崇德、博雅、弘志、信勇"八字校训，凝练出岭南师范学院人文精神的内涵，彰显岭师人志存高远的价值追求和自强不息的进取精神。

［古榕广场］

从东大门进入校园，沿着燕岭大道向前不远，便是古榕广场（又称"书院广场"）。广场南北两侧七棵大榕树，葱翠挺拔，枝繁叶茂，根须如帘，彼此的枝条与叶子都交缠在一起，为广场盖成了一个巨大的绿色拱顶，俨然成了一个小学堂。

大榕树是 1954 年秋天，学校从雷州搬迁的时候移植过来的。"榕"由"容"而来，意为"包容""兼容并蓄"，展示着学校亘古不变的从容。

在广场的入口立有一个牌坊，正中镌刻"雷阳书院"四字，两旁坊柱刻有一副老山长、岭南才子陈乔森所题的隶体楹联"守道重醇儒经师人师文运宏开钦北斗，立名遵先哲言教身教士风不变式南邦"。广场中央，一龙头龟身的赑屃驮着一块石碑。石碑上刻有清代嘉庆年间雷州知府王文苑写的《府书院记》。雷阳书院的由来、变迁发展、命名的原因、秉承的办学精神、办学的艰难曲折与慷慨之士的热心相助，都在其中朴素简洁道来。站立碑文前，一股古意浸润身心，那是一种沧桑中坚韧的灵魂、历史中书香的荡漾。赑屃的背后，有块方形的青灰色印石盘踞地上，表面刻着 16 个篆体大字"书院精神，高山仰止；百年师范，人文昌明"，充满着古朴的味道。广场西侧的文化景墙上，刻着雷阳书院三位著名山长"三陈"

（陈瓒、陈昌齐、陈乔森）的石刻浮雕塑像，旁边铭刻着他们的生平事迹、著书表现、师魂大义。"三陈"或为才子或为名臣，或兼两者，其中陈昌齐还是清代乾嘉年间精通天文、历算、医学、地理的近代著名科学家，可谓才气冲天、学识贯地，令人敬服。

[问渠]

沿着学校东大门前行 200 米，便可看到陶壁大师朱邦雄博士的作品——《问渠》。整个陶壁，便是一面平静如镜的"方塘"中倒映着的"天光云影"。《问渠》的灵感来自南宋大学问家朱熹的一首脍炙人口的名诗《观书有感》："半亩方塘一鉴开，天光云影共徘徊。问渠那得清如许？为有源头活水来。""问渠"就是"问他"，"他"指代的是映照着"天光云影"的"方塘"之水。诗人在对"方塘"之水的自问自答中，找到"方塘"的"源头活水"。可以想见，朱熹借水喻人：塘水之清因为有源源活水注入，人生永葆活力须要终身的学习和探索。陶壁所喻，或许就是要追问大学的精神源头，追寻书院的精神——师生荟萃，"相引而弥长"，"博学慎思、明辨笃行"，孜孜汲汲，求索于典籍，明理于躬行。

[日晷]

与第一教学楼隔着燕岭大道相望的，是一块草坪。一个庄严的"日晷"屹立在草坡上。晷面的多层环形刻度犹如树的年轮状，记载着学校的前身、各个时期的历史事件，记录着学校发展过程中所获得的荣誉，浓缩着学校成长的一个个脚印。日晷代表着光阴对历史的刻度，同时它面对朝阳，寓意学校办学的光明前景。

[博学园]

沿着燕岭路继续往前走，人们来到博学园，这里致力于营造书院的文化氛围，把"博学、审问、慎思、明辨、笃行"这几个字镌刻在巨石里。这十个字是朱熹给白鹿洞书院定的学规，往上溯在《中庸》里面就有了，往下追是孙中山先生当年给广东大学提的校训，也是今天中山大学、华南理工大学的校训。这是我国传统教育的精髓和成人成才的经典路径。

[岭南师范景石]

距离博学园不远的一个路口，人们会看到用毛体书写的"岭南师范"景石。石头上的这四个字，苍劲有力，力透石背，洒脱大气，彰显学校独具的"岭之南、师之范"的形象。

[百年师范纪念塔]

沿着燕岭大道，经过寸金公园侧门，转了一个弯后直行100多米，就可看见一个斜坡，在斜坡南边的三角地上建有百年师范纪念广场。

广场上耸立着一座钟塔——百年师范纪念塔，与大道南侧沙孟海手迹"百年树人"遥相呼应，堪称镇校之塔。百年师范纪念广场东侧是师范精神墙，雕刻着由汉简集字的"学高为师，身正为范""崇德厚道，为人师表"，势刚力柔，兴味绵长；西侧立有谭平山塑像。

[春晖园]

图书馆东面，百年师范纪念塔对面是新建的春晖园，别名"诗园"，是由著名教育家顾明远先生题写的园名。春晖园里的十八首诗作从《诗经》到李白、杜甫再到艾青、顾城、舒婷，构成一部中国诗歌简史，让中华优秀诗词走进校园。例如《周易》里的"天行健，君子以自强不息；地势坤，君子以厚德载物"，《诗经》里的"周虽旧邦，其命惟新"；顾城的《一代人》里的"黑夜给了我黑色的眼睛，我却用他寻找光明"，舒婷《致橡树》里的"这才是伟大的爱情，坚贞就在这里。不仅爱你伟岸的身躯，也爱你坚持的位置，足下的土地"。孔子在《论语》里说："不学诗，无以言。"又说："诗，可以兴，可以观，可以群，可以怨。"读诗、用诗可以激发情志，观察世情，沟通心灵，宣泄怨气。学校把美好诗句装饰在灯箱上，便像智慧之光，烛照莘莘学子的人生路，启发他们诗意地栖居于大地。

[明德新民　止于至善]

图书馆被一排排的桂花树环抱着，景色格外宜人。图书馆大楼顶端竖立着"明德新民、止于至善"八个大字，这是"大学之道"，也是校园景观建设的主旋律。

［慎思园］

图书馆南面是慎思园，这里有四季飘香的桂花林。这是一个学习、交流、思考和休闲的理想去处，也是图书馆功能的延伸。慎思园顺山坡而建，整个景区在翠绿山坡的怀抱中。园区的创意线条与立体造型，既有像黄河之水天上来的画面与意境，也有将古典与现代融为一体的高雅音乐的曲调，悠扬的旋律、简洁的和声、辉煌的音色，朴实、流畅、灵动、典雅、华美，充满着诗情画意和音乐韵致。尤其是那设计独特的牌坊，上面刻着与图书馆顶端的"三纲领"相呼应的"八条目"：格物、致知、诚意、正心、修身、齐家、治国、平天下。"三纲—八目"（目标与方法）构成大学之道的精神境界和方法路径，呈现古老民族千百年来，"内圣—外王"那经久不衰的修齐治平的文化理想。取名"慎思园"，也是提醒师生经常思考、学思结合，走好自己的人生路。

［立德园］

新校区的立德园位于学生宿舍群中，园名由深受大学生喜爱的"根叔"李培根院士用潇洒灵动的草书题写。园内三棵和顺树成正三角形排列，构成"品"字形，中间放一块大石，既蕴意着每个人的大学生活和和顺顺，也蕴意着大家应砥砺德行。立德园里的这个景观创意源自蔡元培的教育理念：抱定宗旨，砥砺德行，敬爱师友。在立德园里，一棵小叶榄仁树下用十三块石头摆了一个问号，意在提醒学生"吾日三省吾身"。每天问问自己，今天做了什么事？学业有没有长进？德行砥砺得怎么样？旁边的学生宿舍楼前是一块巨大的黄蜡石，上面刻的是梁启超题写的"无负今日"。

［师道园］

师道园里，矗立着数块雕刻着历朝各代名人关于为师之道的名人名句。作为师范院校师生，在此常忆常思，把师道精神融入内心世界，致力于做一名无愧于时代的人民教师。

［问道］

校园景观雕塑《问道》，取材于孔子问道老子的历史典故，由孔子和老子两尊塑像组成，伫立在第四教学楼旁。雕塑由青铜铸成，高 2.3 米，是中国著名雕塑大师吴为山教授的作品。作品线条流畅细致而自然，把孔子的仁和、老子的逍遥体现得淋漓尽致，洋溢着浓厚的传统文化气息。

[岭南一流　师范先锋]

在雷阳区的燕岭大道西端，紧靠第四教学楼，竖立着一块雕刻着"岭南一流，师范先锋"的文化景观石，这是著名雕塑大师吴为山教授为庆贺学校更名而题。这八个字，是对学校发展目标的期待，要靠岭师人共同努力去实现。

[树人广场]

在第四教学楼前的大草坪上，三块厚重的本地玄武岩构成一顶宽大的"桂冠"，吴为山先生所题"树人广场"四个苍劲有力的大字闪耀在"桂冠"之中。"桂冠"意蕴着岭师群英荟萃、人才辈出，鼓舞着毕业生在各行各业不同岗位上追求卓越，争创一流业绩，勇夺"桂冠"。

此外，校园里种的树木寓意深远。五味子树蕴含的哲理是要经过酸甜苦辣咸，才算尝到人生的真味，才能达至无忧的境界，也就是孟子讲的"万物皆备于我"的境界；无忧树蕴含着丰富的文化内涵和教育意蕴，希望选择岭师的学子学业无忧、事业无忧，爱情婚姻无忧，一生无忧。

四、创新强校

2014 年，广东省教育厅推出"创新强校工程"，旨在通过这项工程，引导省内高校合理定位、错位竞争、办出特色，在同类型、同层次高校中争创一流。实施"创新强校工程"，推动广东高校内涵发展，全面提升高等教育质量，这是省委省政府在新的历史起点上，为推动广东经济社会加快转型，实现"三个定位、两个率先"的总目标，结合省高等教育发展新形势作出的一项重要部署，也是广东省高等教育系统落实"创强争先建高地"战略部署的一项重要任务。它标志着广东省高等教育改革发展已进入一个"以协同机制体制创新为核心、高校内外资源广泛汇聚、全面提高高等教育质量"的新阶段。

为此，全省高校纷纷行动，积极加入创新强校建设行列，促进学校高质量发展。2014年4月，湛江师范学院开展动员部署工作，努力使创新强校成为每个教职员工的自觉行动。

2014年4月28日，学校召开湛江师范学院四届五次教代会暨工代会。会上，罗海鸥同志作了《深化改革　创新强校　推动学校工作再上新台阶》的报告。报告指出，要积极实施"创新强校工程"，加快内涵发展和特色兴校的步伐，推动学校发展再上新台阶。

第一，深刻理解实施"创新强校工程"的意义与要求，不断改革创新，增强推动学校发展再上新台阶的责任感。"创新强校工程"是学校改革发展的引领性工程，通过实施这项工程，找准制约自身内涵发展的关键问题，汇聚各方资源和各方力量进行重点攻关，以关键领域和重大问题的有效突破，促进学校办学水平和人才培养质量的全面提升。首先要更新观念。学校要进一步打破学科本位、部门本位、利益本位的思想藩篱，以大视野、大胸怀、大境界构筑学校大平台、推动事业大发展。其次要注重机制体制改革。通过深化改革，创新机制，激发活力，汇聚资源。最后要将落脚点落在提高人才培养质量上。开展协同创新，不能局限于科研领域，不仅要出成果，更要出人才，实现科研创新能力与人才培养质量的同步提升。

第二，深化管理体制机制改革，推进学校治理能力现代化，进一步激发办学活力。根据高校办学自主权相关规定，学校在加强目标导向、绩效考核和廉政监督的同时，让二级学院有更多的自主权，鼓励和支持院系之间、院系与部门之间深度合作、共享资源，推进院系部门协同创新发展。强化学术力量的作用，推进和探索教授治学的有效途径。学校要立足科学发展，以修订《湛江师范学院章程》和完善学术委员会建制为抓手，以完善内部治理结构为关键环节，以深化人财物综合管理改革为重点领域，推进现代大学制度建设。

第三，深化教育教学改革，探索协同育人的多种途径和模式，进一步提高人才培养质量。学校以贯彻落实 2013 年学校教学工作会议精神为主线，创新机制，深化改革，提高教育教学质量，准确把握几个要点：一是推进协同育人。鼓励各院系和专业进行人才培养模式改革，形成人才培养特色，提高人才培养质量。二是深化教学改革。紧跟区域经济社会发展的需求，切实推进专业的调整优化。三是加强教学奖励和约束，激励教师投入教学、教书育人。加大教学名师的培育力度，强化教师培训与考核，探索实施校聘教学型教授和副教授政策。四是加强校本特色的教学质量工程和项目建设。确立标准化评选程序，重视省校教学质量工程项目的培育与建设，遴选推荐国家级和省级质量工程项目，争取高级别的项目有所突破。五是加强教育教学质量监控和评估，认真做好本科教学审核评估工作的规划和实施。

第四，必须加快推进"四重"建设，推进协同创新，强化特色与优势。加强"四重"建设是创新强校工程的重要组成部分，是提升高等教育质量的关键环节和重要路径之一。一要以申硕为抓手，实施重点学科提升计划。二要以重点人才建设为关键，实施高水平创新团队建设计划。三要以重点平台建设为基础，实施创新平台建设跃升计划。四要以标志性成果建设为突破口，实施重大项目成果培育计划。

第五，加强对外交流合作，助推办学水平和教育质量提升。学校继续推进与国（境）外高校的交流合作，拓宽渠道，构筑平台，深化合作，协同推进专业建设、师资队伍建设和人才培养，促进办学水平和教育质量提升；要继续拓展成教与培训业务，重点做好国培项目，保证国培的质量；要拓宽渠道，聚集资源，做好湛江市师资队伍信息化能力提升、顶岗实习和各种专题特色的培训项目，提升继续教育和在职培训的规模和质量效益。

2014 年 8 月 29 日，在学校暑期中层干部读书班上，罗海鸥同志作题为《创新强校做优做特　提升办学水平和教育质量》的报告，要求全校干部教师以新的视野、新的目标要求，扎实推进"创新强校工程"，在做强做优做特上下功夫，全面提升办学水平和教育质量，早日把师范学院建成特色鲜明的高水平师范院校。

为进一步落实推进创新强校各项任务，2014年10月14日，学校在国际会议厅召"开创新强校工程"推进会，传达上级会议精神，总结前一阶段的工作，部署加快推进学校创新强校工作。罗海鸥同志传达9月28日省教育厅召开的"2014年高等教育创新强校工程工作布置会议"精神，并从"体制机制改革与协同创新""学科建设和科学研究""教学和人才培养""师资队伍建设""国际交流与合作"等五个方面对学校创新强校工作进行阶段性总结。他强调，实施"创新强校工程"，关键是要切实转变管理理念和思路，抓准影响和制约建设发展的"牛鼻子"，强化特色，突出重点，按照"扶需、扶特、扶优"的原则，通过体制机制创新，以关键领域和重大问题的有效突破，带动学校的改革创新，解决制约学校改革和发展的瓶颈问题，促进教学质量和办学水平的全面提升。为加快推进"创新强校工程"建设，罗海鸥同志提出四个方面的要求：第一要深化认识，加强领导，把"创新强校工程"作为部门和单位改革发展的引领性工程来抓；第二要强化特色，突出重点，以项目实施为契机，研究解决制约学校和单位发展的关键问题；第三要明确责任，狠抓落实，充分发挥各单位领导和各项目负责人的主动性和积极性；第四要加强资金管理，严格考评，提高绩效。

经过全校上下的艰苦努力，到2014年底，学校各项事业都取得显著成绩。

1. 办学实力显著提升

（1）办学规模进一步扩大。普通在校本科生由17954人发展到21526人，继续教育在册生由15000多人发展到30899人，联合培养研究生33人。

（2）人才队伍进一步壮大。2010年—2014年，学校专任教师由850人增至1030人，教授、博士分别由107名、143名增至126名和224名，高级职称教师占39.5%、硕士以上教师占79.3%、45岁以下教师占69.6%，具有海外学习经历教师123人。有"雷阳学者"特聘教授2人，名誉教授和客座教授 111 人，省级"千百十工程"培养对象 13 人，省高层次人才"扬帆计划"培养对象 3 人，省级"强师工程"资助对象 21 人，"湛江市优秀拔尖人才" 1 人。学校在教师退休高峰期实现教师总人数有所增加的同时，师资队伍的职称、学历、年龄和学缘结构等得到全面优化。学校注重优化干部队伍的整体结构，加强干部选拔、考核和激励，加大党员干部教育培训，选派干部参加国内外培训学习 45 批 199 人次；组织各级各类干部参加"干部在线学习" 411 人次；全校干部素质能力不断提高，平均年龄有所下降，队伍活力不断增强。

（3）办学条件进一步改善。新图书馆、第二综合实验楼和新购学生公寓投入使用，新增校舍 7.57 万平方米，校园建筑总面积近 50 万平方米；教学科研仪器设备新增 5000 万元，总值达到 1.5 亿元；图书馆座位由 1042 个增至 3617 个，纸质图书由 178 万册增至 204 万册，电子期刊由 1.4 万种增至 2.61 万种，电子图书由 30 万种增至 104.52 万种。

（4）育人环境进一步优化。解决新区高压线迁移和四横街乱摆乱卖、脏乱吵闹、堵塞交通等老大难问题。学校重视大学精神文化建设与校园环境建设的深度融合，着力打造绿化校园、文化校园乃至教育校园，实现"校园处处是景点，处处是文化，处处是教育"，学校成为"绿树成荫、花不间断、香飘四季、文化品位、师范特色"的南方园林学府。

（5）办学声誉进一步提升。学校成功更名为岭南师范学院，开启办学新格局，展现发展新气象；以"学术庆典、文化庆典、感恩庆典"为主导，成功举办高水平的纪念师范教育 110 周年活动，名家荟萃，亮点纷呈，提振士气，《南方日报》《中国教育报》等新闻媒体作了多次专题报道，有力地扩大了学校知名度和影响力。

2. 办学特色不断彰显

（1）构建较为完备的教师教育体系。学校坚持师范立校，近五年来增设学前教育、特殊教育等专业，强化教师的职后培训，初步形成涵盖基础教育、职业教育、学前教育和特殊教育等门类齐全、职前培养和职后培训、全日制教育与成人教育、教学科研和社会服务一体化的教师教育体系，拥有 1 个省重点学科、1 个省普通高校人文社科重点研究基地，2 个国家级、5 个省级培训基地和 1 个省级中小学教师发展中心，在校师范生规模居全省师范院校前列。

（2）深化人才培养模式改革。学校坚持以人才培养为根本，以提高教育质量为核心，以协同创新为引领，确立培养德智体美全面发展的"负责任、强能力、善创新"的高素质应用型人才的目标定位，形成"教学研做互动合一、培养'五力型'优质师资"的教师人才培养模式，构建"通识教育＋专业教育＋教师教育／职业教育"的课程体系。学校积极开展卓越教师班试点，打开多样化培养人才的局面，受到上级主管部门的充分肯定和兄弟院校的广泛好评，并在省教育厅组织的相关会议上作了经验交流。

（3）取得较为丰硕的教学成果。学校本科专业由 49 个增加至 59 个；获批教育部特色专业建设点 1 个、省特色专业建设点 4 个，专业综合改革试点国家级 1 个、省级 8 个，应用型人才培养省级示范专业 2 个；成功申报省级人才培养模式创新实验区 2 个、省级实验教学示范中心 9 个、高校教师教学发展中心 1 个；新增省级大学生实践教学基地 8 个、学校人才培养共同体 80 个；获批省级以上教学团队 6 个、省级卓越人才培养计划 2 个；获得教育部课程改革试点 1 个、在建省级精品视频公开课 12 门、精品资源共享课 5 门、省级思想政治理论课优质课程 4 门；获得省级以上教改课题立项 40 项、省级教学成果奖 6 项，其中包括获得省第七届教学优秀成果奖一等奖 2 项、二等奖 1 项。

3. 核心竞争力显著增强

（1）学科实力明显提升。学校以列入广东省新增硕士学位授予单位建设规划为契机，强力推进重点学科建设，课程与教学论、高分子化学与物理、汉语言文字学获批省级特色重点学科，这是学校学科建设上的突破。学校经过先后五轮的规划建设，形成了"33638"重点学科格局，即省特色重点学科 3 个、校级攀峰学科 3 个（教育学、化学和汉语言文学）、校级优势学科 6 个（物理学、生物学、数学、中国史、心理学、马克思主义理论）、校级特色学科 3 个（社会工作、传播学、计算机应用技术）以及校院共建学科 8 个。

（2）平台建设获得突破。学校获批省级协同创新培育平台 1 个（粤台教师教育协同创新发展中心），省级研究平台 3 个（广东高校新材料工程技术开发中心、广东高校植物工程技术开发中心、广东高校数字化学习工程技术开发中心），省级重点提升平台 1 个（广东高校新型光电功能材料研究开发中心），以及广东高校人文社科重点研究基地 1 个（粤西教师教育研究中心）、广东省实践科学发展观研究基地 1 个，湛江市重点实验室 2 个。省级研究平台由"十一五"期间的 1 个增至目前的 7 个。此外，学校还获得中央财政支持地方高校发展专项资金资助建设平台 6 个、省财政支持建设平台 1 个。

（3）科研能力持续增强。学校不断完善科研管理机制，加大科研奖励力度，教师科研积极性明显提高，学术风气日渐浓厚，科研能力不断增强。与"十一五"期间相比，校外科研课题由 211 项增至 626 项，其中省部级以上课题由 57 项增至 235 项（含国家级课题 85 项）；年度获得的校外科研经费额从 2010 年的 444 万元跃升到 2014 年的 1396 万元。教师承担高层次项目的能力明显增强，在国家社科基金重点项目、国家自然科学基金面上项目、广东省优长学科和特色学科建设招标课题等均有所突破。

（4）高水平科研成果累累。学校共出版学术著作 309 部，其中劳承万教授的《中国诗学道器论》一书获得原国家新闻出版总署评选的"三个一百"原创性图书奖；共发表学术论文 4291 篇，其中 C 类以上核心期刊文章 1608 篇、三大索引收录论文 612 篇，特别是 A 级以上高级别论文数量由 2011 年的 43 篇增加到 2014 年的 99 篇，其中李方教授的《新课程对教师专业能力结构的新要求》一文获广东省哲学社会科学优秀成果一等奖。此外，学校还获得授权专利 204 项，获得市厅级以上成果奖励 81 项，其中包括广东省哲学社科优秀成果奖一等奖 1 项、二等奖 3 项、三等奖 5 项及广东省科学技术奖三等奖 1 项。

（5）学术交流蓬勃开展。学校主办或承办包括全国高等师范教育分会年会、"教师教育课程创新与发展"两岸高端论坛等在内的全国性或区域性的大型学术会议近 20 场次，举办"岭南大讲堂""雷阳大讲坛"等共 200 余期，国内外专家学者来校指导讲学 480 余人次，学校的学术影响力和社会美誉度不断提升。

4. 学生综合素质明显提高

学校坚持把"立德树人"作为根本任务，通过抓考研促学风，抓竞赛强技能，抓队伍重引领，搭平台扶创业，树品牌创特色，把第二课堂作为第一课堂的延伸，引导大学生德智体美全面发展。

（1）毕业生质量不断提高。2010 年至 2014 年，学校共培养本科毕业生 24451 人，学生总体就业率均在 99% 以上，流向珠三角地区就业人数逐年上升，学生就业渠道不断拓宽；师范毕业生"下得去、留得住、教得好"，逐步成长为基层教育的骨干力量；读研深造 1422 人，考研录取人数从 2010 年 137 人逐年递增至 2015 年的 323 人，录取院校层次不断提升，总体考研录取率首次达到 6%，对外汉语教育专业的考研录取率达 33.3%。毕业生成为支援边远山区、支援西藏教育事业的重要力量。学校引导毕业生到基层就业的经验在全省毕业生就业创业大会上作为典型与大家交流，并被《南方日报》等媒体报道。

（2）学生素质明显增强。学校获批成立省内首个青年大学生电子商务创业就业孵化基地和省内首个由团省委资助的大学生创业学院，大学生创新创业工作得到地方政府的大力支持和肯定。学生在全国大学生"挑战杯"课外学术科技作品竞赛、全国大学生英语竞赛、全国高校 ERP 沙盘模拟大赛、全国大学生数学建模、全国管理决策模拟大赛、全国高等师范院校大学生田径运动会以及各类省级重大赛事中获得优异成绩。

5. 办学资源不断拓展

（1）继续教育成绩斐然。2010 至 2014 年，学校成人高等学历教育和自学考试毕业人数 26000 人，实现学费收入 10200 万元；培训中小学教师、管理干部超过 20000 人次，培训经费近 3000 万元，特别是从 2013 年以来年均培训经费突破 1000 万元，取得良好的社会效益和经济效益。

（2）对外合作不断拓展。学校与英国、美国、日本、韩国、泰国、白俄罗斯、印尼等国家和地区的 40 多所高校、54 所中学签署校际合作协议，广泛开展人才培养、科学研究领域合作；与白俄罗斯国立体育大学合作成功申办"孔子课堂"；与台湾高校联合成功申报省级平台"粤台教师教育协同创新发展中心"。五年来，学校派学生出国（境）学习 930 人次、教师干部出国学术交流和培训 285 人次；招收培养长短期留学生 230 多人。学校成功举办湛台大学生夏令营、海峡两岸教师教育高端论坛、海峡两岸特殊教育高端论坛、雷州半岛闽南文化交流会、中德 / 中乌大学师生新年音乐会等高水平的对外文化学术交流活动。

（3）校地合作与校友工作成效明显。学校与地方的交流合作进一步密切，依托良好的协作关系，解决东海岛征地款退还、新征地迁坟、寸金四横路环境整治、东大门交通整治等难题。学校完成校友总会换届和珠三角等地校友分会组建；成立校友总会中小学校长分会；注册成立教育发展基金会，搭建办学资源筹集新平台。五年来，学校获得企业和校友的捐赠款物达到 800 多万元，校友捐资设立奖学奖教金、建设实验室和校园景观等获历史性突破。

6. 办学效益进一步提升

（1）党建与思政工作成绩突出。学校坚持以改革创新精神推动党建和思想政治工作，不断深化党的群众路线教育实践活动成果，深入推动党建创新，为办学事业的科学发展提供强有力的政治保证和组织保障，不断提高学校党建科学化水平。

（2）管理服务不断优化。学校实施机构设置改革、岗位聘任制度、绩效工资改革，积极调动教职员工的积极性和创造性；推进预算编制精细化和执行刚性化，建立绩效评价导向的校内预算机制，不断提高资金使用效益；推行办公自动化平台和电子效能监察系统应用，厘清各职能部门职责权限，推进执行力建设和作风建设，不断优化内部管理机制，提升管理效能。学校在大幅增加教学科研仪器设备投入、大力改善教职工福利待遇的情况下，积极偿还银行贷款，争取省化债奖补资金 4907.7 万元，学校负债从 2010 年初的 31900 万元下降到 2015 年底的 6390 万元，学校可持续发展能力进一步增强。

（3）和谐校园建设成效明显。学校发挥纪检、监察和审计的职能作用，坚持落实和完善教代会制度，推行校务公开，努力保障师生员工的知情权、参与权、管理权和监督权；创建"平安校园"，治安综合治理工作获评省、市优秀；学校关工委被中国关工委评为"五好基层关工委先进集体"；深化后勤目标责任制改革，提高后勤管理和服务水平，学校获评"国家节约型公共机构示范单位""全国绿化工作先进集体"；坚持实施为师生办实事项目，落实解决师生反映的热点难点问题，共完成近40项实事项目；坚持推行困难教职工帮扶及离退休教职工关爱活动；依法治校、精神文明建设、师德建设、女工委、离退休和关心下一代等方面工作，获得国家、广东省和湛江市的多项荣誉。

五、新定位，新发展

（一）学校的发展定位

对于学校的发展定位，历届校领导都进行许多思考和探索。作为一所老牌的师范院校，在众多同类院校纷纷开展转型的大环境下，岭南师范学院是否也跟随其后，抑或坚持师范初心，为粤西、广东甚至全国的基础教育事业贡献自身力量？

在完成"十二五"制定的各项任务后，2016年，学校着手制定"十三五"发展规划。在新的发展规划中，对于发展目标、发展方向和发展思路，广大师生有了新的思考。其中在学校定位问题上，"十三五"规划提出学校要落实立德树人根本任务，积极践行"创新、协调、绿色、开放、共享"的发展理念，按照"五位一体"总体布局和"四个全面"战略布局的总体要求，紧紧围绕实现"三步走"的中长期发展目标和统筹推进高质量发展"四大战略"，实施"错位竞争、内涵发展、特色兴校"发展策略，坚持"两性两型"办学定位，聚焦申硕核心目标，大力推进"六大工程"和八项任务，强师范、厚理工、兴商科，促进办学转型升级、提质增效，努力把学校建设成为特色鲜明的高水平师范大学。

（1）发展目标定位：特色鲜明的高水平师范大学。这意味着有特色还要有高水平，学校的发展方向是师范大学，而不仅仅是停留在学院层面。

（2）发展特色定位："两性两型"，即师范性、教学型和地方性、应用型。教学型是学校长期以来形成的发展层次定位，是根据办学历史和层次作出的深层思考。教学型和师范性是相辅相成、互为作用的，师范性是教学型的基础，教学型是师范性的根本要求。学校发展立足湛江及粤西，要为地方社会和教育事业发展作出应有贡献，不断满足地方发展的需求。

（3）发展思路定位：强师范、厚理工、兴商科。学校如何办出特色？如何真正体现"两性两型"发展目标？师范是基础，也是学校发展的根本，上百年师范教育历史，为师范教育打下坚实的根基，在任何情况下都不能放弃"师范"这个根和本，师范教育必须加强不能削弱。当然，为地方服务，体现"地方性、应用型"，仅仅靠师范是不够的，还必须拥有服务地方发展所需的学科和专业。应用性较强的理工类专业和学科的发展是学校发展不可缺的，商业金融等学科是非常热门也是应用性很强的学科，"厚理工、兴商科"也就应运而生。

（4）发展策略定位：错位竞争、内涵发展、特色兴校。由于所处地理位置以及办学层次等方面的原因，学校要在综合实力上赶上或越过同类院校比较困难；实施错位竞争，人无我有，人有我优，我优我特，方能走出一条符合自身发展的新路子。"十三五"期间，学校就沿着这样一条道路不断前行。

（二）"两性两型"特色定位的含义

2017 年 10 月，在迎接教育部专家进校审核评估动员大会上，时任校长刘明贵同志对"两性两型"作过精辟的阐释。

1. 师范性

岭南师范学院是一所师范院校。"师范性"与生俱来，决定办学目标是建设特色鲜明的高水平师范大学。办学目标体现师范性，核心关键词就是"师范"，因而把学校定位为"师范大学"而不是"应用型大学"或"综合性大学"。

定位为师范大学，既有深厚的历史背景，更有现实的考量，也是由学校在广东省高等教育体系中的地位决定的。也就是说，把岭南师范学院的未来发展定位为高水平的师范大学是从纵向和横向两个维度来考虑的。纵向即时间维度，包括过去、现在、未来，是历时性的；横向即空间维度，是共时性的。

从历史来讲，岭南师范学院肇始于师范，发展于师范，成名于师范。1904 年雷阳中学堂始设师范科，迄今已有 120 年历史，开启粤西现代教师教育的先河。学校走过漫长的师范历程，"师范"就是我们的来路，是我们的出身，是我们不能忘记的"初心"。

从现在来讲，今天的岭南师范学院，"师范"仍是我们最大的办学优势。现有的 65 个本科专业中 33 个是师范专业，50% 以上的学生是师范生，最强的学科是教育学科，办学历史最长的是师范专业，师范专业出身的教师最多，师范就是我们办学的优势。

从未来来讲，师范仍有很大的发展前景。现在看似基础教育师资饱和，但优质教师相对不多，基础教育需要高质量、高水平的教师。

从空间上来讲，定位为师范大学是由学校在广东高等教育布局中所处的地位决定的。岭南师范学院所处的粤西地区有近 3000 万人口，学校是这个地区内唯一一所本科师范院校。扎根粤西、服务粤西的基础教育，为粤西地区培养优秀教师是我们的使命、责任和担当。师范，是我校必须坚守且自觉坚守的阵地。

2. 教学型

我校是一所教学型高校，这是相对于研究型高校、教学研究型高校、研究教学型高校而言的。教学型高校的最大特点就是教学是工作的唯一中心。学校科研工作和管理工作都是围绕教学服务的，是为提高人才质量服务的。以教学工作为中心意味着：①学校的根本任务是人才培养；②教学是教师的第一天职、第一使命，要突出教学；③学校在社会上的地位是由其培养的学生在社会上的地位所决定的，必须把学生放在首位，把学生的成长成才置于中心地位。

每个部门、每位同志，都要时时刻刻把教学工作作为中心工作，任何时候、任何工作都不能冲击教学、影响教学。为了保证教学工作的中心地位，学校有很多很好的做法，如校领导开学第一天到各教学楼检查教学，到各二级学院调研教学工作，期末到各考场巡考；党委常委会、校长办公会经常研究教学工作，研究怎样巩固教学工作中心地位、怎样围绕教学中心开展工作。近年来，学校在教学的经费投入从2014年的9900多万元增加到2016年的1.63亿元，增幅达到64.54%。此外，学校综合利用各种资源保证教学，营造尊师重教的氛围，教学工作以教师为中心，人才培养以学生为中心。

3. 地方性

学校的服务定位是立足粤西、扎根粤西、研究粤西、服务粤西，是地方的科技创新中心，是地方的人才培养中心，是湛江的首善之区、文明高地，要为包括湛江在内的粤西提供智力支持和人才支撑。

4. 应用型

学校人才培养目标定位是培养高素质的应用型人才。这既是为了满足地方经济社会发展需要，也符合学校办学实际。培养的应用型人才光强调"负责任、强能力、善创新"还不够具体，还应该在知识结构、能力结构、素质结构上明确具体的内涵和要求。

在知识结构上，学校应围绕生产一线的实际需要，注重基础、成熟和实用的知识，不要求掌握知识体系的深厚背景，不追求学科结构的绝对完整性、严密性，相对忽视理论前沿和未知领域的深度探究，而是关注已知的、基础的、成熟的、实用的知识。学校传授给学生的知识，既不像研究型大学那样追求深和广，也不像高职高专那样"够用为止"，而要讲求知识和技能的"坚实"和"够用"，强调与应用相结合。

在能力结构上，学校注重对知识和技术的实际应用能力，培养学生具有基础理论向应用转化的综合能力。简而言之，学生掌握了知识要懂得应用，会把知识转化成技术、把技术转化成应用。这不同于研究型人才注重知识创新的能力，也不同于高职高专学生注重知识迁移而缺乏基础理论向应用转化的综合能力。

在素质结构上，学校培养的学生要具有一定的科学精神、人文素养、创新精神和职业素质。科学精神，要培养学生求实、踏实、务实的品质；人文素养，要培养学生拓宽人生格局和视野眼界，提升学生洞察社会、驾驭全局、躬身实践的能力；创新精神，要培养学生批判精神和善于思考的素质；职业素质，要培养学生的创新意识、创造能力和创业素养，引导学生运用新知识、新技术、新工艺、新方法创造性地解决实际问题，为未来职业发展积累经验、储备能力。

（三）学校发展的规划

2017 年 9 月 20 日，《岭南师范学院本科教学审核评估自评报告》对学校发展定位作了更进一步规划。

1. 全方位定位

发展目标定位：特色鲜明的高水平师范大学。

办学类型定位：教学型。

办学层次定位：以本科教育为主体，积极创办研究生教育，适度发展继续教育和留学生教育。

服务面向定位：立足粤西、服务广东、走向全国、面向世界。

人才培养定位：培养乐于服务地方教育和经济社会发展，德智体美全面发展，"负责任、强能力、善创新"的高素质应用型人才。

2. 办学定位的依据

（1）历史依据。悠久的教师教育传统和丰富的办学经验是学校办学定位的历史依据。1904 年始设师范科教育，1991 年升格为本科，在百余年的教师教育历程中，学校培养大批优秀教师和多领域专门人才，为广东省尤其是粤西地区的文化教育事业及经济社会发展作出贡献。现已建立起完备的教师教育体系，积累丰富的有特色的教师教育和人才培养经验，在师资力量、学术科研上取得长足的进展，2010 年被广东省列为新增硕士学位授权立项单位。立足师范，努力建设成特色鲜明的高水平师范大学是学校办学历史、经验和成绩的必然选择，是学校进一步发展的需要，是广大师生、校友的愿景。

（2）现实依据。地方经济社会和文化教育的发展是学校办学定位的现实依据。地方普通本科高校必须转型发展，主动融入区域经济社会发展和服务创新驱动发展。广东省围绕"三个定位、两个率先"目标，以创新驱动发展作为核心战略，深入实施"促进珠三角优化发展、粤东西北振兴发展"发展战略，着力构建高水平开放型经济新格局。粤西地区积极推进重化工业基地、粤西沿海港口群和教育现代化建设，湛江努力打造为粤西乃至环北部湾科教中心、广东对接东盟先行区。粤西社会经济、教育文化发展需要丰富的高素质应用型人力资源和高水平优质师资。

（3）政策依据。国家和广东对高等教育的规划部署是学校办学定位的政策依据。国家高等教育实施"双一流"战略，要求高等师范教育调控规模、提质升级、开放发展，建设高水平教师教育基地，增加教育硕士、教育博士专业学位授权点，加快建立现代教师教育体系。广东省高等教育推行"双高"建设，致力于建设教育强省和人力资源强省，支撑全省创新驱动发展和经济产业转型升级，需要高校将培养创新应用型人才作为重要任务。学校是全省首批转型发展试点高校和省市共建高校，办学定位适应国家和广东省高等教育的政策和发展趋势。

（4）定位的科学性合理性。在办学定位中，"师范大学"是学校聚焦教师教育"主业"，坚持培养高层次教师不动摇，为地方经济社会文化教育提供优质师资；"特色鲜明"就是以教师教育为鲜明特色和优长，在人才培养中强调和注重"以文化人、以景感人、以境育人"；"高水平"是人才培养质量高，学校建设成为广东优质教师教育、教育科研和教育信息化重镇，粤西应用型人才培养和科技研发中心，学校办学水平和质量在同类院校中领先。师范是学校发展的根本和基础，特色鲜明是地方社会经济发展的要求，也是学校的办学品牌，高水平是学校办学的追求目标，也是国家和社会对学校的要求。

（5）定位的师生认同度。2016年，学校对1200余名师生、校友进行调查，其对办学定位认同度均在92%以上。

（6）定位在历次规划中有充分体现。学校始终把办学定位作为办学顶层设计核心，不断发展和完善，从方向上引领学校各项事业发展。

2010年，学校"十二五"规划确立"特色鲜明的高水平师范院校"的发展目标，坚持走"错位竞争、内涵发展、特色兴校"的发展策略。

2010年学校第三次党代会提出，要牢固树立质量立校发展理念，坚持"错位竞争、内涵发展、特色兴校"的办学策略；积极构建"大师范"格局，面向基础教育、职业教育和基层单位培养"负责任、强能力、善创新"的高素质应用型人才，努力把学校建设成为特色鲜明的高水平师范院校。

2015年发布的学校章程在序言中阐明学校的发展目标：坚持"立足粤西、服务广东、走向全国、面向世界"的服务定位和"错位竞争、内涵发展、特色兴校"的发展策略，努力把学校建设成为特色鲜明的高水平师范院校。

2017年学校"十三五"发展规划，再次明确"努力把学校建设成为特色鲜明的高水平师范大学。"

尽管不同时期在办学定位上表述不完全相同，但其核心内容却是一以贯之的。

2019年1月16日，岭南师范学院第一次党代会进一步强调学校的发展定位，即坚持"两性两型"办学定位，紧紧围绕申硕的目标，落实"冲补强"提升计划，全面推进实施"六大工程"和"新师范""新工科"建设，推动学校转型升级、创新提质，实现高质量发展，为建设特色鲜明的高水平师范大学奠定基础。

（四）扩大校园面积，促进学校发展定位的实现

为了实现学校发展的新定位，校领导积极响应省委省政府提出的提高高等教育毛入学率部署，谋划扩大校园面积，以解决学校教学办公用房不足问题。

1. 把基础教育学院南校区划入学校

把基础教育学院南校区划入学校的原因主要包括以下几个方面。

（1）学校面临的发展任务迫切需要扩大校园面积。一是学校列入广东省首批应用转型试点高校和省市共建高校，应加快转型发展；二是加快提升办学层次，全力以赴争取硕士学位授予权；三是确保顺利通过2017年教育部本科教学审核评估；四是紧贴地方经济社会发展需求，调整优化学科专业结构，适度扩大办学规模，加快提升办学质量。面对这四大任务，学校占地面积和教学行政用房面积不足问题日益凸显，严重制约学校的建设和发展。

（2）学校与基础教育学院有合作基础。学校与该校区接壤，基础教育学院一直作为学校二级学院挂靠招生。将其地块划入学校，既有利于整合优势资源，充分发挥土地效益，又避免周边学校功能重叠、严重交通堵塞等问题。

（3）有利于实现土地效益最大化。学校计划利用该地块开设教师培训学院、机电工程学院、餐饮与食品工程学院、社会工作与康复工程学院和海洋资源开发技术等特色学院及新兴专业，更加紧密地贴近和服务湛江创建教育现代化先进市和打造新兴产业、现代制造业的发展需求，为湛江建设环北部湾中心城市作出积极贡献。

（4）加快落实省市共建协议的需要。2016年12月20日，学校与广东省教育厅、湛江市政府共同签订《广东省教育厅　湛江市人民政府共建岭南师范学院协议》，按科教用地评估价向学校整体转让基础教育学院南校区等资产。

2. 接管广东省旅游商务职业技术学校

2019年1月11日，经广东省人民政府批准，广东省旅游商务职业技术学校由广东省供销合作联社成建制移交广东省教育厅管理。2019年1月15日，根据《广东省教育厅关于委托岭南师范学院管理广东省旅游商务职业技术学校的函》，"委托岭南师范学院暂时履行学校（旅商学校）管理职责"。

学校党委高度重视，以高度的政治责任感落实好接管任务。书记、校长带领相关职能部门人员到旅商学校实地考察、了解情况，召开党委常委会专题研究接管事宜，成立了以书记、校长为组长的接管工作领导小组，派专人到省厅对接接管任务及时间安排，选派干部组成接管工作管理团队，于2019年1月15日正式进驻旅商学校，全面履行管理职责。同时，根据省厅移交备忘录，制定了《岭南师范学院接管广东省旅游商务职业技术学校工作实施方案》，顺利完成接管任务。

2019年7月30日，广东省教育厅印发《省属职业院校集团办学实施方案》，岭南师范学院与旅商学校实施集团办学。正式接管旅商学校后，学校领导12人次带队到省厅沟通协调有关工作，累计30多人次深入旅商学校指导集团办学工作，分管校领导带队到广东职业技术学院、广东机电职业技术学院考察学习第一批集团办学高校的好经验好做法。按照省教育厅《省属职业院校集团办学实施方案》精神，制订了《岭南师范学院集团办学实施方案》，明确了集团办学指导思想、工作原则、职责分工、主要任务、实施步骤等，根据实施方案稳步推进集团办学各项工作。

2022年12月26日，省委编办印发了《关于撤销省旅游商务职业技术学校的函》。2023年1月11日，省教育厅党组向岭南师范学院党委转发了该函件，要求"按有关规定办理"，同时抄送旅商学校党总支。1月19日，省教育厅党组向岭南师范学院党委、旅商学校党总支下发了《关于严格执行机构编制规定、高质量推进集团办学的通知》，要求按照有关规定和《广东省教育厅关于印发〈省属职业院校集团办学实施方案〉的通知》，结合实际抓好贯彻落实。

3.新建湖光校区

2016年12月20日，学校与广东省教育厅、湛江市政府共同签订《广东省教育厅　湛江市人民政府共建岭南师范学院协议》，明确提出湛江市人民政府"以不高于土地成本价向学校划拨湛江教育基地1500亩土地作为新校区建设用地"，以解决学校办学土地面积和教学行政用房不足问题。

2018 年 12 月，湛江市成立新校区建设工作领导小组，市委市政府主要领导和分管领导多次到学校调研、召开现场办公会或专题会，研究推进新校区建设问题。

2019 年 1 月，学校向广东省教育厅提交《岭南师范学院新校区建设情况汇报》材料，除了论述新校区建设必要性外，还提出新校区建设规划，即用地面积 1500 亩，总建筑面积 58 万平方米，按照"整体规划，分批实施"原则，分期分批完成建设任务，建设周期为 24 个月，总投资约 25 亿元。关于新校区的办学定位，学校提出建立"新工科"分校区，包括"三基地"和"四园区"。"三基地"，即行业企业高素质应用型人才培养基地、产学研一体化融合发展基地、科技创新成果孵化转化基地，"四园区"，即"两型"校园示范园、大学生创新创业示范园、文化传承创新服务示范园和对外教育交流合作示范区。新校区办学规模 15000 人左右，办学层次以全日制普通本科教育为主，积极发展研究生教育和留学生教育。

5 月 28 日，湛江市政府办公室印发《关于岭南师范学院新校区建设和申硕等工作协调会的纪要》，正式确定学校新校区选址红线图，落实城镇用地规模指标，对该项目正式立项。

12 月 4 日，学校向湛江市发展和改革局提交《岭南师范学院关于恳请审批新校区（湖光校区）建设项目（首期）可行性研究报告的函》。该函分析新校区建设的必要性在于：一是实现学校办学条件达标和申硕成功的迫切需要，二是落实相关协议和省政府高等教育"冲补强"提升计划的必然要求，三是贯彻国家教育发展计划和省委省政府关于提高高等教育毛入学率重大决策的具体行动，四是服务湛江创建教育现代化先进市和省域副中心城市建设，五是解决基础教育师资巨大需求的有效途径。该函还明确新校区的具体地址：位于湛江教育基地，毗邻市委党校规划建设用地，东至乌石路，西至环湖路，南至教育四路，北至西环路。

2021 年 12 月 31 日，刘明贵同志在岭南师范学院湖光校区建设项目开工仪式上宣布，湖光校区首期建设项目正式开工。

湖光校区总面积 1560.79 亩，预计全部建成后可容纳 18500 人学习和生活。该项目由浙江大学建筑设计研究院总体规划，华南理工大学建筑设计研究院有限公司设计，广东省建设工程监理有限公司代建，按照"新旧统筹、优势互补、校地融合、资源共享"的建设理念，总体规划，分期建设，致力建成"省内一流、师范特色"的现代化园林式校园。校区建成后，学校形成一校多区的办学格局：寸金校区侧重于以文、理、艺术、教师教育等学科的专业学院为主，以满足优质师资的培养培训和这些学科的发展；湖光校区侧重于以工科等专业学院为主，培养新型高素质应用型人才，对接和满足区域特别是湛江产业及社会发展需求；椹川校区侧重于以社会服务相关项目为主，开展继续教育、社会培训及科技孵化、创新创业等，满足社会服务需求。三个校区协同发展、互相依托，为岭南师范学院加快建成与区域教育、产业高质量发展高度融合、服务能力突出、特色鲜明的高水平师范大学提供支撑。

2022 年 3 月，岭南师范学院新校区（湖光校区）设计图公布。设计以大地为纸，建筑为墨，运笔如椽，挥笔成筑，空间起承转合，建筑疏密有致，将"百年师范，校园育人"的教育理念展现得淋漓尽致。湖光校区设计规划秉承一体化、个性化、成长性、协调性、生态化、适用性、交往性、智慧型原则，一体化规划，个性化设计，顺形就势，适度留白，构建人景合一的教育生态系统。建筑以"新岭南风"为主，静谧理性的理工蓝灰色调中穿插砖红色廊院，与校本部（寸金校区）交相辉映、和而不同。

校园各组团建筑各显特色，立面以横向线条为主，与"起伏变化"的屋面，共同形成寓意海洋文化的自然意趣。图书馆以古鼎为架，承校徽之意，取铜钟之型，蕴意"钟铎声声，人文日新，昌明博大，蒸蒸日上，百年奋斗，鼎盛中华"。其基座寓意师范教育是教育之基。教学楼充分考虑湛江当地气候特点，采用南廊设计，南北通透，庭院式布局，营造书院氛围。宿舍楼白色栏杆高低如浪花般起伏，增添岭南建筑的精致线脚设计，二层空中连廊将各楼连接，搭建校区的空中花园；食堂和学生活动中心相互交错叠加，形成鲜明的体块感。西校区雷阳大讲堂、东校区体育场馆等建筑个性鲜明，风格现代，在整体一致中凸显亮色。

2024 年 5 月 14 日，兰艳泽同志、阳爱民同志率领校领导、华师帮扶队队长、党委常委调研湖光校区工作推进情况，召开座谈会听取施工方汇报、研究破解难题、加快工作推进，确保新学期学生顺利进驻。

10 月 8 日，湖光校区正式迎来了首届新生。外国语学院、物理科学与技术学院、机电工程学院、地理科学学院、计算机与智能教育学院、电子与电气工程学院等 6 个学院共 3900 多名全日制本科生到新校区报到。

湖光校区首期建设项目包括 8 栋教学楼、1 栋宿舍楼、2 栋综合楼、1 栋食堂及综合体育场和室外配套建设等。其中，8 栋教学楼沿校园主干道一侧呈梯形分布，新一代多媒体投影仪、高清液晶投屏、电子黑板、白板等现代化教学设备配备齐全，为师生们提供了良好的教学环境。

湖光校区正式启用，充分彰显了岭师人团结一心、艰苦奋斗、迎难而上、勇担使命的担当精神。

六、新师范、新工科、新学工

师范教育是教育事业的工作"母机"，是提升教育质量的动力源泉。进入新时代，学校师范教育在教育理念、教育方法、教育模式等方面都存在一定的发展潜力，需要不断改进和提高。基于此，"新师范"概念应运而生。

（一）新师范

1. 概念提出

为贯彻落实党的十九大精神，教育部党组印发通知，要求教育系统认真学习宣传贯彻党的十九大精神，写好教育"奋进之笔"。2018 年 1 月 31 日，广东省教育厅在全国率先制定《广东"新师范"建设实施方案》，提出到 2020 年，要办好一批高水平、有特色的师范院校和师范类专业，形成在全国具有影响力的教师教育改革广东新模式。

广东全省各高校积极推进"新师范"建设工作：华南师范大学更新师范教育教学内容，全面优化设计本科、硕士、博士培养方案；广州大学加大对特殊教育、学前教育、音乐、美术等紧缺学科的人才培养力度；广东第二师范学院与地方合作共建国家教师教育创新实验区，为输出高素质基础教育师资增添新的内生动力……

此外，为推进教师职前培养和职后培训相衔接的教师专业发展体系，广东省建设 10 个省级中小学（中职）教师发展中心，并计划到 2020 年，每个县级行政单位均建成一所教师发展中心。

岭南师范学院应如何写好新时代教育的"奋进之笔"，在"新师范"建设的征程上走出自己的特色之路，这是摆在学校党委和全校师生员工面前的重要任务。

2. 学术研讨

2019 年 6 月 15 日至 16 日，由岭南师范学院和华南师范大学联合主办，广西师范大学、海南师范大学、粤西三市教育局、相关协会协办，有关信息化企业、教育出版社、杂志社等单位支持，以"新时代·新师范·新技术·新未来"为主题的 2019 年"新师范＋教育信息化 2.0"高峰论坛在岭南师范学院举行。这次论坛得到中国教育学会、教育部教师工作司、广东省教育厅、湛江市有关领导的支持和指导，吸引来自内地和澳门地区 20 多所高等院校，人民教育出版社等教育出版社、杂志社，以及腾讯、紫光集团等著名信息化企业的 100 多名专家学者的参与。

与会专家围绕"新师范"和教育信息化的主题，对新时代教师教育进行多视角、深层次的讨论，气氛热烈融洽。专家深厚的理论功底、开阔的学术视野、鞭辟入里的分析给人深刻印象。中国教育学会主要领导在题为《迎接新的挑战，创新师范教育》的发言中，从高等教育发展、经济社会发展、科学技术发展、国际化发展和教师教育发展等 5 个方面深入分析新时代师范教育面临的机遇和挑战，并对师范教育改革创新提出真知灼见。教育部教师工作司相关领导在题为《大力提升教师信息素养，培养新时代大国良师》的发言中，用四个"新"（践行新思想、奋进新时代、振兴新行动、教师新素养）解读国家和教育部在培养新时代优秀教师方面的政策和措施。广东省教育厅与会领导在题为《新师范背景下广东高校师范专业认证：关系与策略》的发言中，从"新师范"实施成效、师范类专业认证与"新师范"建设的关系和广东高校师范类专业认证实施策略等三个方面来阐述如何做好师范专业认证工作。有专家在题为《高校教育技术学专业建设现状与趋势》的发言中，从教育技术学学科和专业的建立发展、研究热点、存在问题和未来发展路径等 4 个方面分析高校教育技术学发展历程和未来方向。有专家在题为《教育信息化 2.0 背景下区域教师信息技术应用能力提升》的发言中，从教育信息化建设、中小学教师信息技术应用能力提升工程 2.0、区域推进案例等三个方面，探索基础教育如何实现技术引领、因地制宜，充分铺路"教育信息化的最后一公里"。

这些发言站位高、观点新、内容实、针对性强，既有理论深度，又有较强的操作性，开阔大家的视野，丰富大家的思想，为推进教育信息化和"新师范"建设提供非常有益的借鉴和参考。

在论坛召开期间，学校与相关领域的知名公司联合签订战略合作协议，成立智慧教育产业学院。这是学校实现教师教育领域产教融合、为深化教师教育改革和教育行业发展作出的有益尝试。

3. 制定方案

2021 年 6 月 17 日，学校印发《岭南师范学院"新师范"建设实施方案（2021—2025 年）》（以下简称《方案》），明确创建"新师范"的指导思想、建设目标、建设举措和任务分工。

《方案》的指导思想是，深入贯彻习近平新时代中国特色社会主义思想，全面落实国家关于加强新时期教师队伍建设的战略部署，根据广东"新师范"建设要求和推进基础教育改革与高质量发展的历史责任，围绕学校"师范性、教学型，地方性、应用型"办学定位和"强师范、厚理工、兴商科"办学思路，夯实以立德树人为"首任"、实践能力为核心、协同育人为要务的人才培养模式，构建符合现代教师教育发展趋势、适应教育改革和发展需要、充满生机与活力的新型教师教育体系，着力培养造就党和人民满意的师德高尚、业务精湛、结构合理、充满活力的高素质、专业化和创新型教师队伍。

《方案》的建设目标分为总目标和阶段性目标。总目标是以提升教师教育水平和人才培养质量为目标，以课程改革为核心，以强化实践为重点，以校地协同为支撑，以智慧教育为依托，以师资队伍建设为根本，以职后培训为延伸，至 2025 年，完善涵盖学前教育、基础教育、职业教育和特殊教育的完备教师教育体系，实现师范生培养系统化，职前培养与职后培训一体化，政府、高校、中小学教师教育发展协同化，形成"一本两代三全四得五育"的高质量新师范人才培养机制，师范生培养质量显著提升，教师培训针对性显著增强，师范类专业认证成果凸显，成为广东教师教育的新高地，为促进广东教育均衡优质发展、粤西地区基础教育高质量发展提供坚实师资和智力保障。

《方案》包括两个阶段性目标。第一阶段，2021—2022 年达到强化课程思政，大力推进"三全育人"，建设首批校级、省级课程思政示范课程、示范课堂、示范教学团队、示范专业、示范学院；以"一师一金课"活动为抓手，启动建设师范类"金课"，力争建成首批师范类线上一流课程、线下一流课程、线上线下混合式一流课程，其中校级 4 门、省级 2 门；修订完善公费师范生人才培养方案，建立师范生培养质量保障与评价监控体系，启动首批 100 名校级优秀卓越教师培养，建成省级示范性教师教育实践基地 20 个，通过教育部师范类专业第二级认证专业 3 个，举办第一、二届师范文化节；推动教师教育学院改革以及完善广东省中小学教师发展中心运作体制机制，加强培训乡村中小学教师，打造粤西特色培训项目；加强高层次高水平教师教育师资队伍建设，出台岗位管理与职称评聘办法，建设首批"校内中小学名师工作室"，校内遴选首批 5 名教师教育名师；建立名师工作室；以教师技能实训中心和智慧教育产业学院首期建设为抓手，深化信息技术助推教育教学改革，力争建成教师教育类省级精品在线开放课程 3 门；成立粤西基础教育高质量发展研究院，出台帮扶方案，积极开展乡村教育振兴工作。

第二阶段，2023—2025 年达到课程思政、"三全育人"结硕果，建设第二批校级、省级课程思政示范课程、示范课堂、示范教学团队、示范专业、示范学院；推进"一师一金课"活动，力争建成第二批师范类线上一流课程、线下一流课程、线上线下混合式一流课程，其中校级 6 门、省级 3 门；公费定向师范生人才培养成规模，建成师范生培养质量保障与评价监控体系，培养校级优秀卓越教师 150 名，建成省级示范性教师教育实践基地 30 个，通过教育部师范类专业第二级认证专业 6 个，举办第三、四、五届师范文化节；职后培训从数量到质量有明显的提升，形成特色和品牌；建设第二批"校内中小学名师工作室"，校内遴选第二批 5 名教师教育名师，建立名师工作室；以教师技能实训中心和智慧教育产业学院第二期建设为抓手，重点提升师生人工智能素养，开发人工智能教育课程，力争建成教师教育类省级精品在线开放课程 7 门；乡村教育振兴工作做出成效，基础教育研究结出硕果，对粤西基础教育高质量发展有较大贡献。

《方案》提出的建设举措主要包括以下几个方面。

一是践行具有岭南师范学院特色的师德情怀教育，包括强化课程思政。《方案》提出 2025 年前，建设校级课程思政示范课程 50 门，建成省级课程思政示范课程 3~5 门；建设校级课程思政示范课堂 30 个，建成省级课程思政示范课堂 3~5 个；建设校级课程思政示范教学团队 10 个，建成省级课程思政示范教学团队 3 个；建设校级课程思政示范专业 10 个；建设校级课程思政示范学院 5 个，力争建成省级课程思政示范学院 1 个。学校坚持两代师魂一起铸、两代师德一起抓，建立"学得、习得、行得、思得"的"四得"师范生师德养成体系，立足学生学得，奠定师德养成的认知基础；立足学生习得，积淀深厚教育情怀；立足学生行得，坚定教育理想信念；立足学生思得，促成教育情怀与师德升华。学校全面推进三全育人，即重视基层组织，推进全员育人；重视四位一体，推进全方位育人，集实践育人、组织育人、服务育人、校园文化育人于一体；重视螺旋递进，推进全程育人。

二是打造具有岭南师范学院风格的人才培养培训体系，包括优化师范生培养。学校打造师范类"金课"，力争建成师范类线上一流课程、线下一流课程、线上线下混合式一流课程校级 10 门、省级 5 门；加强公费定向师范生培养，修订完善公费师范生专业人才培养方案，推进公费师范生免试认定中小学教师资格改革；建立师范生培养质量保障与评价监控体系，建立运行、支撑、评价、提升"四位一体"的基于 OBE 理念的师范生培养质量保障体系和"一中心、二制度、三达成、四层级、五标准"师范生质量监控与评价体系；实施卓越教师培养计划，如"雷阳智慧教育书院""岭南师范学院卓越教师培养计划""卓越中学教师培养计划""卓越小学教师培养计划""卓越幼儿园教师培养计划"和"卓越特殊教育教师培养计划"等；强化师范生实践能力培养，建成省级示范性教师教育实践基地 50 个；举办师范文化节，每年 4~6 月举办师范文化节，搭建大学生师范技能交流平台。

创新职后培训方式，构建精准培训模式。学校着重建设"职前职后一体化智能信息管理"平台，形成"互联网+"培训管理模式；完善培训机制体制，推动粤西高端人才培养；充分发挥广东省中小学教师发展中心职能，成立粤西"四名工程建设中心"，以"四名工程"带动教师、校长和家长专业发展，提升名师、名校长、名班主任的教育理论素养和名家长的综合素质；加强乡村中小学教师培训，打造粤西特色项目；加强培训队伍建设。

三是培育具有岭南师范学院底蕴的教师教育增长点，提升"互联网+教师教育"水平；建好教师技能实训中心，建设智慧教育产业学院，深化信息技术助推教育教学改革，打造教师教育精品在线开放课程，力争建成 10 门教师教育类省级精品在线课程；开创境外合作交流新局面，实施"教师境外研修计划""境外引智计划""师范生海外交换学习计划""海外教师教育实习计划"等。

近年来，学校采取多项有力举措，"新师范"建设取得较大成效。一是强化课程思政。2022 年以来，学校建设校级课程思政示范课程分别为76 门、示范课堂 90 节、示范教学团队 18 个、示范专业 11 个、示范学院

4 个，建设省课程思政示范课程分别为 8 门、示范课堂 10 节、示范教学团队 4 个、推荐省级课程思政优秀案例 1 个。二是加强师范类一流课程，其中师范类一流课程校级 40 门、省级 7 门，国家级 1 门。三是实行学校层面的卓越教师培养计划。学校建立"岭南师范学院雷阳智慧书院"，制定《岭南师范学院卓越教师培养计划》，共培养卓越教师 150 人，卓越工程师 80 人。

4. 迎接教学审核评估

在教学合格评估与水平评估之后，教育部推出本科教学工作的审核评估。为了进一步做好审核评估相关准备工作，以良好的状态迎接审核评估，学校领导高度重视，及早谋划，全校动员，以积极的姿态开展迎评工作。

（1）及早谋划，精心准备

早在 2013 年 11 月，学校就成立了湛江师范学院本科教学审核评估工作领导小组，开展迎接审核评估的相关筹备工作，梁英同志和罗海鸥同志任组长，兰艳泽同志任常务副组长，刘海涛、黄钢、刘周堂、李江凌、邵乐喜为副组长，各二级学院院长及相关部门负责人为成员。领导小组下设审核评估办公室，挂靠教务处，由教务处处长兼任办公室主任。

2013 年 12 月 24 日，罗海鸥同志主持院长办公会，听取教务处关于审核评估准备情况的汇报，要求相关部门认真准备、精心组织，进一步突出教学工作的中心地位，在全校营造重视教学、研究教学、服务教学的良好氛围；不断创新机制，深化改革，切实提高教育教学质量，并决定在近期召开本科教学审核评估动员大会。

经过一段时间的调研、准备，根据教育部颁发的《普通高等学校本科教学工作审核评估方案》精神，结合学校实际，2014 年 5 月 22 日，学校印发《湛江师范学院本科教学工作审核评估实施方案》，包括指导思想、目标、范围等内容。

指导思想是"一坚持、二突出、三强化"，即坚持"以评促建，以评促改，以评促管，评建结合，重在建设"的方针；突出内涵建设，突出特色发展；强化办学合理定位，强化人才培养中心地位，强化质量保障体系建设，不断提高人才培养质量。

目标是办学基本条件合格，教学质量保障体系健全，人才培养质量达到目标要求，符合学校办学定位和社会需要，特色较为明显，整体提高办学水平。

范围包括对"6+1"项目、24个要素、64个要点作了全面任务分解，并制定了自评阶段工作任务安排，包括学习文件阶段（2014年12月—2015年6月）、自查自评整改建设阶段（2015年3月—2016年12月）、专家进校审核阶段（待定）等。

2015年6月29日，学校向广东省教育厅上报《岭南师范学院本科教学工作审核评估实施方案》。次日，广东省教育厅公布普通高等学校本科教学工作审核评估时间安排，岭南师范学院审核评估时间确定为2017年10月至11月。

由于领导变动，2016年4月30日，学校调整审核评估领导小组成员，由罗海鸥、刘明贵任组长，邵乐喜、兰艳泽为常务副组长，彭权群、黄达海、黄钢、李江凌、黄崴为副组长。

自2016年开始，学校召开多次审核评估推进会。4月29日，学校在图书馆学术报告厅召开本科教学审核评估工作推进会。刘明贵同志出席会议并发表题为《增强责任感和紧迫感，全面推进审核评估工作》的讲话，对如何推进审核评估工作提出意见。

经过几个月自查自评，对照审核评估标准，学校找到自身存在的问题与不足。为做好整改，以评促建，以评促改，学校于9月19日在图书馆学术报告厅举行审核评估自评整改工作推进会。会上，刘明贵同志充分肯定前一阶段迎评工作取得成绩的同时，指出工作中还存在的一些问题。

接着，刘明贵同志提出需要重点抓好以下几项工作：一是全面细化整改任务。审核评估指标有"硬"和"软"两个方面。"硬"指标主要是办学条件，对照整改方案的指标体系，已经大体达到要求的有7项指标；还存在一定差距、要积极整改的有13项指标，力争在专家进校前达标；差距比较大的有 4 项指标，分别是生师比、生均教学行政用房、生均图书册数和生均年进书量，特别是生师比、生均教学行政用房，这两项指标需要尽快完善。与"硬"指标相比，刘明贵同志更重视"软"指标。"软"指标主要针对二级学院的人才培养。各二级学院一定要认真对人才培养的全过程进行梳理、整改。人才培养主要包括三个方面：目标、过程、结果（质量）。在培养目标上，学校提出要"培养应用型人才"，二级学院的培养目标就应该更加具体化、清晰化。人才培养过程中存在的 126 个引导性问题，很多都是针对培养过程的，即学校要采取什么样的措施实现培养目标。培养质量如何，要有一个判断；判断的标准、依据是什么，用人单位的反馈怎么样，社会对毕业生的评价如何，要有充分的依据证明你的培养质量。二是修订完善人才培养方案。人才培养方案解决的是"培养什么人""怎样培养人"等专业建设的根本问题，决定教学内容和培养环节，明确"教师教什么、怎么教，学生学什么、怎么学"，是组织教学的基本依据。人才培养方案还是确定教学编制的基本依据。教学中设置了什么课程，这些课程需要安排多少学时，需要哪些学科门类、多少数量的教师才能满足教学需求，实验教学需要配备多少仪器设备，需要多少实验场地，这些都是从人才培养方案延伸出来的，由人才培养方案决定的。所以说，人才培养方案是教学的根本大法，是教学的"宪法"。没有人才培养方案，教学就没有依据。学校执行的 2013 年版《本科专业人才培养方案》，总体来看，该方案有许多可取之处，如创新人才培养模式总体思路比较明晰，强调学生全面素质培养，三大课程板块设计比较合理等，但也在实施过程中发现一些有待改进的问题。比如人才培养方案中的培养目标，每个专业的人才培养目标都要细化，尤其要重视培养规格。三是增强教学质量的显示度。有许多专业制定了人才培养质量标准，但培养质量与目标的符合度如何，高质量的人才培养方案何以制定和实施，除了平时经常讲的考研、技能竞赛要继续抓好外，还要加大力度，加强各级教学名师的培育，加强国家级、省级优秀教学成果的培育，争取高层次特别是国家级教学改革项目等。凡是与教学质量显示度相关的，都要抓紧、抓好，抓出成效。

四是做好迎评材料的梳理和撰写准备工作。材料是人才培养过程的记载和体现，不要为了搞材料而搞材料，甚至弄虚作假、编造材料，只需要把已经做过的工作记录好、整理好就可以了。另外，评估办从学校层面提供"126 个引导性问题回答"，每个二级学院都要有自己的版本。特别是院长和主管教学的副院长要做好准备，不仅要对这 126 个问题非常清楚，还要把这 126 个引导性问题具体到本学院、本专业，做到专家提问随时能回答上来。

（2）狠抓落实，稳步推进

一是召开经验交流会。2017 年 1 月 10 日上午，学校邀请了肇庆学院评估办负责同志和化学化工学院相关领导到我校介绍审核评估工作经验。

肇庆学院评估办负责同志从"评估要旨、评估范围、评估方案、准备工作"四个方面介绍了肇庆学院的做法与经验：一是组织培训学习，提高认知；二是全面自查，摸清家底；三是全面推进审核评估的各项准备工作；四是借助网络信息化系统开展工作；五是制定方案，签订责任书；六是要求各二级学院开展自查自律工作；七是校领导带队开展专项督察；八是分层次召开动员会；九是加大宣传，营造氛围；十是迎接专家进校准备工作等。

肇庆学院化学化工学院相关领导从二级学院的角度介绍审核评估工作，其中准备工作包括教学检查、评估动员与宣传、各类教学档案的归档整理等。审核评估工作要求责任到人，层层落实。各二级学院党政领导是重点访谈对象，一定要做好充分准备，必须详尽了解和掌握学院各方面的具体情况，尤其是人才培养目标和人才培养过程的相关问题，深入细致配合专家进行教学检查。

二是邀请专家作报告。4 月 7 日上午，学校邀请华南师范大学教务处负责同志作题为《审核评估内涵与学校评建工作要点》的专题报告。

专题报告内容丰富，从"why""what""how"三个方面结合华南师范大学 2015 年本科教学审核评估的过程讲述五个问题：为什么做审核评估？审核评估的核心精神与内涵是什么？学校层面做什么？学院层面做什么？对审核评估都有哪些思考？该同志指出，"五位一体"评估制度是自 1999 年扩招以来高等教育发展的要求，是顺应高等教育发展质量时代的新型评估制度。审核评估是契机，也是挑战，高等学校需要找出差距、找准方向、彰显特色、创新发展，关键是要梳理问题、找准定位。他从审核评估的"五个度""6+1 项目""24 个审核要素""66 个审核要点""164 个引导性问题"深入浅出地讲明审核评估的内涵，强调这次审核评估需要用自己的标准衡量自己。报告还对 2013—2016 年已接受审核评估的高校进行梳理，指出理解评估范围及要求的重要意义。

三是再推进，再落实。5 月 18 日上午，学校在国际会议厅召开本科教学审核评估工作中期推进会。刘明贵同志在会上提出四点要求：一是严格按照时间节点完成工作；二是部门、单位一把手负责，站在全校的高度思考回答引导性问题；三是分管领导审核把关；四是做好材料收集整理的同时要抓紧推进各项迎评促建工作。

学校为了更好地迎接审核评估工作，专门召开审核评估知识问答研讨会，印发审核评估知识问答，共列出 26 个问题，要求全体师生认真学习，熟练掌握其中的主要内容。

为了确保审核评估工作各项任务落到实处，10 月 19 日下午，学校在二号会议室召开审核评估工作任务落实督导会，刘明贵同志在会上提出了六项要求：一要做好日常设施设备的维护与检修，确保功能正常。二要严格教学秩序和课堂纪律，严格上班纪律。三要对校园环境、安全环境进行全面检查，确保评估期间教育教学活动及有关工作能够顺利进行。四要保证校园水、电供应正常，网络通畅。五要保持校园环境的整洁美观。六要做好审核评估的宣传工作，管控好校园宣传阵地。

四是全校动员，人人有责。审核评估不是个人的事，而是事关学校发展的大事，必须全校动员，齐心协力，共同努力。10 月 25 日晚，学校在第三教学楼 311 会议室召开学生工作系统迎接审核评估动员大会，黄达海同志为"校园文明督察""班级学风观察员""学生党员先锋岗"和"学生干部示范岗"等代表颁发上岗证书。在评估期间，他们将扮演监督员的角色，纠正校园中不良的风气，为评估工作贡献自己的力量。

校园网专门推出"不忘初心，在坚守中砥砺前行——写在我校迎接本科教学工作审核评估之际"的倡议文章，文章写道：

2017 年 11 月 5 日至 9 日，我校将迎来本科教学工作审核评估。这对学校正在推进的"创强提质，转型升级"来说，无疑是一次"大考"。这次大考的目的，是落实"以评促建、以评促改、以评促管、评建结合、重在建设"的评估指导方针，促使学校突出内涵建设和特色发展，强化办学合理定位、人才培养中心地位和质量保障体系建设，全面提高本科教学水平和人才培养质量。

目的如此明确，方向如此鲜明，在全校师生掀起学习党的十九大精神的热潮中，每一位岭师人都必须不忘初心、牢记使命，以主人翁的紧迫感和责任感，按照本科教学工作审核评估的要求，求真务实，不折不扣地完成各自承担的评估任务，为迎评工作作出应有的贡献，在迎评促建中展现良好的精神风貌。

审核评估是对学校本科教学工作的一次全面把脉会诊。学校邀请 10 位专家进校，全面考核学校的办学定位与目标、师资队伍建设、教学资源、培养过程、学生发展、质量保障、特色项目等七大项目内容，这是对本科教学工作的一次全面检验。审核评估工作进入冲刺阶段后，全体师生要以对学校负责、对自己负责、对事业负责、对历史负责的高度责任感和使命感，主动作为，精益求精，追求卓越，抓规范、补短板、强特色、上水平，做出特色，做出成效，为本次本科教学工作审核评估交出一份最满意的答卷。

审核评估工作对学校的建设和发展具有深远的影响，直接关系到学校的社会声誉和影响力、关系到学校办学品牌和发展前景，也会影响每位教职员工、每个学生的切身利益。为此，全校上下进一步了解审核评估的重大意义和评估范围，明确审核评估工作的目标、任务、方法、步骤以及各单位在审核评估中的职责，以"平常心、正常态"对待评估，以"学习心、开放态"参与评估，保证审核评估工作的顺利进行。同时，学校以审核评估工作为契机，进一步深化本科教育教学改革和校内管理体制机制改革，构建不断提升的长效机制，为实现特色鲜明的高水平师范大学的目标奠定良好基础。

这篇文章还号召全校师生要行动起来为迎接审核评估鼓劲加油。培养"负责任、强能力、善创新"的高素质应用型人才需要高质量的本科教学工作作为支撑，这是学校必须担当的历史使命与价值追求。学校发展处于机遇与挑战并存、动力与压力同在的特殊时期，能否在此次本科教学审核评估当中获得良好成绩，是建设特色鲜明的高水平师范大学阶段性成果的直接体现。全校上下要统一思想，形成共识，增强大局意识，把握核心环节，落实具体细节，以主人翁精神齐心协力投入到工作中去，确保各方面准备工作精准到位，以崭新的精神面貌和十足的自信迎接教育部本科教学审核评估。

到 2017 年上半年，学校的各项教学工作均已基本达到教育部要求。

专任教师数量与结构满足教学需求。全校专任教师达 1367 人，生师比 19.57:1。拥有 12 个新专业，129 名专任教师，其中教授 26 人，博士 57 人，45 岁以下教师 86 人，基本满足教学需要。教师教学能力不断增强，共有 6 名全国优秀教师，6 名享受国务院特殊津贴教师，35 名南粤优秀教师，13 名省、校教学名师，12 个省级教学团队。

教学经费投入充足。2014—2016 年教学经费的投入占学校总经费的比例分别为 21.06%、23.51%、26.93%。教学设施条件基本满足学校教学需要，建筑面积为 22970 平方米的艺术教学楼预计 2018 年投入使用，建筑面积为 4900 平方米的第五教学楼已通过上级评估立项，省市共建项目新征 1500 亩土地、购买湛江教育学院南校区 56 亩土地已签订协议。教学仪器设备总值达 19329.56 万元，生均教学仪器设备值 8369.91 元。

学校建立健全创新应用型人才培养模式。师范类专业以"教师教育 + 互联网"为依托，推进教师教育和信息支柱的高度融合；建立"U–G–S"

教师人才培养框架，深化与地方教育部门和各级各类学校的合作，构建"教学研做互动合一培养'五力型'优质师资"的教师人才培养模式；同时，大力推进卓越人才培养模式，每年选拔一批基础好、素质高的学生组成校级"卓越教师实验班"进行重点培养；探索国际化人才培养模式，加大国际合作力度，三年来，共有928名在校生通过交流、3+1项目、本硕连读等形式在国外高校学习和交流；建立和完善实践教学体系，构建"以基本技能训练为基础、专业素养训练为主体、综合能力形成为目的"的初中教学体系。

学校建立健全教学质量保障体系，包括人才培养标准、专业和课程标准、课堂教学质量标准、实践教学标准、学生学业质量标准和教学管理质量标准等。

（3）吹响号角，冲刺进行时

2017年7月13日，广东省教育厅颁发《广东省教育厅关于2017年开展广东技术师范学院等7所高校本科教学工作审核评估的通知》，确定岭南师范学院进校审核评估时间为2017年11月5—9日。

2017年9月20日，按照省教育厅的要求，学校认真开展本科教学自评工作，精心撰写自评报告，并上报省教育厅。

10月30日上午，学校在国际会议厅召开审核评估工作部署会。刘明贵、邵乐喜、兰艳泽和与会人员一同学习《审核评估工作手册》，明确审核评估专家进校期间的工作部署，为11月5日—9日开展的审核评估做好充分准备。刘明贵同志提出三点意见：一是任务光荣。这是评估专家进校对学校办学的一次全面检阅，审核评估成败在此一举，全体工作人员要充分认识到所承担任务的光荣性。评估专家进校期间的工作安排要做到无缝对接，虚心接受专家意见，在专家面前展示岭师人大方得体的精神风貌。二是任务繁重。各小组要明确任务，妥善分工，责任到人，团结协作完成所有的工作任务，做到不推诿、不敷衍，落实落实再落实。三要坚决完成任务。学校从2014年至今已经做了大量工作与努力，如今到了检验工作的关键时刻，要有信心、有决心完成任务，以饱满的精神状态和昂扬的斗志迎接专家组的莅校考察。

为了做好迎接专家组进校工作，11月1日下午，学校在图书馆学术报告厅召开审核评估工作布置会，这是专家进校考察前的最后一次动员大会。刘明贵同志就专家进校开展审核评估的工作安排提出三个要求：一要统一思想，明确任务。他要求全校师生要把思想统一到对学校教学工作的正确评价上来，统一到对迎评促建工作的正确评价上来，统一到对专家进校考察的正确认识上来，充分认识审核评估的重要性，集中精力保证专家进校评估工作的顺利进行。二要严明纪律，狠抓落实。学校要进一步完善、细化、优化专家进校评估的工作方案，做到"责任到人"，全体领导干部要认真"备考"，所有工作安排确保做到落实、落实再落实，严明教师上课纪律、机关人员的上下班纪律，避免出现失职渎职现象。三要坚定决心，充满信心。学校经过长时间的充分准备，要有敢"打硬仗的决心，打赢硬仗的信心"，为学校未来的发展做好准备。

11月5日，来自全国各地的10位审核评估专家全部抵达湛江，正式对学校开展本科教学工作审核评估。第二天上午，评估专家见面会在国际会议厅召开，全体专家组成员、全体校领导、各二级学院院长，各职能部门和教辅单位主要负责人参加了会议。评估专家组组长对这次莅校评估做了说明，刘明贵同志对学校本科教学工作进行汇报，10位评估专家正式对本科教学工作开展为期五天的"全面会诊"。

评估专家组组长指出，审核评估是教育部对我国高等教育新形势下提出的新型评估模式，其核心是以人才培养质量为最重要抓手，突出内涵建设，突出特色发展，强化学校办学的合理定位，强化人才培养的中心地位，强化教育教学的质量保障体系，强化创新创业教育。他介绍这次审核评估的主要内容，指出评估是基础，整改是关键，建立健全质量提升的长效机制是本次审核评估的主要目标。审核评估的根本方法就是用自己确定的尺子量自己，不掺假、不注水，学校应把国家的教育方针学清楚、把学校的办学定位想明白、把人才培养的目标抓到位、把学校办学的特色以及学校各个学院的人才培养特色讲得出。评估组专家将本着对国家负责、为学校服务的态度，通过看、听、读、访、思等主要方式方法，集中精力，严肃认真地做好考察工作，查找学校存在的突出矛盾和问题，为不断提升学校的办学特色，服务地方经济社会发展的贡献率起到智库的作用，为岭南师范学院早日建设成特色鲜明的师范大学奠定良好的基础。

评估专家组组长特别强调评估期间的工作纪律要求，希望学校在与专家交流互动的过程中，要坚持实事求是和认真负责的原则，不随意夸大，不盲目夸大办学成绩，也不可以回避办学的问题，做到坦诚相对，保证学校正常的教学秩序，确保考察工作有序开展。

刘明贵同志向各位专家汇报学校发展情况和迎接评估工作的准备情况，主要讲了三点意见。

一是扎根粤西、坚守粤西办好师范。作为粤西地区唯一一所本科师范院校，学校在一百多年的师范教育历程中，始终坚守自己的使命和担当，长期在经济欠发达地区、办学资源相对不足的条件下兴学育才、曲折发展，为广东尤其是粤西基础教育事业的发展作出了积极贡献。据不完全统计，仅在粤西，就有 492 位中小学的正副校长、55 位特级教师及数以万计的一线教师出自岭师。2007 年教育部水平评估后，学校转入内涵发展阶段，更加注重质量提升。"十二五"以来，学校坚持"错位竞争、内涵发展、特色兴校"，以创新强校工程为抓手，创新体制机制，强化协同育人，深化教育综合改革，办学质量和水平明显提升。

办学方向更加明确。学校始终坚持社会主义办学方向，落实立德树人根本任务，坚持为人民服务、为中国共产党治国理政服务、为巩固和发展中国特色社会主义制度服务、为改革开放和社会主义现代化建设服务"四个服务"根本要求，致力于培养德智体美全面发展的合格的社会主义事业建设者和可靠接班人。

办学定位更加准确。学校瞄准建设特色鲜明的高水平师范大学办学目标，以地方经济社会发展需求为导向，抓住转型发展和省市共建的契机，坚持师范性、教学型，地方性、应用型的"两性两型"办学定位，培养适应地方需要的优质师资和各类高素质应用型人才，为广东尤其是粤西创新驱动发展、为湛江打造环北部湾科教中心提供智力支持和人才支撑。学校面向地方需求构建起以重点学科及平台为支撑，涵盖基础教育、职业教育、学前教育和特殊教育，培养培训一体化的完备教师教育体系，凸显师范性和地方性。学校拥有 33 个师范专业，2 个国家级、4 个省级师资培训基地和 1 个省级中小学教师发展中心；建有 6 个省级重点学科以及粤台教师教育协同创新发展中心、广东高校数字化学习工程技术开发中心（未来教育空间站）、广东高校哲学社科重点实验室（特殊儿童心理评估与康复实验室）等教师教育育人平台；学校与台湾高校"3.5+0.5"联合培养特殊教育人才，是"广东省特殊教育教师发展联盟"理事长单位。

二是突出教学中心地位，全面提高人才培养质量。学校定位为教学型高校，领导精力、师资力量、资源配置、经费安排和工作评价均突出教学中心，彰显人才培养工作的中心地位，全面立教，全局工作凸显教学；坚持党政领导教学工作责任制，落实校领导联系学院、听教、评教和巡教制度，党委常委会、校长办公会经常研究教学工作，解决教学重大问题；坚持办学资源优先配置教学，2014—2016 年，学校教学经费由 9910 多万元增加到 16290 多万元，增幅达 64.54%，投入近千万元用于教室更新多媒体设备和安装空调；坚持制度激励教学，加大教学优秀教师表彰奖励力度；坚持管理工作服务教学，将服务教学作为党务行政系统工作绩效评价的主要指标，构建质量目标、资源保障、过程执行、教学质量评估四大系统组成的本科教学质量保障体系，有力保障教学。

强师兴教，师资队伍有力支撑教学。高质量教育要有高水平人才，学校以最大诚意和最大力度引进人才，设立"珠江学者"特聘教授岗位，开出 100 万年薪、300 万起步经费面向全球引才；实施"百名优博计划"，承诺高于同类院校的待遇条件引进百名优秀博士；以课程群建设为抓手，跨学院、跨专业整合教师力量，打造优秀教学团队。学校 1046 名专任教师中，有 131 名教授、270 名博士，6 人享受国务院特殊津贴，28 人担任硕士、博士生导师，6 人获评全国优秀教师，35 人获评南粤优秀教师，13 人获评省、校级教学名师，23 名广东省各类专业教学指导委员会成员，

12 个省级优秀教学团队。

改革强教，模式创新引领教学。学校坚持质量立校，创新人才培养模式，实施分类指导、分类培养，适时优化修订人才培养方案，构建多元开放的本科人才培养体系；推行辅修专业制和双学士学位制，不断完善学分制，为学生个性发展提供空间；与地方教育局和中小学校密切联动，对接中小学课堂，开展教师互聘、顶岗实习、置换培训、校本研究、资源共享等，构建教学研做互动合一的教师人才培养新模式，成果获第七届广东省高等教育优秀教学成果一等奖；创设卓越教师、卓越工程师实验班，跨学院选拔，择优重点培养，强化综合基础，注重探究性学习，培养综合素质高、实践能力强、具有创新精神和创新能力的优秀人才；加强教育国际交流合作，开展多途径、多形式联合办学和大学生到境外高校学习、实习、见习，每年派出学生 300 多人，推进国际化人才培养。几年来，学校获批国家级特色专业建设点 2 个、省级 8 个，国家级综合改革试点专业 1 个、省级 13 个，应用型人才培养省级示范专业 3 个；获批省级人才培养模式创新实验区 2 个、省级卓越人才培养计划 2 个；获批省级实验教学示范中心 14 个；获得省级优秀教学成果奖 6 项。

聚力活教，一体化育人助力教学。学校落实立德树人根本任务，抓师德正教风，抓考研促学风，抓竞赛强技能，搭平台扶创业，造景观铸师魂，把第二课堂作为第一课堂的有机延伸，促进大学生德智体美全面发展。三年来，学校不断完善师德评价标准，严格落实师德一票否决制，1 人获评 "全国模范教师"，15 人获评广东省、湛江市 "师德标兵"，学校获评广东省师德建设先进集体；营造考研浓厚氛围，考研录取人数连年上升，2016 年考取研究生 480 人，升学率为 8.2%，位居全省同类高校前列；推进校园文化建设，弘扬师道文化精神，建设师道园、立德园等一批景观，全方位营造育人环境；校园活动富有特色，"十佳大学生" 评选、"学术人生" 访谈品牌活动影响广泛，榜样引领效果显著；实施创新学分奖励制度、教师科研课题学生参与制度，狠抓学科专业竞赛。近三年，学校有 1014 人次获得各类专业竞赛省级以上奖励，包括在全国 "挑战杯"

竞赛斩获二等奖 2 项、累进创新铜奖 2 项，省赛中获特等奖 8 项、一等奖 5 项；ERP 沙盘模拟竞赛、数学建模竞赛获全国、全省一等奖。学校落实创新创业教育，大学生创业就业孵化基地列入"全国第二批众创空间"，学校获评广东省大学生创新创业教育示范校。

特色显教，人才培养特色彰显教学。一是教师教育精准对接基础教育和基层需求。学校把"支撑、服务和引领'两基'教育需求"要求贯穿在教师人才培养的目标定位、过程设计、研究支撑和人才输送的整个培养链条，强化教师教育的针对性、适应性和引领性。师范毕业生"下得去、留得住、教得好"，成为推动粤西乃至广东乡镇教育发展的一支不可替代的力量，也是广东教育援藏的"代表队"。学校援藏支教 30 年，援藏支教工作模式被提升为广东省政府援藏项目向全省高校推广。二是政、行、校、企协同育人机制不断完善。学校与台湾高校高起点举办特殊教育专业，成为广东省特教人才培养重要基地；与亚洲潜水联合会和国家体育总局湛江潜水运动学校合作建立亚洲首个潜水学院，让毕业生走向世界；与在粤日资企业合作建设日语专业，共同制定培养目标、共同实施培养过程、共同考核，日语专业成为广东省排名前三的特色专业；与港澳社工机构共建社工专业，获批"全国社会工作专业人才培养基地"。三是环境育人广受好评。学校弘扬师道，"景"以载道，潜移默化，校园文化景观育人功能凸显。校园景观建设成果获全国高校校园文化建设优秀成果奖、广东省特等奖，《光明日报》《中国教育报》等主流媒体进行专题报道。

三是主要问题和努力方向。一方面，学校核心竞争力有待增强。随着国家实施"双一流"大学建设、"双高水平"学科建设，学校传统优势受到冲击，应用转型面临理工科基础相对薄弱、办学资源不足、发展动力不强等困难。学校将继续坚持师范办学定位不动摇，在做优做强教师教育同时，做精做特非师范教育，科学处理好师范与非师范的关系，努力构建与区域经济社会发展相适应的学科专业布局和人才培养体系。另一方面，人才培养机制有待创新。学校在调动教师教学、学生学习的主动性和积极性方面，在促进学生个性化发展、实践能力和创新创业能力培养方面，以及质量保障等方面的体制机制，仍有待进一步完善。比如，精品课程资源数量不足，有的专业生师比过高，教师教学评价不够全面、科学、精准，科研促进教学动力不足。学校将探索创新人才培养体制机制，进一步加大人才引进力度，丰富教学资源，落实质量工程，深化教学改革，全面提高教育教学水平和人才培养质量。

在为期五天的现场考察期间，专家组对学校本科教学工作进行了全面考察与分析，集中考察科学教育众创空间、大学生创新创业实训基地、岭南手作工作室、特教实验室和潜水展览馆，走访职能部门、科研及教辅单位 31 个 47 次，走访教学单位 15 个 17 次，考察其他校内单位 19 个，听课看课 40 节，调阅 36 门课程的试卷 3812 份，28 个专业的毕业论文 2375 份，考察校外实践基地及用人单位 7 个，深度访谈 40 次 110 人，召开座谈会 19 次共 239 人。

2017 年 11 月 9 日，学校本科教学工作审核评估专家意见反馈会在国际会议厅举行，教育部专家组向学校反馈本科教学工作审核评估意见。专家组全体成员，省教育厅有关领导、全体校领导出席会议。

专家组组长代表专家组反馈审核评估的总体意见，认为学校总体上处于上升态势，凝聚力很强。一是学校的办学定位、人才培养目标、教育教学改革、人才培养规格是清晰的，定位是准确的；二是学校本科教学工作运行是符合规范的，达到教育部对本科院校的规范性要求；三是学校专业设置、人才培养方案的制定、人才培养模式的改革，第一课堂、第二课堂、第三课堂的配置是符合教育部相关要求的；四是教师队伍、学生成长、教学资源保障教学、教学条件支撑教学，教学质量监控体系，教学大格局已经形成；五是经过 26 年的本科教学实践，招生、人才培养、学生发展、就业、校友回馈母校形成了良好态势，办人民满意的教育、办好岭南师范大学具有厚实基础；六是大学文化、大学精神、校训、院训，纳入学校工作的各个方面，形成大学文化全覆盖的局面。在肯定成绩的同时，专家组还指出学校在师资队伍建设、教学资源投入、专业配置、学院设置、教育教学改革等方面存在的问题，并提出进一步整改的建议。

省教育厅有关领导向各位专家表达感谢，指出审核评估是推动高校办学水平和教学质量全面提高的有力举措，是学校全面学习、提升理念、反思问题、自我提升的一次良好机遇。在全面学习宣传贯彻党的十九大精神的背景下开展本科教学审核评估工作，对学校未来发展具有重要的意义，他就如何落实整改、实现评估效益最大化提出四点要求：一是要贯彻落实党的十九大精神，以高扬的精神、昂扬的斗志，谋划好新时代学校发展；二是以求真务实、直面问题的态度落实审核评估整改工作；三是以追求高水平办学质量为宗旨，深化体制机制改革；四是要以更加主动有为的精神，服务创新驱动发展战略。

刘明贵同志代表学校作表态发言。他感谢各位专家为学校本科教学工作审核评估付出的辛苦劳动，并表示学校会正视问题、照单全收，专题研究、认真总结并消化吸收各位专家的反馈意见；学校会层层落实责任，全面从严整改，将专家意见进行梳理，分清责任，详细列出问题清单、任务清单、责任清单，建立整改工作台账；学校会以本次本科教学工作审核评估作为学校人才培养和事业发展的一个新起点，以提高教育教学质量为核心，全面加强学校内涵建设。

（4）严肃认真，整改提高

审核评估重在查找问题，并有针对性地开展整改，达到以评促改、全面提高之目的。审核评估专家组进校考察结束后，学校根据专家组提出的问题，逐一开展整改工作。

2018 年 1 月 15 日下午，学校在国际会议厅召开审核评估整改工作任务布置会，标志着学校教学审核评估整改工作全面启动。刘明贵同志强调要将审核评估整改工作作为 2018 年学校重点工作来抓，全面提升本科教学质量。邵乐喜同志作教学评估整改工作动员报告。

刘明贵同志强调，全校要高度重视审核整改工作，全力以赴，以审核评估整改工作为契机，进一步完善顶层设计，优化人才培养方案，严格教学管理，全面提升本科教学质量；要细化分解任务，层层落实责任，对标对表，确保整改工作全面顺利完成。

邵乐喜同志说，审核评估整改工作是全面提升教学工作水平和人才培养的重要举措，是学校真正提升人才质量的重要契机。全校要以整改促发展，坚持"以评促改、以评促建、以评促管、评建结合、重在建设"的指导方针，以问题为导向，进行认真严肃地整改。邵乐喜同志强调，全校要认真学习问题反馈和整改措施建议，研究理解反馈和整改措施的内涵，理清整改工作的思路；要各司其职，齐抓共管，保质保量完成规定工作；要对标整改，逐一落实；要协同合作，力求创新，创出特色。

教务处负责人从学校办学定位与目标、师资队伍、教师资源、人才培养、学生发展、质量保障、文化建设和特色项目等几个方面介绍审核评估整改工作的具体任务，对审核评估的目标、任务、负责人、负责部门等方面进行说明。

经过深入调研、广泛征求意见，多次召开专门会议研究，学校形成《岭南师范学院本科教学工作审核评估整改方案》，并于 2018 年 1 月 26 日上报广东省教育厅。

在评估整改过程中，校领导身体力行，着力推动评估整改工作落地落实。10 月 10 日上午，兰艳泽同志到评估办开展调研，强调要提高认识，全面扎实推进审核评估整改工作，"本科教学审核评估不是已经结束了，整改才是评估的关键"。

兰艳泽同志要求，全校必须进一步提高对评估整改工作的认识。审核评估整改涉及学校全局工作，做好审核评估整改工作意义重大，它将推动学校教学内涵的发展和建设。兰艳泽同志以广东省两所高校接受教育厅组织的"回头看"为例，强调当前和今后一段时间，评估整改工作是学校的中心工作之一，必须严肃认真地对待此项工作。整改工作不仅仅是评估办、教务处个别部门的工作，而是全校性的工作。有些部门和同志以为评估工作已经结束了，造成整改工作进展比较缓慢，这种意识是不对的，要予以纠正。

兰艳泽同志强调，要进一步有效推进评估整改工作的进展，做到"有布置、有检查、有总结"。学校将在 2019 年 3 月向省教育厅报送整改报告，要根据这个时间节点，对整改方案进一步细化，建立更详细更有效的推进表，落实到个人和部门；对于当前能够完成的任务，要脚踏实地，一件一件地落实，如新版人才培养方案的修订、教学环节和教学过程的规范等；对于当前无法完成的任务，要实事求是，作为长期建设内容，在今后创造条件完成，真正做到"以评促建、以评促改、以评促管、评建结合、提高质量"。

2019 年 11 月 13 日上午，学校接受本科教学审核评估专家组进校考察满两周年之际，兰艳泽同志在榕楼 207 主持召开学校本科教学审核评估整改工作推进会，强调各项目组要对标对表落实整改任务，确保我校本科教学审核评估获得"合格"等级。

经过全校上下共同努力，学校教学审核评估工作取得圆满成果，达到了预期目标。

5. 专业认证

（1）学习研讨

按照国家教育事业发展"十三五"规划中推进教师教育质量保障体系建设、提高师范类专业人才培养质量等相关工作要求，教育部决定开展普通高等学校师范类专业认证工作，并于 2017 年 10 月 26 日印发《普通高等学校师范类专业认证实施办法（暂行）》，规定认证理念、原则、体系、对象、条件和办法等。

认证理念是坚持以"学生中心、产出导向、持续改进"。学生中心，强调遵循师范生成长成才规律，以师范生为中心配置教育资源、组织课程和实施教学；产出导向，强调以师范生的学习效果为导向，对照师范毕业生核心能力素质要求，评价师范类专业人才培养质量；持续改进，强调对师范类专业教学进行全方位、全过程评价，并将评价结果应用于教学改进，推动师范类专业人才培养质量的持续提升。

四大认证原则：一是建立统一认证体系。教育部发布国家认证标准，做好认证整体规划，实行机构资质认定，规范认证程序要求，开展认证结论审议，构建科学有效的统一认证体系，确保认证过程的规范性及认证结论的一致性。二是注重省部协同推进。教育部和省级教育行政部门加强统筹协调，充分发挥专业化教育评估机构作用，形成整体设计、有效衔接、分工明确、分批实施的协同机制，确保师范类专业认证工作有序开展。三是强化高校主体责任。认证明确高校在专业质量建设方面的主体责任，引导开展师范类专业自我评估，推动建立专业质量持续改进机制，提升专业质量保障能力。四是运用多种认证方法。认证采取常态监测与周期性认证相结合、在线监测与进校考查相结合、定量分析与定性判断相结合、学校举证与专家查证相结合等多种认证方法，多维度、多视角监测评价师范类专业教学质量状况。

认证体系主要指师范类专业实行三级监测认证，即第一级定位于师范类专业办学基本要求监测，第二级定位于师范类专业教学质量合格标准认证，第三级定位于师范类专业教学质量卓越标准认证。

认证标准规定，结合我国教师教育实际，分类制定中学教育、小学教育、学前教育、职业教育、特殊教育等专业认证标准，作为开展师范类专业认证工作的基本依据。

认证对象及条件规定，第一级是经教育部正式备案的普通高等学校师范类本科专业和经教育部审批的普通高等学校国控教育类专科专业。第二、三级认证实行自愿申请，即有三届以上毕业生的普通高等学校师范类专业申请参加第二级认证；有六届以上毕业生并通过第二级认证的普通高等学校师范类专业，申请参加第三级认证。个别办学历史长、社会认可度高的师范类专业可直接申请参加第三级认证。

师范教育是岭南师范学院的办学之本，师范专业认证自然成为其重要工作之一。

为推进师范类专业认证工作，增强全体教职工对专业认证工作重要性认识，2018 年 1 月 12 日下午，学校在国际会议厅召开师范类专业认证研讨会，学习传达教育部发布的《普通高等学校师范类专业认证实施办法（暂行）》的文件精神。刘明贵同志强调，要确保我校师范类专业认证工作稳步实施，顺利推进，提升师范人才培养质量，凸显"师范性、教学型"

的定位，并对如何做好师范类专业认证工作提出了三个要求：一要深刻认识做好师范类专业认证工作是落实学校"两性两型"办学定位的必然要求，各院系和师范专业负责人一定要高度重视并做好这一工作；二要以师范类专业认证为抓手，对标一级认证，认真开展各专业基本办学指标的自检自查和整改落实，做到"明标准、找差距、弥不足、补短板"，以认证为契机，开启我校教师教育发展新征程；三要群策群力全面筹划，全面迎接师范类专业认证。各职能部门和各二级学院要加强统筹协调，形成整体设计方案，有效衔接，分工明确，有序实施，确保我校师范类专业认证工作顺利推进。

会上，邵乐喜同志以《认清形势，加强研究，未雨绸缪应对师范类专业认证》为题作主题报告。兰艳泽同志要求全校各单位必须对做好师范专业认证工作形成共识，认真对标对表，早日谋划，做实做细，推动我校师范专业认证工作的开展。六位教师代表分别汇报了 2017 年 12 月参加全国师范类专业认证系统学习的研修成果和本学院的师范专业发展情况。

根据学校实际和各专业发展情况，学校确定三个专业参加首批认证，即汉语言文学专业、化学专业和 IEET 工程教育专业。三个专业对标对表，为通过专业认证积极开展各项准备工作。

（2）稳步推进

为了稳步推进专业认证工作，2019 年 4 月 15 日上午，学校在文学与传媒学院会议室召开师范类专业认证现场推进会，兰艳泽同志、金义富同志认真听取认证专业的工作汇报，并进行现场答疑。

兰艳泽同志对三个专业的认证工作提出三点要求：一要加强宣传，深化认识。各二级学院要利用机会加强宣传，提高教师、管理干部、学生对专业认证工作的认识，引导大家充分认清专业认证工作的重要性、紧迫性，要以认证为抓手推动专业发展。二要统筹全局，做实局部。专业认证不能脱开全校一盘棋，教务处要全面统筹，整体把握，二级学院要提早谋划，坚持人才培养"引进来"与"走出去"相结合的原则，以学生导向为目标，培养适合社会发展的人才，切实打牢人才培养工作的各个环节。三要加大保障，健全机制。学校将从经费、硬件、制度等方面对认证工作予以充分保障，要形成制度、形成长效；同时要加大非师范类专业的保障力度和制度建设，确保师范、非师范两条线同步发展。

金义富同志指出，人才培养方案在专业认证过程中有着不可替代的重要作用，必须围绕新的人才培养目标进行修订完善，同时要注重技能训练，全面育人。教务处要做好全面协调工作，发挥更大作用。二级学院要充分利用现有资源，按照认证准备时间表扎实推进各项工作。

汉语言文学专业、化学专业负责人分别汇报了工作方案和认证工作情况，信息工程学院 IEET 认证工作负责人分享了 IEET 工程教育认证方案和工作经验。

为了进一步完善专业认证各项工作，确保参加认证的专业能够顺利通过认证，6 月 27 日上午，学校在图书馆学术报告厅召开师范类专业预认证现场考查专家组见面会。学校邀请华南师范大学教务处负责人等 16 位专家组成的考察组进校，对全校 21 个师范类专业进行为期两天的预认证现场考查。

在见面会上，刘明贵同志希望各位专家要为学校师范教育"问诊把脉"，找出问题并开出良方，学校将"照方抓药"，以强特色、补短板，为学校正式通过师范类专业认证打下深厚的基础和提供良好的条件。他要求各相关职能部门做好服务，各二级学院和师范专业要虚心向专家请教、听取专家的意见和建议，共同配合做好师范类专业预认证工作。

兰艳泽同志代表学校，从九个方面汇报学校师范教育情况：一是师范教育历史悠久，师范教育目标坚定；二是师范教育体系完备，师范专业齐全；三是师范教育师资队伍实力雄厚，教育教学资源完备；四是师范教育保障有力，师范教育机制健全；五是在师范生培养目标上，建立了"四得"师范生品德养成教育体系；六是在师范生培养模式上，建立了灵活的协同育人机制和完整的"见习—实习—研习"教育实践体系；七是以师范专业认证为抓手，构建了"两打通三结合四标准"的师范生培养质量监控与评估体系；八是推行"新手段"，推动网络信息技术与教师教育的深度融合；九是学校下一步的重点工作设想。

考察组组长认为，师范类专业认证工作是新时代全面深化教师教育改革、做优做强教师教育、从源头上培养高素质专业化创新型教师队伍的重要举措。随后，他从开展师范类专业认证的背景、意义、内涵、做法四个方面介绍了师范类专业认证工作，对这次预认证专家现场考查工作作了简要说明，并列举专家组在现场考查工作中要坚持四原则：一是以标准为准绳，不超越标准界限；二是全面考查，全盘关注，有分有合，有所侧重；三是紧紧围绕"一践行三学会"养成体系，重点关注三个达成、三个支撑、三个评价进行全面考查；四是反馈意见有针对性，有实用性。

专家组见面会议结束后，各组专家分赴各学院师范专业，按计划开展听取汇报、查证支撑材料、走访访谈、调阅试卷、毕业论文（设计）、实践实习档案等工作。

经过一天半时间的紧张工作，6月28日下午，考查专家组分两个阶段向学校进行反馈。第一阶段是四个专家小组分别对所考查的专业与二级学院领导班子及专业负责人、专业教师进行深入反馈和交流。第二阶段是在图书馆学术报告厅召开学校反馈会，广东省教育厅高教处有关领导、专家组全体成员、校领导、相关职能部门负责人、各二级学院党政领导及相关专业负责人出席会议。

专家组认为，学校及各二级学院重视专业认证工作，深刻理解认证对提升师范专业的积极意义，树立了师范专业认证理念；师范生教育情怀培养和师德养成教育效果良好；重视教师教育课程教师队伍配备；重视师范生实践技能培养，提供充足的训练场所和条件，培养实践教育体系较为完善；毕业生对母校的认同感较高，母校情结深厚，基本达到树理念、立标准、补短板、强特色的预认证工作目标。同时，专家组也指出，学校及各专业还存在专业认证标准与审核评估思维认知错位、专业人才培养目标定位与毕业要求缺少专业特色、基于OBE理念的课程改革与"课程标准"建设有待加强、教学质量保障体系构建有待完善等问题。专家组希望学校各个层面能进一步强化认证"持续改进"理念，加强认证整改；各学院要深化对学校"两性两型"办学定位以及"负责任，强能力，善创新"人才培养目标的理解，并在专业人才培养方案中给出更加丰富的内涵解读；深化理解 OBE 理念课程改革并加快实施；加大师范人才培养资源投入；加强教学质量监督与持续改进指导。此外，每个小组组长还汇报了现场考查的情况，指出当前师范类专业建设工作中存在的不足，并提出相应的改进意见。

本次专家现场考查对促进师范类专业建设、推进专业认证工作取得成效有一定意义。学校依据专家们的反馈意见，督促各学院、各专业持续改进，抓紧补短板，加快师范类专业第二级认证对标建设。

为了加强对专业认证工作的领导和指导，2019 年 8 月 7 日，学校正式成立岭南师范学院专业认证领导小组和工作小组。领导小组组长为刘明贵同志和兰艳泽同志，成员包括王恒胤、黄达海、苏古发、戴泰、金义富、张正栋六位同志。工作小组组长为金义富同志，成员包括校长办公室、党委宣传部、学生处（招生与就业处）、人事处、规划与法规处、教务处、资产与实验室管理处、财务处、后勤管理处、校团委、图书馆、网络与信息技术中心等部门主要负责人及各二级学院院长。工作小组办公室设在教务处，由教务处长任办公室主任。同时，学校规定专业认证工作机构的六大职责：统筹指导学校师范类专业认证、工程专业认证和其他类型专业认证工作；制订学校专业认证工作计划、实施方案和进度安排；组织全校教职工学习认证理念、指标体系和工作指南，提高教职工对专业认证意义的认识；指导与监督二级学院开展专业认证对标建设，修订人才培养方案，加强师资队伍建设、课程体系建设与教学实施，优化专业办学条件，构建专业教学持续改进机制，健全专业人才培养质量保障体系；指导二级单位做好迎接专业认证相关工作，填报专业教学状态数据表，完成自评报告，梳理和归档佐证材料，做好迎接专家进校认证考查等工作；指导二级学院做好专业认证整改工作。

为结合工程教育专业认证和师范类专业认证的工作要求，深入研究和探索专业建设及专业认证的先进理念、先进方法、先进制度和有效路径，

10 月 22 日，学校决定成立"岭南师范学院专业认证研究中心"，金义富同志担任中心主任。

（3）迎接认证

2019 年 10 月 23 日，教育部师范类专业第二级认证专家组七名专家正式进校，对汉语言文学专业和化学专业开展为期两天半时间的联合认证现场考查工作。当天上午，学校在国际会议厅召开教育部师范类专业第二级认证专家组见面会。

会上，专家对这次专业认证工作的目的、任务、方式和要求等进行了简要说明：开展师范认证是新时代全面深化教师教育改革、做优做强教师教育、从源头上培养高素质专业化创新型教师队伍的重要举措，是全面贯彻全国教育大会精神，强化人才培养中心地位，推动师范教育改革，构建中国特色、世界水平的教师教育质量监测认证体系，全面提高师范专业人才培养质量的重要工作抓手。

兰艳泽同志介绍了学校教师教育的基本情况，主要包括八个方面：师范立校，师范兴校；体系完备，专业齐全；师资雄厚，资源充足；保障有力，机制健全；"学习行思"，师德养成；服务地方，协同育人；保障评价，持续改进；智慧教学，创新融合。兰艳泽同志指出，学校下一步工作重点主要是围绕广东省提出的"新师范"建设，加强师范生教育情怀和专业素养培养，全面推进创建国家教师教育创新实验区建设，积极探索粤港澳大湾区师范教育合作共进协同育人，深化互联网、大数据、人工智能在课程建设和课堂教学中的融合创新，筹建智慧教育产业学院，成立专业认证研究中心。她希望，各位专家在认证过程中多找问题、多提意见，为师范专业建设打开新视野、启发新思路、注入新动力。

汉语言文学专业、化学专业两个专业负责人就专业自评报告作了补充说明。专家组根据认证标准进行提问询证，相关部门负责人进行解答。见面会后，专家组一行集中考查了教师教育实训中心、书院广场、百年师范纪念塔等教育教学设施和体现师范文化特色的校园建设。紧接着，专家组通过查阅资料、听课看课、深度访谈、走访实习基地、举行学生座谈会、教师座谈会、毕业生座谈会、职能部门座谈会等形式展开全面的现场考查。

在为期两天半的时间里，专家组对汉语言文学、化学专业进行全面的考查与分析，共召开各类工作会议 15 次，听课看课 14 人次，调阅毕业论文 / 设计 69 份，试卷 13 人次，实习报告和毕业生教育实习档案袋 66 份，访谈学生 26 人次，教师 8 人次，专业负责人、学院领导和管理人员 14 人次，相关职能部门 20 人次，访谈用人单位和校友代表 27 人次，走访教育实践基地 2 家，查阅认证专业提供的全部管理文件，实地考查了仿真教室、创客实验室、微格实训室、智慧教室、化学基础实验室、中学化学实验室、微型化学实验室、协同创新中心等共 30 余间。

10 月 25 日上午，专家组现场考查意见反馈会召开，反馈两个专业现场考查的总体意见。专家组指出，学校领导班子重视师范认证工作，相关专业学院准备充分，职能部门支持配合；两个专业的学生朴实阳光，刻苦勤奋；专业教师对所在专业有比较高的认同度、比较强的获得感；"学生中心，产出导向，持续改进"的认证理念逐步增强，"以评促建、以评促改、以评促强"成效较好。

专家组认为，化学专业培养出一大批优秀的中学化学教师及教育工作者，专业建设有基础，优良教风有传统，服务基础教育有特色，师范生培养有情怀。汉语言文学专业办学特色明显，立足粤西，厚植师范生的教育情怀，坚持实践育人与能力育人为本，培养出大批优秀语文教师，培养质量有效地支撑培养目标的达成，学校重视师范类专业认证工作，为专业体系持续改进提供重要的制度保障。在肯定成绩的同时，专家组也指出两个专业在领会和把握认证标准、专业建设、课程设置、过程管理和内部评价的体制机制等方面存在的不足，并提出进一步整改的建议。

学校汉语言文学、化学专业负责人分别作表态发言。他们表示，将严格按照专家的意见，进一步提高认识，列出责任清单，明确时间进度，认真进行整改。

2020 年 7 月 21 日，教育部办公厅公布 2020 年通过普通高等学校师范类专业认证的专业名单，岭南师范学院汉语言文学、化学两个专业通过第二级专业认证，有效期六年，自 2020 年 7 月起至 2026 年 6 月。本次汉语言文学和化学两个专业顺利通过教育部师范类专业二级认证，为学校决胜申硕目标提供重要支撑，也为其他师范类专业申报认证提供宝贵经验，有力促进了学校一流本科专业建设和高素质师范类应用型人才的培养。

（4）持续深入

2021 年 4 月 26—29 日，教育部高等教育教学评估中心委派的认证专家考查组，对学校小学教育专业开展第二级认证现场考查工作。4 月 27 日上午，专家组考查见面会在国际会议厅举行，对认证工作的目的、任务、方式和要求等作简要说明。专家组指出，师范类专业认证坚持"学生中心、产出导向、持续改进"理念，面向基础教育改革发展需求，以认证标准为引导，帮助专业建立质量保障机制，形成高水平人才培养体系。专家组将尊重标准、遵循规范、坚持主线和底线，按照专业认证的思路、理念、标准、方法和技术要求，以问题导向、持续改进为重点，与学校加强沟通交流，专业、透明、高质量完成认证工作，共同促进师范人才培养质量的提升。

刘明贵同志和兰艳泽同志分别作相关工作的汇报。小学教育专业负责人作专业认证情况补充说明。专家针对教师教育师资队伍建设、学生工作与教学工作联动、专业建设评价改进机制、质量监控与持续改进机制等方面进行循证，相关单位负责人进行答复。

在为期三天的现场考查期间，专家组依据认证标准指标，对照认证逻辑主线和底线要求，认真查阅小学教育专业自评报告、教学状态数据分析报告及相应支撑佐证材料，走访教师技能实训中心、微格教室、三字一话技能实训室等教师技能实训场所，通过开展听课看课、调阅毕业论文、实习材料和试卷资料、召开座谈会、人员访谈，实地走访教育实践基地等形式，对小学教育专业进行考查与分析。

4 月 29 日上午，专家组召开现场考查反馈会，对学校师范教育特色和小学教育专业建设成效给予充分肯定，聚焦专业整体质量达标主线和持续改进底线两个方面，针对发现的问题及对质量达标可能存在的影响，从培养目标、毕业要求、课程与教学、合作与实践、师资队伍、支持条件、质量保障、学生发展等方面提出针对性改进建议。专家组认为，学校坚持落实立德树人任务，以两代师德厚植教育情怀；小学教育专业落实学生中心，聚焦学生发展，坚持"教、学、做"合一，推动师范生素质全面提升。

近年来，学校高度重视推进师范专业认证工作，积极组织师范类专业参与师范专业认证。学校已有 13 个师范专业开展师范专业认证二级认证工作，占全校普通师范类专业的 65%。其中，5 个师范类专业通过师范专业第二级认证：汉语言文学、化学专业于 2020 年 7 月通过第二级认证，有效期至 2026 年 6 月；小学教育于 2022 年 7 月通过第二级认证，有效期至 2028 年 6 月；物理学、体育教育于 2023 年 9 月通过第二级认证，有效期至 2029 年 8 月。英语、数学与应用数学、教育技术学 3 个专业已于 2024 年 10 月顺利完成专家组进校考查环节。生物科学、美术学、地理科学、历史学、音乐学 5 个专业提交认证申请，将参加 2025 年师范类专业二级认证。

（二）新工科

在国家推动创新驱动发展的背景下，以新技术、新业态、新模式、新产业为代表的新经济蓬勃发展，对工程科技人才提出更高要求，迫切需要加快工程教育改革创新。为深化工程教育改革、建设工程教育强国，服务和支撑我国经济转型升级，2017 年 2 月，《教育部高等教育司关于开展新工科研究与实践的通知》发布，决定围绕工程教育改革的新理念、新结构、新模式、新质量、新体系开展新工科的研究和实践。

一是工程教育的新理念：结合工程教育发展的历史与现实、国内外工程教育改革的经验和教训，分析研究新工科的内涵、特征、规律和发展趋势等，提出工程教育改革创新的理念和思路。

二是学科专业的新结构：面向新经济发展需要、面向未来、面向世界，开展新兴工科专业的研究与探索，对传统工科专业进行更新升级等。

三是人才培养的新模式：在总结卓越工程师教育培养计划、CDIO等工程教育人才培养模式改革经验的基础上，开展深化产教融合、校企合作的体制机制和人才培养模式改革研究和实践。

四是教育教学的新质量：在完善中国特色、国际实质等效的工程教育专业认证制度的基础上，研究制订新兴工科专业教学质量标准，开展多维度的教育教学质量评价等。

五是分类发展的新体系：分析研究高校分类发展、工程人才分类培养的体系结构，提出推进工程教育办出特色和水平的宏观政策、组织体系和运行机制等。

新工科研究和实践以课题项目形式进行，分三组开展研究和试点。

一是工科优势高校组，由浙江大学牵头联系。工科优势高校组由传统的工科特色和行业特色高校共同参与，发挥自身与行业产业紧密联系的优势，面向当前和未来产业发展急需，推动现有工科的交叉复合、工科与其他学科的交叉融合，开展工科优势高校新工科研究和实践。

二是综合性高校组，由复旦大学牵头联系。综合性高校组由综合性大学参加，发挥学科综合优势，面向未来新技术和新产业发展，推动学科交叉融合和跨界整合，推动应用理科向工科延伸，开展综合性高校新工科研究和实践。

三是地方高校组，由上海工程技术大学、汕头大学共同牵头联系。地方高校组由地方高校参加，发挥自身优势，充分利用地方资源，对接地方经济社会发展需要和企业技术创新要求，深化产教融合、校企合作、协同育人，推动传统工科专业改造升级，开展地方高校新工科研究和实践。

作为地方师范院校的岭南师范学院，在新工科建设中发挥的作用、作出的贡献是"厚理工"办学思路的重要实践之一。为此，学校采取一系列举措，突破传统师范教育办学格局，拓展新工科新渠道，增强办学活力。

1. 成立机构

根据学科优势和特点，2018 年 12 月 24 日，学校决定与相关行业公司联合成立岭南师范学院东岛清洁能源材料产业学院（锂电池材料研究院），以期按照协同育人、创新发展的要求，努力办出产业特色，扩大品牌影响力，为人才培养和新能源产业进一步发展壮大发挥示范推动作用。

为促进教师教育与信息技术的深度融合，深化产教融合，探索未来教师教育新形态，服务创新驱动战略和产业经济结构转型升级，实现学校人才培养、科研创新与智慧教育行业发展的紧密衔接，根据与相关行业公司签订的《共建智慧教育产业学院框架协议》，2019 年 12 月 3 日，学校决定成立岭南师范学院智慧教育产业学院，其目的在于深化教师教育与信息技术融合，为人才培养和智慧教育行业发展壮大发挥积极作用。

2021 年 9 月 15 日，根据发展需要，学校决定在原有的计算机学院的基础上进行改造重组，成立两个新工科学院，分别是计算机与智能教育学院和电子与电气工程学院，其目的在于围绕广东省和粤西地区新一代信息技术、高端装备制造、新材料、节能环保等战略性的新兴产业，建立多学科、协调发展、应用特色、满足地方支柱产业发展需要的新专业体系。新工科学院突出行业、企业需求，推动课程内容与职业标准对接，并通过搭建校企合作平台，以共建实验室、实习基地、与企业技术中心合作等形式建设一批新工科专业实践教学基地，联合企业开展指导、教育、实习、毕业设计、科技创新竞赛等活动，多渠道、多途径从企业引进具有工作经历的人才，加大校内教师的转型力度，选送教师到行业、企业接受培训、挂职和实践锻炼，推进工科专业师资队伍建设。

2. 制定实施方案

在深入调查研究基础上，经过多方考虑和征求意见，为全面推进新工科建设，学校于 2021 年 12 月 28 日印发《岭南师范学院新工科建设实施方案（2021—2025 年）》（以下简称《方案》）。《方案》明确学校新工科建设的指导思想、总体思路、总体目标和方法举措、保障措施等，为新工科建设提供体制机制保障。

《方案》的总体思路是面向工业界、面向世界、面向未来，主动应对新一轮科技革命和产业变革挑战，服务制造强国等国家战略，紧密对接经济带、城市群、产业链布局，以加入国际工程教育《华盛顿协议》组织为契机，以新工科建设为重要抓手，持续深化工程教育改革，加快培养适应和引领新一轮科技革命和产业变革的卓越工程科技人才，提升学校硬实力和核心竞争力。

《方案》的总体目标是经过5年的努力，学校建设一批多主体共建的产业学院和未来技术学院，建设一批包括化工与材料、信息与智能、食品与海洋、生命与健康等具有优势和特色的新工科专业群，建设一批体现产业和技术最新发展的新课程，培养一批工程实践能力强的高水平专业教师，工科专业点通过国际实质等效的专业认证实现突破，学生的工程实践和创新能力得到显著提升。

《方案》提出的建设任务和重点举措有以下几个方面。

一是落实立德树人根本任务。学校实施课程思政系列化工程，使各类课程与思政课程形成协同育人效应。

二是深入开展新工科研究与实践。学校深入实施新工科研究与实践项目，更加注重产业需求导向，更加注重跨界交叉融合，更加注重支撑服务，探索建立工程教育的新理念、新标准、新模式、新方法、新技术、新文化。

三是树立工程教育新理念。学校全面落实"学生中心、产出导向、持续改进"的先进理念，面向全体学生，关注学习成效，建设质量文化，持续提升工程人才培养水平。

四是构建工科专业新结构。学校围绕广东省和粤西地区的新一代信息技术、高端装备制造、新材料、生物、节能环保等战略性新兴产业，发展有地方特色的新专业、设置有地方特色的专业培养方向，分类改造传统专业，将优势工科专业进行信息化、智能化升级，建立学科专业动态调整机制；注重云计算、物联网、大数据和人工智能等新一代信息技术与传统工业技术的融合，破除学科壁垒，开展应用型学科专业集群建设；遴选化工类、材料类、信息类、机械类、智能制造类、生物类的专业进行重点建设；遴选具有基础和优势的专业，参与工程教育认证。

五是构建工科新课程体系。学校以行业企业需求设计课程体系，优化课程结构，推动课程内容与职业标准对接，着力打造一批具有高阶性、创新性和挑战度的一流课程。新课程体系包括以培养学生工程能力为核心，优化课程结构；以培养学生"大工程观"为基础，设置跨学科的通识教育课程；以"基本理论+工程实践+工程设计+创新应用"的课程建设思路，形成理论教学和实践教学相结合、工程设计和社会实践相融合的专业课程新体系；以培养学生创造创业能力为目标，构建面向"新工科"的工程实践课程体系。

六是创新工程教育教学组织模式。学校系统推进教学组织模式、学科专业结构、人才培养机制等方面的综合改革，着力打造一批具有鲜明"新工科"特色的"产业学院"，培养卓越人才；引入企业资源，实现产教融合、校企共建共管；将"以学生为中心"的教育理念落实到课堂教学中，融合大数据、人工智能等信息技术，建设智慧教室和各类信息化教学平台，推广线上线下混合式教学、翻转课堂、虚拟教学等新型教学模式；与行业企业共同搭建开放的校内工程坊，实施启发式、合作式、项目式教学模式，改革实践教学内容和方法，培养学生的组织管理能力、跨界整合能力以及创新创业能力。

七是完善多主体协同育人机制。学校推进产教融合、校企合作机制创新，深化产学研合作办学、合作育人、合作就业、合作发展；鼓励二级学院面向新兴产业，瞄准本专业实验教学薄弱环节，积极引入外部资源，与企业、科研院所联合共建专业教学实验室；探索实施工科大学生实习规范化、科学化管理，认定一批工程实践教育基地、科产教融合实践教学基地，布局建设一批集教育、培训及研究为一体的共享型人才培养实践平台，拓展实习实践资源；构建产学合作协同育人项目三级实施体系，搭建校企对接平台，以产业和技术发展的最新需求推动人才培养改革。

八是强化工科教师工程实践能力。学校建立工科教师工程实践能力标准体系，把行业背景和实践经历作为教师考核和评价的重要内容；制定具有工程背景专任教师的引进制度，多渠道多途径从知名企业中引进具有工作经历的人才。

九是健全创新创业教育体系。学校完善创新创业生态，构建和完善课程、实践、平台、保障四位一体的创新创业教育体系。

十是深化工程教育国际交流与合作。学校加大国际学术合作和交流支持力度，通过"请进来、送出去"的方式，以兼职教师、客座教授、院聘企业教师等方式引进国外专家，提升学院国际化建设水平。

十一是构建工程教育质量保障新体系。学校推动行业部门制订行业人才标准，促进学校结合国标、行标要求，按照工程认证标准，形成专业人才培养方案的动态修订机制，形成适应区域经济社会发展的区域、行业、学校三级质量标准体系。

同时，学校决定成立新工科建设工作委员会，由校长任主任，分管教学副校长任副主任，成员主要包括相关职能部门负责人和工科相关学院院长。委员会的主要职责包括统筹协调新工科建设，制定年度新工科建设发展规划，每学期至少召开一次新工科建设工作会议，解决新工科发展难题，研究部署新工科重大任务。委员会下设办公室，挂靠教务处，办公室主任由教务处处长兼任。

为了加强对产业学院的管理，学校于2021年12月28日专门出台《岭南师范学院产业学院建设管理办法（试行）》。该管理办法对产业学院建设的指导思想、建设目标、建设原则、建设任务、建设条件与程序、组织机构与职责、议事规则、建设资金与管理、学生管理与学分认定等作了详细规定，使产业学院建设和发展有规可依。

近年来，学校采取多项有力举措，"新工科"建设取得较大成效。一是增设一批新工科专业，新增智能电网信息工程、人工智能、化学工程与工艺、食品质量与安全、机器人工程、物联网工程、高分子材料与工程等新工科专业，构建工科新课程体系，积极创新人才培养模式。二是打造一批理工科教育教学与质量工程改革项目。理工类一流课程荣获省级 20 门、校级 40 门，设置"厚理工"类校级教育教学改革专项。2022
年以来，学校建设"厚理工"校级教改项目 78 项、建设省级"新工科研
究与实践"项目 1 项，建设理工类省级实验教学示范中心 8 个、校级实
验教学示范中心 7 个。三是打造一批具有鲜明"新工科"特色的"产业
学院"，智能电气现代产业学院、预制菜产业学院、教育数字化产业学
院、智能制造产业学院等 4 个获得省级理工类产业学院立项。学校建设
理工类校企联合实验室省级 3 个，校级 6 个，进一步促进我校与企业间
的深度合作。

（三）新学工

为深入学习贯彻习近平新时代中国特色社会主义思想和党的十九大精
神，贯彻落实全国教育大会、全国宣传思想工作会议、全国高校思想政治
工作会议和全国高等学校本科教育工作会议精神以及上级决策部署，推动
新时代高校学生工作（简称"新学工"）高质量发展，提高学校人才培养
质量，校党委于 2018 年 12 月 29 日印发《岭南师范学院"新学工"建设
三年行动计划（2018—2020 年）》（以下简称《计划》），初步回答新时代
高校需要怎样的学生工作和怎样建设学生工作两个命题。

1. 制定目标

《计划》提出新学工主要目标：

——2018 年以"体系建设"为主题，建设贯通整个人才培养体系的
思想政治工作体系、与现代信息技术深度融合的学生工作体系，为"新学
工"建设做好顶层设计。

——2019 年以"水平提升"为主题，健全学生工作机制，提升学生
工作水平，培育优质学生工作品牌，增强学生工作服务人才培养质量提升
的核心竞争力，为"新学工"建设注入发展动力。

——2020 年以"成果凝练"为主题，形成 1 到 2 个在全国具有影响
力的学生工作品牌，学生深造率达到 15% 左右，在学生获奖率、就业率、
教师资格证考取通过率等指标上实现新提升，总结凝练和推广"新学工"

建设经验，形成一系列促进人才培养质量提升的学工育人成果，为"新学工"建设走向深入夯实基础。

学校力争通过三年的建设，建成体系完善、标准健全、运行科学、保障有力、成效显著的"新学工"体系，使思想政治工作体系贯通学科体系、教学体系、教材体系、管理体系，形成全员全过程全方位育人格局，显著提升人才培养质量与水平，打造在全国具有影响力的岭师学工品牌。

2. 措施得力，成效明显

（1）"新学工"一体育人，入选省高校"三全育人"试点单位

学校党委坚持把政治建设摆在首位，深刻领悟"两个确立"的决定性意义，增强"四个意识"、坚定"四个自信"、做到"两个维护"，全面贯彻党的教育方针，切实加强党对学生工作的全面领导，制定并实施《岭南师范学院全面推进"三全育人"体制机制建设工作方案》，全面推进"三全育人"体制机制建设，跨部门组建学生工作委员会，建立跨部门协作、上下联动的学生工作联席会议制度，构建全员全过程全方位一体育人的学生工作新格局。

学校建立学生工作理论学习中心组，深入学习贯彻习近平新时代中国特色社会主义思想，全面提高学工队伍的政治站位、政策水平和大局意识，切实增强学工队伍的政治判断力、政治领悟力、政治执行力，实现一以贯之贯彻新思想，使学工心往一处想，劲往一处使，同向同心，合力育人。

学校入选广东省高校"三全育人"体制机制建设试点单位，成为珠三角地区以外唯一入选的高校。

（2）"品牌岭南"两级联创，打造两项教育部高校思政精品

学校实施"品牌岭南"创建计划，以品牌建设为抓手深入实施思想政治工作质量提升工程，瞄准"一校数品，一院一品"目标，立足校本推进校院两级联创，创建岭南学工品牌群；抓住学生入学、毕业的关键环节，发掘和传承红色基因，创新"传道·立根"入学季主题教育系列活动和

"思源·致远"毕业季主题教育系列活动，增强传统学生工作项目的育人功能，打造校本工作品牌。

学校坚持三十多年的教育援藏实践育人项目和延续十多年的"牵手阳光"资助育人项目分别入选教育部 2019 年高校思想政治工作精品项目和2021 年高校思想政治工作精品项目，成为全国为数不多的"一校双精品"高校。在二级学院品牌中培育选树的"'德能双进 以文化人'：卓越文传人核心素养提升实践育人模式的构建与实施"入选 2022 年度广东高校思想政治工作精品项目（共建项目）。

1987 年，历史专业的龙家玑被一份《来自西藏的报告》打动，毕业分配之际主动申请进藏工作，拉开学校毕业生援藏的序幕。

2002 年，杨楚洵、钟戊华、李再超、屠艳荣、刘秀政 5 名毕业生，决心以龙家玑校友为榜样申请援藏。5 名学生的援藏行为在社会上引起广泛关注。2003 年初，西藏林芝地区教育局有关负责同志不远千里来校寻"良驹"，举行"西藏林芝教育情况介绍会"，有 20 多名毕业生提出申请。经体检和考查，最终古桂云、冯敏芝、郭振、王春霞、张恩、林涯等 6 名毕业生赴藏任教。2004 年，李霞、谢秀梅、黎锦波、巫绍明 4 名毕业生签约到西藏任教。2002—2004 年，连续三年，15 名毕业生赴藏支教，占广东高校援藏毕业生的 70%，成为广东高校援藏大户。

2008 年，梁英同志率队赴藏考察，慰问在藏工作校友，并于 2009 年7 月在西藏林芝广东实验学校建立教育实践基地。

2013 年，罗海鸥同志率队赴藏，与林芝地区教育局签订《湛江师范学院与林芝地区教育局（体育局）合作协议书》，并向对口帮扶单位——林芝广东实验学校捐助 10 万元奖教奖学金。2017 年 7 月，由广东省教育厅主导，全省 13 所高校参与的政府援藏项目，与西藏林芝、昌都两市有关单位签订共建大学生思想政治教育实践基地的协议，黄达海同志代表13 所共建高校作援藏工作经验介绍。2021 年，刘明贵同志进藏参加广东高校与林芝市共建大学生思想政治教育实践基地（粤林"校地共建"）工作座谈会，介绍学校教育援藏工作经验，与工布江达县教育局签订共建基础教育高质量发展共同体意向书，推动教育援藏新升级。

从南海之滨到雪域高原，从首位援藏毕业生龙家圯、首位援藏校友陈观如到现在一批又一批的岭师人，前赴后继，跨越 5600 千米，不断书写着"援藏良驹"的无上荣光。学校两次将教育援藏经验在全省教育援藏工作会议上作介绍，创设的援藏支教实习项目被省教育厅面向全省 15 所高校推广。学校教育援藏工作被《光明日报》《中国教育报》等媒体报道。学校教育援藏项目获得教育部高校思想政治教育精品项目立项，微电影《援藏良驹》获第四届"我心中的思政课"全国高校大学生微电影二等奖。学校援藏的理论与实践探索成果之一《援藏弦歌》在 2021 年由广东高等教育出版社出版，记录学校师生接续援藏、初心不改、情怀不变、弦歌不绝的坚守和传承。

（3）"卓越岭师"三段培优，培育学校首位省大学生年度人物

学校实施"卓越岭师"培优计划，建设"学院—班级—个人"三系列激励体系，构建"竞达标—争先进—育卓越"三阶段育人链条，创新举办"卓越岭师"颁奖盛典和学生升学深造表彰，形成全人培养、全时激励和全程砥砺的三全培优机制，全面激发学生成长内生原动力，营造优质学风，打造燕岭典范，培育雷阳英才，形成以提高人才培养水平为核心的质量文化。

在"卓越岭师"的培优引领下，学生参加学科专业竞赛获奖数量和获奖等次逐年攀升，学生升学深造率领跑同类高校。2019 年学生参加省级学科专业竞赛获奖数量，由 195 项上升至 2021 年的 426 项，升学深造率不断攀升。"卓越岭师"培优计划培育的校"大学生年度人物"王婉儿入选广东省教育厅评选的"2020 年广东大学生十大年度人物"，成为我校首个获得该奖项的学生。

（4）"润心岭南"四维增益，学工综合服务能力跃入全省前列

学校实施"润心岭南"增益计划，围绕立德树人、培根铸魂、启智润心的总要求，坚持以学生为中心，优化资助发展服务、心理发展服务、社区发展服务和学业发展服务四大主要学工服务，以优质服务润泽学生心

灵，助益学生成长。资助发展服务秉承"用爱心温暖他人，用自强崛起梦想"的目标理念，从解困型转向发展型，完善资助育人"五大机制"，以精准式物质帮扶扶理想信念，以养成式道德浸润润道德情操，以发展式能力拓展展扎实学识，以内驱式精神激励励仁爱之心，构建了"四维"融合育"四有"良师育人模式。心理发展服务立德润心、以心明志，推动态度与价值观教育融入心理健康教育，强化教育教学浸润；推动心理健康教育活动融入学生日常生活，强化实践活动浸润；推动暖心关爱融入咨询服务，强化咨询服务温润；推动系统观念融入预防干预，强化系统健心滋润；推动质量意识融入平台保障，强化平台保障丰润，探索了"五润一体"立德润心的新时代心理育人新模式。社区发展服务探索了"'生'生互促，以'生'育生"的社区育人路径，通过改造生活来教育学生，引导学生构建更高品质的生活，改造老旧宿舍234间，在公寓建成3个"青年驿站"和2个暖心厨房，逐步落实热水到户，为广大学生提供更有内涵、更加优美、更加洁净的成长空间。学业发展服务"抓两头带中间"，严格对学生学习过程管理，健全学生学业预警制度，加强学生升学深造指导，加大对考取"双一流"大学、专业学生的激励力度，实施世界名校硕士直升项目，推动学生升学深造增量提质。

学校助学工作多次获省教育厅考核优秀等级，获评"广东省首届百佳学生资助工作单位典型"。学校连续六次获评广东省高校心理健康教育与咨询工作先进集体，心理育人成果入围广东省大中小学德育工作成果展。学生参加广东省教育厅举办的广东省高校心理健康教育系列活动获奖数量一直稳居全省高校前三，2020年在广东省高校心理健康教育系列活动中获奖数量跃居全省高校第一。社区育人经验受邀在广东社区育人论坛作介绍。

（5）"标杆岭南"六维六促，五获省辅导员素质大赛一等奖

学校创新实施"标杆岭南"领航计划，以学工队伍政治建设为引领，抓住主要干部"牛鼻子"，抓住制度创新"总开关"，抓住标杆人物"领头雁"，搭建学工队伍"培训—沙龙—论坛—考核—竞赛—实践""六维"成

长平台，推进学工培训专业化、学工沙龙常态化、学工论坛交互化、学工考核规范化、学工竞赛实战化和学工实践精品化"六化"，达到促政治提升、促思想进步、促思维开拓、促纪律严明、促能力提升和促精神深化，形成"六维六促"体系，不断增强学工干部的政治判断力、政治领悟力、政治执行力，培育队伍中的标杆人物，取得"标杆领风尚，初心耀岭南"的初步效应。

辅导员专业技术职称评聘实现标准单列和评审单列。学校设有独立的辅导员荣誉体系和专属表彰，以及校友捐赠的优秀辅导员奖励基金。在广东省举办的八届辅导员素质能力大赛中，共有 5 人获一等奖。

（6）"智慧学工"六重保障，推进治理体系与治理能力现代化

学校实施"智慧学工"赋能计划，开发"智慧学工"系统，深入推进"互联网＋学工"和易班建设，为学生工作提供信息传递、日常管理、网络思政、考核评价、大数据分析多重保障，初步实现现代化管理技术和现代化管理机制的融合，以学生工作模式的深刻改变实现学工育人"变轨超车"。

"智慧学工"赋能计划为党史学习教育进校园提供支撑。学校建设"建党百年·红色党史映岭师"——易班党史学习馆，推进党史学习教育进校园，荣获全国 2021 年易班优课大学生党史学习知识竞赛优秀组织奖。学校举办两届校级网络媒体展示节，调动广大学生参与网络文化作品创作，引导校园网络文化产品方向，选育优秀作品并获得第三届"全国大学生网络文化节"优秀作品评选一等奖等奖项。学校被评为广东省高校十佳易班发展中心，1 名教师被评为全国优秀易班指导教师。

自 2020 年新生入学开始，学校依托智慧迎新程序，实现学生预报到、刷脸报到、一站式入学、一屏掌握大数据，让入学报到现场办理时间压缩到 1 分钟之内，有效解决以往新生入学报到时间长、报到现场拥挤与繁杂等问题。

近年来，学校采取多项有力举措，"新学工"建设取得较大成效。学校以教育援藏精品项目建设的成功经验，开启学生援疆支教工作，拓展

学生工作"三全育人"的功能场域和制度优势，出版图书《援藏弦歌》，被评为粤林"校地共建"项目优秀组织单位。由学生处新媒体中心发起的"光影·留痕"义拍主题活动，被《人民日报》、新华社、中央广播电视总台等主流媒体报道，提升了学校美誉度。实施《岭南师范学院本科生深造工作高质量发展行动方案（2023-2025）》，2024年本科生深造率突破12%，录取人数和深造率均创下历史新高。成功申报入选教育部"一站式"学生社区综合管理模式建设试点高校，2022年获得全国高校"一站式"学生社区建设优秀案例。学校深化"牵手阳光"资助育人品牌建设，发布项目宣传片《追光》，重启"扬帆海外"研学项目，组织14名优秀的学生代表赴悉尼大学开展研学活动，提升学生的国际视野。学校连续六次荣获广东省高校心理健康教育与咨询工作先进集体，心理育人工作得到调研评估专家认可。

3."挑战杯"竞赛——创新型人才培养的标志性成果

"挑战杯"竞赛是由共青团中央、教育部、中国科协、全国学联共同主办的一项大学生课外学术科技竞赛活动，享有中国大学生科技创新"奥林匹克"之称。

（1）"挑战"之路

2001年，学校开始涉足广东省"挑战杯"竞赛，岭师学子科技创新的步伐迈出校门，从此一路载梦前行。

2003年，学校首次设立科技创新专项经费，此后经费总数逐年递增，为大学生"挑战杯"工作提供强有力的经济保障。

2004年，学校颁发《关于推进大学生课外学术科技活动的暂行规定（试行）》，成立由学校领导牵头，相关部门领导和特聘教授、首席教授及相关学科专家组成的大学生课外学术科技活动领导小组和专家评选委员会，对大学生课外学术科技活动的组织管理、物质保障、评审奖励等作出明确规定。

2005年，学校开展大学生科研立项和校内"挑战杯"评审工作，并通过科研奖励引导师生积极参与学术科技活动，为大学生课外学术科技活动发展奠定了更加坚实的基础。

2007 年，学校科研部门从管理、奖励等方面对投身创新创业工作的师生给予支持和政策倾斜。这一年，学校首次捧得广东省"挑战杯"决赛的"优胜杯"，开创科技创新工作的新局面。

2009 年，学校首次有作品入围"挑战杯"全国总决赛，岭师学子的创新创业精神在国赛舞台上得到充分展现，从此学校每年均有作品进入全国总决赛。

2016 年下半年，学校开始策划举办"对标未来"访谈，进一步营造浓厚的学术氛围，激发广大学子的创新创业意识。

2018 年起，学校对标省赛标准，举办"挑战杯"校赛作品展览。为此，学校成立创新创业教育学院，开拓双创教育工作的新局面。

2023 年，学校连续第九次捧得"挑战杯"广东大学生课外学术科技作品竞赛优胜杯。

（2）措施得力

一是"三个融入"。学校把"双创"教育作为人才培养模式改革的重要突破口，重点抓好顶层设计，努力做到"三个融入"，即融入人才培养计划、融入学科与专业、融入学生成长成才的全过程。

二是构建新型模式。学校以"创新创业"为引擎，建构社会调研、科研立项、攀登计划、校级竞赛、作品展示等多环节"纵横联动—全方多层"的"挑战杯"工作模式，着力打造卓越学生新品牌。

三是确立新目标。学校按照创新创业教育与专业教育深度融合的教学互动、学研并驱的做法，形成创新创业教育的长效机制和完整链条，建成多方位、立体化的创新创业教育生态系统，推动课程教学、自主研习、实训强化、指导帮扶融为一体，每年培养一批具有创业意识、创新精神和创新创业能力的卓越学子。

四是制定新战略。学校全面推进"一展两赛三贯通"发展战略，即举办"挑战杯"校内作品展，抓好科研立项和"挑战杯"大赛，形成实践调研、科研立项、"挑战杯"大赛三个品牌相贯通的创新育人体系，以此对标卓越学生，对表挑战赛事，对准专业学习，对接社会调研，用大力度提升大影响，用高标准实现高质量，用新目标推动新作为。

五是营造好氛围。学校实施"纵横联动—全方多层"的"挑战杯"工作模式，活跃创新创业氛围；各二级学院建立创新创业工作制度，将创新创业思想带到团日活动中，形成班级、院级、校级三层引导，创造校内外良好的创新创业环境氛围，实现协同育人；以一年一度"挑战杯"竞赛为载体，高站位、高水平、高标准地办好校赛，举办校内大型作品展，建设好"挑战杯"竞赛实训场所；规定本科生在校期间获得省级"挑战杯"以上奖励的，可以相当获得学分。据不完全统计，学校已有 89 人在参加"挑战杯"省级及以上竞赛后成功考取研究生。

六是建设专家库。学校借力校内绩效考核、职称评审新机制等契机，推动大学生学术科技与创新创业指导教师专家库、大学生科技创新与创业评委专家库建设，形成良好的指导机制。学校团委于 2018 年颁布实施《岭南师范学院共青团育人提升计划》，积极开展以"挑战杯"为中心的第二课堂研创类课程，建设好"岭南师范学院创新创业教育专家库"，指导学生开发科研项目，进行科技探索，多方位一体化支持"挑战杯"竞赛开展。

每届省赛和国赛，在比赛出发前都由学校相关领导主持出征仪式，组织的参赛团队和观摩团。"挑战杯"竞赛培育时间长、环节多，从社会实践、科研立项、攀登计划，到隆重的校赛开幕式、作品展示、校内决赛，再到盛大的颁奖典礼等环节，成为校园第二课堂的重头戏。学校领导高度重视、科学决策，加之目标明确、氛围浓厚、指导有力，助推学校在"挑战"之路上凯歌高奏，一往无前。

全覆盖，广搭平台劲吹创新之风。大批学生参加各类创新创业技能大赛，充分展示学校人才培养质量的显性指标。在岭南师范学院，大学生创新创业不是某些人、某个部门的事，而是全体师生的共同使命，尤其在"新学工"建设的引领下，全校上下拧成一股绳，共同发力。以第十五届广东省"挑战杯"竞赛为例，学校共收到参赛作品 214 份，作品总数为历届之最。最终有 13 份作品入围省赛决赛，入围作品数量进入全省前十。

为培育和推送更多优秀的学生科技作品，学校注重点线面结合，广泛搭建平台，让更多学生参与"挑战杯"等竞赛，促使更多学子投身创新创业浪潮，营造浓厚的学生学术科技活动氛围。一是把大学生的创新创业教育与实践调研、学术论文、攀登计划、科研立项、展翅计划等活动有机结合，形成实践科研化和科研实践化的良好局面，让科研实践有效对接创新创业教育。二是全力革新"对标未来"系列访谈活动，进行系统化、规范化管理，不断鼓励大学生在学标、定标、追标中，成为新的标杆，成为他人的灯塔。三是依托大学生创新创业实训基地，提供大学生创新项目、创业团队研究、实训和孵化的空间，促进创新创业项目孵化成功。同时，学校整合政府、学校、企业等多方创新创业教育资源，吸引更多优秀创新创业校友的支持。四是积极承办国、省、市的各类创新创业比赛，鼓励广大师生多方面参与赛事，让学生自主选择创新创业途径，以多样化的创新创业平台焕发学校发展新活力。

为提升各类竞赛作品质量，校团委制定"全员参与、全线连通、全程贯穿"的发展路径。全员参与是指与二级学院紧密配合，在校内大力举办作品展，加大创新创业宣传力度，培养学生创新创业意识。全线贯通是以"用创新创业培养卓越学生"为主线，形成协同创新育人新机制，以"挑战杯"等主体赛事为平台，做好会议动员、答辩调配、材料包装、导师集训、赛前彩排、出征动员六大步骤，打通创新创业之路。全程贯穿以"对标未来"访谈活动为思想引领手段，以大学生创新创业实训基地为培育人才的主要阵营，设立班级创新创业委员，对创新创业培育过程进行追踪落实。

自学校参加"挑战杯"竞赛以来，截至2024年底，共获国赛二等奖（银奖）9项、三等奖（铜奖）13项、累进创新专项奖1项、累进创新银奖1项、累进创新铜奖2项、全国"红色专项"优秀组织奖1项、全国"优秀指导教师"1人、全国"红色专项优秀工作者"1人；获得省赛特等奖26项、一等奖（金奖）33项、二等奖（银奖）88项、三等奖（铜奖）195项。

七、提升学校治理与管理水平

为了进一步推进学校治理体系和治理能力的现代化，学校加快制定有关制度，开展绩效考核，提高治理能力。为持续提升管理水平，2022 年 8 月，学校召开战略发展会议，对管理效能提出更高要求。全体岭师人砥砺前行，奋勇拼搏，通过"走出去"和"引进来"，整合多种资源，办成了多件大事要事，扩大了学校的影响力，提升了学校的管理水平。

1. 加快有关章程的制定和实施

全校共同努力，多轮征求意见、修改和完善，2015 年制定了《岭南师范学院章程》(以下简称《章程》)，并经学校党委全委会讨论通过后上报广东省教育厅审核。省教育厅于 5 月 12 日下发审核通过意见，全文如下：

广东省教育厅高等学校章程核准书第 12 号

岭南师范学院：

根据《中华人民共和国高等教育法》《高等学校章程制定暂行办法》，2015 年 1 月 4 日岭南师范学院党委全委会审议通过并报我厅核准的《岭南师范学院章程》，经广东省教育厅高校章程核准委员会评议，2015 年 4 月 10 日广东省教育厅第 4 次厅长办公会议审议通过，现予核准。

核准书所附章程为最终文本，请学校在 2015 年 5 月 15 日前向学校和社会公布，公布之日起生效，未经法定程序不得修改。学校应以章程作为依法办学、实施管理和履行公共职能的基本准则和依据，按照建设中国特色现代大学制度的要求，完善法人治理机构，健全内部管理体制，依法治校、科学发展。

广东省教育厅
2015 年 5 月 12 日

《章程》自 2015 年颁布实施以来，有效推进了学校依章办学工作进程，对加快学校现代大学制度建设、促进学校改革发展起到了重要作用。面对党和国家对高等教育提出了新任务、新要求，学校对办学定位、办学思路等进行优化调整，《章程》在指导实践中有些条款已不完全适应。学校 2020 年 10 月根据《广东省教育厅关于推进高等学校章程修改、核准与实施工作的通知》（粤教策函〔2020〕3 号），报送了《章程》修改计划，组织开展了前期调研工作。

2021 年 12 月 28 日，章程修改稿（审议稿）提交校长办公会审议并原则通过；2022 年 1 月 5 日，提交党委常委会审定并通过；1 月 25 日，报送省教育厅征询意见；3 月 25 日，提交学校教代会审议，向教职工代表征求意见，并原则通过；4 月 19 日，再次报送省教育厅征询意见；8 月 22 日，收到省教育厅的书面意见函，学校根据书面意见函修改形成了《岭南师范学院章程》（核准审议稿）；9 月 15 日，核准审议稿经学校第六届教代会执委会 2022 年扩大会议审议通过；9 月 21 日，提交学校党委常委会审定通过，形成《岭南师范学院章程》（2022 年核准稿）；10 月 31 日，省教育厅核准通过。《章程》记录了学校发展历史、办学定位和思路、校名地址、教育层次、标识校徽、校旗校庆等内容。

岭南师范学院是广东省属普通本科院校，文脉久远。学校办学历史，可追溯到 1636 年创办的雷阳书院，1903 年改制为雷阳中学堂，1904 年设立师范科，1913 年更名为雷州中学校，1935 年成立广东省立雷州师范学校，1978 年更名为雷州师范专科学校，1991 年更名为湛江师范学院，2014 年更名为岭南师范学院。

学校以"崇德、博雅、弘志、信勇"为校训，坚持"师范性、教学型，地方性、应用型"的办学定位和"强师范、厚理工、兴商科"的办学思路，致力于为地方教育事业和经济社会发展提供人才支撑和智力支持，努力建设成为特色鲜明的高水平师范大学。

学校中文名称为岭南师范学院，中文简称为岭南师院、岭师；英文名称为 Lingnan Normal University，英文缩写为 LNU。法定住所为广东省湛江市赤坎区寸金路 29 号。学校网址为 http://www.lingnan.edu.cn。

学校以全日制本科学历教育为主，积极发展研究生学历教育，根据社会需求和自身办学条件开展继续教育，积极推进国际合作教育及国际和港澳台学生教育。学校学科设置涵盖经济学、法学、教育学、文学、历史学、理学、工学、农学、管理学、艺术学等学科门类；师范专业涵盖学前教育、基础教育、职业教育和特殊教育等培养类别，形成学科门类齐全、职前培养和职后培训一体化的完备的教师教育体系。

校训是"崇德、博雅、弘志、信勇"。校旗为白色长方形旗帜，中央位置印有校徽志和校名，校徽志和校名为深蓝色。

校徽是圆环徽标，主色调为深蓝色。外环上半部是学校校训，外环两侧以三层蓝色枝叶为主要构图元素，外环下半部是学校的英文校名；内环图案是组合图形，以古钟为主，古钟的中间围着蓝色飘带，蓝色飘带上有学校的中文校名，古钟的下方"1636"为学校前身雷阳书院的创建年份。

校旗为长方形旗帜，旗长与旗高的比例为 3:2，底色为白色，旗面中央是学校校徽和学校的中、英文校名，校名颜色为深蓝色。

校庆日为 12 月 28 日。

《章程》明确规定学校实行党委领导下的校长负责制，实施教授治学、民主管理、依法办学的治理体制。此外，《章程》还规定学校性质、职能与权利、办学主体、教职员工、组织机构、校长、学术委员会、学位评定委员会、党政教辅机构、教学科研机构、民主管理与监督、保障体系、外部关系等方面的规范与职责。

《章程》的完善与公布，标志学校治理体系朝着现代大学管理迈出重要一步。

2. 强化考核，提升效率

为了进一步提升学校管理水平，提高工作效能，推进学校管理水平现代化，学校党委研究决定 2017 年推出《岭南师范学院综合目标效能考核管理办法》，旨在通过考核，激发全校上下干事创业的工作积极性，为创建高水平师范院校作出应有贡献。

2017 年 3 月 13 日，学校成立综合目标绩效管理工作领导小组。该小组由学校党政一把手担任组长，其他校领导为副组长，相关职能部门负责人为成员。领导小组下设办公室，负责日常管理工作。办公室挂靠人事处，办公室主任由人事处处长兼任。

学校推出综合目标效能考核管理办法，目的在于更好地开展创强提质、转型升级工作。通过实行综合目标效能考核为核心的奖励制度，引入竞争和激励机制，学校探索建立管理目标明确、责权利相统一、可持续发展的管理体制。同时，学校进一步规范和完善校内分配管理机制，增强教师的积极性，提高人才培养质量，提升教学、科研和社会服务水平，为创建特色鲜明的高水平师范大学建立长效激励机制。

该管理办法的基本原则有三：一是效率优先，兼顾公平。学校以完成岗位职责任务为目标，以绩效考核为依据，强化岗位职责，实行"多劳多得，优劳优酬"的导向，加大奖励力度，适当拉开距离，兼顾公平，充分调动广大教职员工工作积极性主动性和创造性。二是总量控制，二级管理。在保持学校原有绩效总量及发放办法不变的基础上，从2017年始，学校核增的绩效总量全部作为目标绩效考核效能奖，并根据年度绩效考核结果按奖励系数总量划拨至二级单位，由各二级单位根据本单位往年考核和发展情况制定具体的二级考核奖励方案，并对本单位所属教职工进行考核和分配。三是分类考核，强化激励。学校坚持奖励与工作业绩和贡献大小挂钩，重点向关键岗位、业务骨干和做出突出业绩人员倾斜，按照不同岗位的性质和特点，分类制定考核指标体系。

后来，学校根据实际对综合目标效能考核管理办法进行修订和完善，在一定程度上对教学和科研工作起到导向作用。自2020年开始，每个二级单位的绩效考核成绩与该单位领导的年度考核挂钩，提高了学校的整体效能，调动了广大教职员的工作积极性和工作热情。

3. 加入湛江湾实验室

湛江湾实验室于2018年11月获批成立，是粤西地区首个省级实验室。实验室在四个依托单位的支持下，2022年11月成功实现从启动建设期向建设运行期的转变。

2022 年 11 月 9 日，阳爱民同志率队到湛江湾实验室调研，就学校与湛江湾实验室合作共建事宜进行交流座谈，王胜同志陪同调研。湛江湾实验室筹备主任委员会执行主任、湛江湾实验室常务副主任出席座谈会。

阳爱民同志对湛江湾实验室的关心和帮助表示感谢。他指出，湛江湾实验室是粤西地区首个获批设立的省级实验室，对加快湛江建设省域副中心城市、打造现代化沿海经济带具有重要意义，学校期望能加入并参与到湛江湾实验室这一科研平台中来，加强沟通交流、互学互鉴互促，共同服务湛江经济社会发展。希望湛江湾实验室扶持指导学校"厚理工"学科建设和申硕工作，在研发平台建设、人才培育和相关科技项目给予重点支持，共同推动教育优先发展、科技自立自强、人才引领驱动。

王胜同志简要介绍学校近期在科研创新、技术研发、技术服务、红树林研究院建设等方面的进展和成效，强调学校科研成果丰硕，发展动力持续增强，服务地方能力提高，发展影响日益扩大。他希望作为依托单位进驻湛江湾实验室，在海洋装备、海洋能源、海洋生物等领域开展合作探索，共同推进海洋科技创新发展，助力湛江海洋经济高质量发展。

湛江湾实验室相关负责同志指出，湛江湾实验室要赋能湛江高等教育发展，也要依托高校开展建设工作。岭南师范学院近年来发展势头迅猛，实验室积极支持岭师作为依托单位参与实验室建设，在科研平台、人才培养和具体科研项目等方面深化合作，借助高校的学科优势和人才高地打造战略科技力量，着力打造全产业链创新、快速培育新兴产业集群，助力学校申硕和发展建设，服务湛江海洋经济高质量发展，支撑国家实施创新驱动和海洋强国发展战略。

2023 年 5 月 17 日，湛江湾实验室与岭南师范学院举行合作协议签署仪式，岭南师范学院正式成为湛江湾实验室五家依托单位之一参与实验室建设，开启研学合作，进一步提升强化"政产学研用"五位一体协同创新链条。

此次湛江湾实验室与岭南师范学院合作共建，是落实广东省高质量发展的举措，也标志着双方合作进入一个崭新阶段。双方将充分发挥各自资源优势，聚焦以下四方面内容，开展广泛而深层次合作：一是围绕深远海渔业养殖智能化、红树林研究与保护、海洋生物资源开发利用与保护、海洋防污防腐与清洁能源生产、海上风电机组健康监测与智能运维等领域，合作开展科学研究及建立公共研发平台；二是推行人才资源共用，积极探索"入室学者，进校专家"人才共用模式，推动室校科研水平同向提升；三是搭建高水平的产学研合作基地；四是探讨建立科研仪器设备共享平台，实行科研设备共享。

根据合作协议，双方将遵循"资源共享、优势互补、互惠互利、务实合作、共赢发展"的合作原则，依托湛江市毗邻南海的区位优势和海洋资源的自然优势，充分发挥实验室机制、平台、研发优势和岭南师范学院教育、科研和平台优势，通过全面战略合作，实现双方在科技创新发展等方面的有机融合，促进广东海洋科技创新，助力国家海洋经济发展。

2023 年 9 月 18 日，岭南师范学院与湛江湾实验室合作共建科研团队启动仪式举行，为学校与实验室合作共建蓄势赋能。阳爱民同志向"智慧渔业研究团队"等 10 个科研团队负责人及成员颁发了聘书。

与湛江湾实验室合作协议签约完成后，学校依托科研平台、汇聚团队力量、聚焦成果转化，成立智慧渔业研究团队、深远海渔业养殖智能监控技术创新团队、红树林珍稀濒危物种保护与综合利用团队、红树林生态与地理研究团队、海洋清洁能源材料研究团队、南海海洋药物研究团队、海洋防腐防污功能材料研究团队、南海环境防污防腐涂层技术创新团队、风电装备钢结构及快速评价技术创新团队、海上风电智能运维创新团队等10 个科研团队。

10 个科研团队的成立，标志着岭南师范学院与湛江湾实验室合作共建迈上新台阶。10 个科研团队的 130 余名科研人员，将围绕海洋装备、海洋能源、海洋生物相关重点领域开启研学合作，与湛江湾实验室开展更深层次的战略合作，致力于培育和产出一批有社会影响的科研成果，推动学校科研工作高质量发展，夯实与湛江湾实验室的合作共建基础，提升学校在海洋科技创新领域的贡献度和影响力。

4.接受教育部本科教育教学审核评估

教育教学审核评估是保障高等教育质量的重要制度，对高校的发展有较大影响，学校对此项工作高度重视。2021年3月，学校转发《教育部关于印发＜普通高等学校本科教育教学审核评估实施方案（2021—2025年）＞的通知》，组织了解、熟悉审核评估实施方案。2022年3月，学校组织参加教育部教育教学评估中心组织的新一轮审核评估实施在线辅导答疑活动。2022年3月，兰艳泽同志在第六届教代会暨工代会第三次会议工作报告上提出，启动新一轮本科教育教学审核评估迎评工作。

2023年4月，学校召开本科教育教学审核评估工作推进会，明确方向，凝聚共识。5月，校长办公会审议通过学校本科教育教学审核评估实施方案，并于6月出台迎接本科教育教学审核评估实施方案，明确指导思想、评估程序、工作安排和工作要求。成立由兰艳泽同志、阳爱民同志担任组长，其他校领导担任副组长，各二级单位主要负责人，各二级学院书记、院长任组员的审核评估领导小组。学校审核评估领导小组下设审核评估办公室，挂靠在教学发展与质量测评中心。

2023年8月，学校创建审核评估工作网站。9月，学校召开新一轮本科教育教学审核评估工作启动大会，统一思想，全员动员。10月，学校出台本科教育教学审核评估工作任务分解及支撑材料清单，整理了二级学院审核评估自评报告内容模板、责任部门审核评估自评报告内容模板、审核评估自评报告格式模板、审核评估支撑材料目录模板、责任部门本科教育教学审核评估材料提交清单、工作时间节点安排及各部门本科教育教学审核评估联络人信息，梳理支撑材料部分数据一览表参考模板185份，细化工作要求和工作任务，压实责任。同时，学校组织开展在校生学习体验、毕业生职业发展和教师教学体验问卷调查。12月，学校组织开展本科教育教学审核评估校内预评估工作。

2024年1月，学校召开本科教育教学审核评估预评估整改推进会，开展预评估整改工作。2月，启动学院特色巡礼材料收集与推送，宣传学院本科教育教学工作的特色与亮点。2024年2月—3月，开展课堂教学、教学档案专项检查，加强教风学风建设。学校通过各类会议、专家培训、专题网站、应知应会手册学习等形式向师生员工广泛宣传，及时发布评估政策与文件，公布评建动态，做到人人知晓评估、支持评估、参与评估。

根据教育部教育质量评估中心和省教育厅的安排部署，审核评估专家组于 2024 年 3 月 25 日—4 月 24 日对学校开展本科教育教学审核评估，第一阶段为线上评估（2-4 周），第二阶段为入校评估（2—4 天）。

2024 年 3 月 25 日，岭南师范学院在国际会议厅召开本科教育教学审核评估线上评估启动会。会议采取线上线下相结合的形式召开，教育部本科教育教学审核评估专家组、广东省教育厅高等教育处主要负责同志、岭南师范学院校领导班子出席会议。兰艳泽同志作表态发言，阳爱民同志主持启动会。

广东省教育厅高等教育处主要负责同志向各位专家表示欢迎和感谢，指出岭南师范学院是一所教师教育特色鲜明的师范院校，具有深厚的历史底蕴。对岭南师范学院在上一轮审核评估以来的扎实整改工作，以及近年来的发展成效该同志给予充分肯定，认为岭南师范学院大力推进新师范、新工科、新文科、新农科建设，在专业建设、课程建设、师资队伍建设、教学科研平台建设等方面都取得突破，办学水平稳步提升。此外，该同志对岭南师范学院全力做好审核评估工作提出三点希望：一是要提高站位，凝聚共识，把握评估的契机，实现发展跃升。二是要严格遵守评估工作的纪律，全力做好专家组评估的各项保障工作。三是要发挥服务诊断的作用，聚焦问题，对标找差，加强质量保障，形成质量闭环。

会上，教育部本科教育教学审核评估专家组组长介绍了审核评估工作任务：本科教育教学审核评估坚持以立德树人为根本任务，以提高本科教育教学质量为目标，以深化改革、推进创新、优化结构、强化保障为主线，全面加强本科教育教学工作核心地位，把评估焦点从教学评估转移到教育教学评估。

具体到审核评估要求，专家组组长强调重点做好四项工作。一要以审核评估工作推动高校落实立德树人根本任务。新一轮审核评估对标相关要求，全面贯彻落实党的教育方针，以立德树人为根本任务，聚焦教育教学成效，建立健全工作新机制，构建工作新格局，培养具有德智体美劳全面发展的社会主义建设者和接班人。二要深刻领会新一轮审核评估工作的内涵。新一轮审核评估充分吸收上一轮审核评估的有益做法和成功经验，积极借鉴国际高等教育质量保障的先进理念，全面对接新时代本科教育的新要求，从评估的指导思想、理念、标准、方法、技术等方面进行系统、科学和联系实际的改革创新。三要落实重点工作，切实做好新一轮审核评估。新一轮审核评估聚焦教育教学评估，对学校"三全育人"工作开展情况进行评估考察。学校要把审核评估与学校长期发展相互关联，借助评估的诊断激励作用找差距、明理念、促特色，推动学校事业高质量发展。四是专家组要精心谋划、科学组织，按照教育部及广东省审核评估要求，采用线上和入校相结合的方式，精准考察，切实减轻学校负担。

兰艳泽同志代表岭南师范学院作表态发言。她表示，近年来，岭南师范学院坚持"师范性、教学型，地方性、应用型"两性两型办学定位，践行"强师范、厚理工、兴商科"办学思路，自上一轮审核评估以来认真开展落实整改工作，不断深化教育教学改革，本科办学成效明显，人才培养成绩显著，师资队伍结构得到优化，学科专业建设突出，服务国家和区域战略更加精准，教师教育特色彰显。

阳爱民同志向出席会议的专家组成员和广东省教育厅领导表示热烈欢迎和诚挚感谢。他要求全校上下提高政治站位，正确认识审核评估工作；加强组织领导，压实落细工作责任；严格落实专家组的要求、广东省教育厅的要求以及学校党委的要求，齐心协力全力配合，确保审核评估工作有力有序有效推进。

启动会结束后，2024年3月25日至4月24日，专家组一行共24人对岭南师范学院进行了线上线下深度考察评估。专家组共召开集体线上线下工作会议6次，审读了"1+3+3"报告等有关材料；深度访谈和走访相结合，召开各类小型座谈会18场，涉及在校生代表36人，毕业生代表12人，用人单位代表14家，教学管理人员21人，专业带头人及负责人 17 人，专任教师 66 人，职能部门及学院 44 个共 177 人次，基本做到学院和职能部门全覆盖；深度访谈校领导 27 人次，调阅人才培养方案 41 份；试卷等课程考核材料涉及课程 59 门共 447 份，47 个专业毕业论文共 217 份，以及其他材料 40 份。

入校期间，专家组重点考察教师技能实训中心，劳动教育、美育实验教学示范中心，广东省特殊儿童发展与教育重点实验室，智能制造产教融合实践教学基地，一站式学生社区、学生食堂、心理辅导中心、体育训练馆、食品科学与工程学院实验室等，走访职能部门及学院 42 个，校外实习基地和运营单位 6 家，较为全面地考察了岭南师范学院的本科教育教学整体情况。

4 月 24 日，岭南师范学院本科教育教学审核评估专家意见交流会在学校国际会议厅召开，专家组反馈意见并提出相关建议。会议由专家组组长主持，广东省教育厅相关负责同志出席会议并讲话，兰艳泽同志、阳爱民同志分别作表态发言和致辞。

专家组组长反馈总体意见。他指出，专家组全体成员通过考察评估，一致认为学校始终坚持党的全面领导，坚持社会主义办学方向，学校领导班子政治站位高、精诚团结、统筹能力强，带领全校师生，牢记为党育人、为国育才初心使命，以提高办学质量为核心，大力推进新师范、新工科、新文科、新农科建设，不断提高办学水平和教育质量，有思路，有举措，并在育人的实践中不断完善，值得肯定的方面有以下几个方面：

一是坚持党的全面领导，落实立德树人根本任务。学校始终坚持党的全面领导，坚持社会主义办学方向。学校党委抓班子、带队伍、激活力、促发展，多措并举培养提拔优秀干部，优秀干部在学校各层级脱颖而出；实施党建铸魂工程，构建"一轴双融三全四化五维"新时代党建工作体系，学校党委连续 5 次被广东省委评为优秀基层党委，党委书记连续 5 年考核为优秀，学校为"全省党建工作示范高校"，先后获省级以上党建"双创"工作立项培育建设党组织 17 个。学校坚持以立德树人成效作为检验学校一切工作的根本标准，健全大思政课立德树人体制，出台立德树人高质量发展行动纲要，构建"12345"立德树人工作体系，深化"三全育人"，完善立德树人长效机制。学校坚持"两代师德一起抓、两代师魂一起铸"，实施"培根工程""大学文化建设工程""红色基因传承工程"，将"三红"文化融入思政课教学，构筑校本红色精神谱系，红色育人成效不断提升。获批教育部高校思政工作精品项目2项，获评全国"共青团服务乡村振兴优秀案例"1个。

二是坚持社会需求导向，学科专业建设不断优化。学校根据国家和区域经济社会发展需要调整学科专业布局，教育学、化学、汉语言文字学等6个学科为省重点学科，材料科学与工程等3个学科为省"冲补强"重点建设学科，教育学、化学为省"珠江学者"设岗学科。学校还大力推进新师范、新工科和新文科建设，强化专业内涵建设，停招5个专业，新增15个专业，建设"嵌入式物联网技术"等15个微专业，入选国家级特色和一流本科专业建设点4个，省级特色（重点）和一流本科专业建设点28个，5个专业通过教育部师范类专业二级认证。强化一流课程建设，获省首届课程思政教学竞赛二等奖1项，获批省级课程思政示范项目23项，获批一批国家级省级一流课程，课程建设提质增效。

三是坚持"两性两型"办学定位，人才培养质量不断提高。学校依托广东省创建国家教师教育创新实验区，创新"U—G—S"协同育人机制，实施"一同五新"（即两代师德同锤炼、专业发展新路径、教师发展新机制、学生素养新发展、基础教育新赋能和教育质量新保障）六大行动，提升学校教师教育水平和师范生培养质量。持续深化工程教育改革，加快培养适应和引领新一轮科技革命和产业变革的卓越工程科技人才。依托智慧雷阳学院，创办卓越教师班，先后获批省级卓越教师人才培养计划。获批工信部智能电气专精特新产业学院1个，省级产业学院5个，省级校企联合实验室2个，省级科产教融合实践教学基地1个。获批教育部新农科研究与改革实践项目1个。学校是广东省大中小学思政课一体化共同体牵头高校、"三全育人"体制机制建设试点高校。近五年，学生获国家级、省级竞赛奖近4000项，发表高水平论文200余篇，毕业生就业率超95%，连续 9 届捧得"挑战杯"省赛"优胜杯"。2019 年，4 名校友获"全国模范教师""全国优秀教师"称号。

四是坚持师范特色办学，教师教育成效优势明显。学校坚持师范类办学特色传统，教师教育历史底蕴厚实，构建了基础教育、职业教育、学前和特殊教育的完备教师教育体系。学校现有师范类招生专业 26 个，是广东省本科师范类专业最多、本科师范生规模最大的高校，是全国重点建设职业教育师资培养培训基地、全国社会工作专业人才培养基地、广东省特殊教育教师发展联盟理事长单位，先后获批广东省创建国家教师教育创新实验区，建有省级高校教师教学发展中心、省级中小学教师发展中心、省人文社科重点基地、粤西教师教育研究中心、粤台教师教育协同创新发展中心等省级教师教育平台。

五是坚持开放办学理念，服务基础教育效果显著。学校坚持扎根湛江、立足粤西、服务广东、面向全国的办学宗旨，引领粤西基础教育高质量发展，出台《赋能基础教育高质量发展行动方案》，全面实施"三成四化"筑峰工程，建立了"1+92"教育结对帮扶模式，通过培训、结对帮扶等方式推动粤西基础教育高质量发展。粤西基础教育 70% 的教师、767 名中小学校长、55 名特级教师均为岭师的校友。近三年，培训了 700 多位广东省名教师、名校长，数以万计的毕业生长期扎根海岛、乡村、各行各业，服务地方社会发展。有的毕业生坚持教育援藏 36 年，展现了教育援藏的岭师精神、岭师担当和岭师智慧。学校坚持创新发展理念，完善协同育人机制，实现产教深度融合。近五年，600 余名学生开展顶岗支教，承担横向项目 333 项，获批经费 4800 多万元，授权发明专利 210 件，专利转移转化 41 件。

同时，专家组对岭南师范学院本科教育教学工作中存在的问题进行深入剖析，并提出具体意见和建议，希望广东省政府能够在"冲一流、补短板、强特色"提升计划、人才培养项目等方面对岭南师范学院给予更多政策和资源等方面的支持，期待学校在国家和区域经济建设中发挥更大的作用，早日实现特色鲜明的高水平师范大学建设目标。

广东省教育厅相关负责同志指出，专家组反馈的总体意见、具体问题和改进建议，既充分肯定岭南师范学院近年来本科教育教学改革与创新的成效，又精准把脉岭南师范学院本科教育教学工作存在的问题与不足，具有方向性、针对性和可行性，为岭南师范学院今后的教育教学工作指明方向，具有重要指导意义。他强调，新一轮审核评估工作是对学校教育教学工作的一次重要检验，也是学校未来发展的重要契机，希望岭南师范学院发挥好评估的推动激励作用，立足新起点实现学校跨越式高质量发展。一要聚焦立德树人根本任务，践行初心使命，全面提高人才培养的能力和水平；二要聚焦以评促强，做强新师范特色，全面推进建成特色鲜明的高水平师范大学；三要聚焦问题导向，及时制定整改方案，持续整改，巩固评估成效。

兰艳泽同志对专家组及省教育厅为岭南师范学院的建设发展尤其是本科教育教学的关心、支持和指导表示感谢。她表示，专家组全体成员为岭南师范学院的本科教育教学工作提供了一份"全方位、多角度、立体式"的"体检报告"，为岭南师范学院高质量发展指明了方向、理清了思路、找准了发力点。学校将全盘接收并深入理解专家组提出的意见和建议，精心制定整改方案，确保高质量、高效率地完成整改。一是提高政治站位，切实增强全面做好审核评估整改工作的思想自觉和行动自觉；二是坚持问题导向，从严从实抓好审核评估整改"后半篇"文章；三是健全长效机制，将整改成效转化为学校事业高质量发展新动能。学校将持续深化本科教育教学改革，努力培养德智体美劳全面发展的社会主义建设者和接班人，为推进教育强国建设做出学校新的更大贡献。

阳爱民同志在致辞中表示，此次审核评估不仅是对教育教学成果的一次全面检验，更是推动岭南师范学院深化改革、促进跨越式高质量发展的重要契机。专家组全体成员深入学校各单位、课堂、实习基地、用人单位等，对学校的本科教育教学工作进行了全面、深入、细致的评估。学校将严格按照教育部和省教育厅的指示要求，扎实整改，进一步推动本科教育教学工作改革创新，推进学校办学水平与教育教学质量再上新台阶，努力实现学校跨越式高质量发展。

5. 承办中国国际大学生创新大赛广东省分赛

中国国际大学生创新大赛是目前国内规格最高、覆盖面最全、影响力最大、参与人数最多的顶级创新创业赛事，旨在为中外大学生创新创业、交流合作提供平台，是深化高校创新教育改革的重要载体、促进学生全面发展的关键平台和推动产学研用结合的坚实纽带。

2023 年 8 月 14 日至 16 日，第九届中国国际"互联网＋"大学生创新创业大赛广东省分赛决赛在深圳大学举办，阳爱民同志、金义富同志率队参赛并参加闭幕式。闭幕式上，深圳大学、广东省教育厅相关负责同志与阳爱民同志交接赛事会旗，象征岭南师范学院承办的 2024 年第十届中国国际大学生创新大赛广东省分赛正式启航。

岭南师范学院高度重视此次大赛。自承办工作开展以来，学校成立兰艳泽同志、阳爱民同志担任双组长的大赛筹备委员会，多次召开专题推进会、协调会。十三个专项工作组分工明确，举全校之力筹办广东省决赛，征集、演绎大赛歌曲，赛事服务得到广东省教育厅的高度赞赏，办出了广东特色、办出了湛江高度、办出了岭师水平，实现"办赛精彩，参赛出彩，校庆添彩"的总体目标。

2024 年 6 月 14 日，中国国际大学生创新大赛 2024 年广东省分赛"青年红色筑梦之旅"活动在岭南师范学院启动，来自全省 130 多所高校共 250 多名师生在岭南师范学院音乐厅参加启动仪式，这是该项赛事首次走出珠三角。

8 月 20 日，中国国际大学生创新大赛（2024）广东省分赛现场决赛在岭南师范学院寸金校区正式打响。本次大赛以"我敢闯，我会创"为主题，由广东省教育厅等 10 个省直部门和湛江市人民政府共同主办，岭南师范学院、中国建设银行股份有限公司广东省分行承办，广东省高等学校毕业生就业促进会协办。

赛事自 5 月份启动以来，得到全省高校的高度重视和积极响应，参赛项目达 45.43 万个，参赛学生超 183.66 万人次。其中，高教主赛道参赛项目 16.30 万个，参赛学生 66.45 万人次；"青年红色筑梦之旅"赛道参赛项目 10.02 万个，参赛学生 41.38 万人次；职教赛道参赛项目 18.75 万个（含中职学校参赛项目 0.26 万个），参赛学生 74.29 万人次；产业命题赛道参赛项目 0.36 万个，参赛学生 1.54 万人次；萌芽赛道推荐项目 28 个。参赛项目数量和参赛学生人数比上一届大赛有小幅增加，基本实现区域、学校、学生类型全覆盖。

经过复赛网络评审，有 314 个项目脱颖而出，加上 56 个直通项目，共计 370 个项目晋级决赛。按照大赛要求，参赛项目应紧密结合经济社会各领域现实需求，充分体现高校在新工科、新医科、新农科、新文科建设方面取得的成果，致力于培育新产品、新服务、新业态、新模式，促进制造业、农业、卫生、能源、环保、战略性新兴产业等产业转型升级，促进数字技术与教育、医疗、交通、金融、消费生活、文化传播等深度融合。作为承办高校的岭南师范学院，有 6 个高教主赛道项目和 2 个"青年红色筑梦之旅"赛道项目共 8 个项目入围决赛，入围数量创学校历史新高。

8 月 21 日，中国国际大学生创新大赛广东省分赛决赛结果出炉，岭南师范学院的 8 个项目脱颖而出，斩获 7 个金奖 1 个银奖，一个项目进入冠军争夺赛并获得季军，金奖数量位居全省第五、粤西第一。

八、申硕自强之路

1. 历史回顾

湛江师范学院党委将 2001 年确定为学科建设年，申硕工作从 2002 年开始列为学校的重点工作之一。

2006 年，学校党委把申硕工作列入学校中心工作。4 月 3 日，学校召开课程与教学论学科建设与申硕工作会议；4 月 27 日，召开申硕专题工作会议之基础数学学科建设研讨会。刘海涛同志在会上介绍重点学科建设和申硕工作的情况。科技处负责人总结近年的申硕工作经验，反馈相关工作信息。

人才是各项事业发展的根本保证。学校领导多次强调要把人才引进工作作为一项重要的任务：一方面要加大人才引进的力度，以有力的措施吸引更多贤能之士；另一方面要转变观念，健全机制，完善措施，做到事业留人，感情留人，使人才引得进、留得住。通过引进和培养相结合的办法，出好人才，多出人才，为学校的发展争得主动权。2006 年，学校共引进 7 名教授，为申硕工作奠定了良好的开端。

2006 年是"十一五"规划的开局之年。学校坚持以科学发展观统领工作全局，紧紧围绕评建中心任务和申硕工作，扎实推进教育教学改革，改善办学条件，规范内部管理，深化和谐校园建设，有力推动各项事业的可持续发展。

虽然 2007 年申硕没有成功，但学校申硕工作却从未停止。

2010 年 3 月 3 日，国务院学位办相关领导在听取学校领导汇报后，对学校坚持师范特色、对学科建设常抓不懈表示赞赏。随后，他通报国务院学位委员会第十七次会议精神，勉励学校根据自身的办学特点，结合区域经济社会需求，凝练方向，继续推进学科建设。

7 月 10 日，学校在音乐厅举行学科建设与科研工作大会。会上，罗海鸥同志作了《认清形势，强势推进，开创学科建设与科研工作新局面》的主题报告，分析学校学科建设与科研工作面临的形势。从申硕的形势看，学校面临着巨大的竞争压力。学科建设与科研工作虽然取得一定的成绩，但与兄弟院校相比，还没有形成明显的优势，还存在不少问题与不足。学科建设的目标：一是力争保持教育学学科在申硕中的绝对优势，形成化学学科的相对优势，增加中国语言文学作为非规划重点学科，保持申硕条件的整体优势，确保下一轮申硕成功；二是通过抓学科建设这个龙头，带动全校教育教学、科学研究和社会服务水平的整体提高，把学校建成特色鲜明的高水平师范院校。在学科建设策略上，学校按照"扶强、跨越、特色、集成"要求推进。

此外，联合培养研究生工作也在不断推进和深化。自 1996 年以来，学校先后与广西师范大学、华南师范大学、暨南大学等联合招收和培养硕士研究生，又陆续与华南理工大学、广东技术师范学院、内蒙古师范大学和齐齐哈尔大学联合培养硕士研究生，而且培养模式不断创新。2011 年 7 月，学校与华南师范大学达成协议《华南师范大学与湛江师范学院联合培养研究生协议》，实行"双导师制"，按照"1+1+1"模式培养联合培养研究生。联合招收的课程与教学论、教育学原理、比较教育学三个专业的硕士研究生，双方导师共同培养，第二学年进入岭南师范学院学习。

学校加强科研管理和申硕工作的制度建设。2012 年 1 月 4 日，学校在三号会议室召开年度科研工作会议。与会人员对即将推出的《湛江师范学院重点学科建设管理办法》《湛江师范学院学科带头人、学术带头人、学术骨干设置及管理办法》《湛江师范学院科研平台奖励与计分办法》《湛江师范学院科技成果转化管理办法》《湛江师范学院申硕工作方案》等 5 个文件进行讨论，使学校科研和申硕工作的制度化规范化迈出重要一步。

为了加强对硕士学位培育点工作指导和检查，2015 年 5 月 29 日，学校在三号会议室举行硕士专业学位校内培育点建设检查汇报会。会上，教育硕士、化学工程、汉语国际教育、社会工作、艺术、计算机技术和农业等 7 个硕士专业培育点的负责人分别从学位点现状与发展情况、交流合作与发展平台、师资队伍力量、实践基地建设、存在的问题、建设规划等方面作了汇报。6 位校外专家组成的专家组通过现场质询、审阅资料，指出各硕士点培育存在的问题与发展瓶颈，并对其建设与发展提出了具体建议和意见。

2016 年，学校开始为新一轮申硕工作做准备，决定把教育硕士作为申硕工作的突破口。3 月 10 日上午，学校在二号会议室召开教育硕士专业学位培育点建设工作会议。会上，教育硕士专业学位培育点的 11 个学科领域负责人从学科方向特色、建设成效、存在问题和努力方向等方面进行汇报和阐释，并就重点培育领域与一般培育领域各自的侧重点与发展提出构想。罗海鸥同志指出，硕士点的培育和申报工作是我校"十三五"发展的重点任务，也是今年的重要工作。目前的工作卓有成效，让人振奋，但是也要认识到教育硕士培育点各领域方向建设的不平衡、材料整合不到位等问题，需要进一步整合、梳理、汇总、聚焦，要有危机感、紧迫感，借鉴同行院校的优势，知己知彼，扬长避短，与时俱进，争取有新突破。这次会议使大家进一步凝聚共识、坚定信心，为"十三五"教育硕士专业学位建设与申报工作指明方向。

2016 年 11 月 4 日，学校出台《岭南师范学院申硕工作方案》，制定的工作目标是确保在 2017 年成功获得硕士学位授予单位资格。为此，学校专门成立申硕工作领导小组，由学校党委书记、校长任组长，分管科研副校长为常务副组长，其他校领导为副组长，各二级教学单位行政一把手为成员。领导小组下设办公室，简称"申硕办"，负责项目申报、人才引进、经费使用管理等工作；同时，设立七个工作小组，分别由 1 名校领导担任小组组长，包括工作实施推进组、人才引进工作组、人才培养质量工作组、经费保障工作组、后勤保障工作组、学生管理与服务组和宣传舆论组。

2. "决胜 2020"

（1）提出口号

为总结申硕经验教训，打好新一轮申硕工作的攻坚战，2017 年 11 月 29 日下午，刘明贵同志在国际会议厅主持召开申硕工作总结大会，分析上一轮申硕未能成功的原因，强调新一轮申硕工作要对标对表，决胜 2020 年。

会上，刘明贵就申硕工作提出三点要求：一是练好"内功"。学校要积极处理好协调好外部关系和内部能力的问题，上次申硕工作暴露学校存在的一些不足，接下来要"练内功"，搞好科研与教学，用实力向大家证明。二是做到"对标对表"。各单位要学会根据申硕条件和要求找出差距，积极寻找标杆，对标兄弟院校，学习成功经验，强化办学综合实力，争取在 2020 年申硕成功；三是要增强执行力。在分析清楚此次未能申硕成功的原因和不足之后，各单位要以时不我待、只争朝夕的精神，迎难而上，埋头苦干，迅速执行。

（2）多措并举

正式提出"决胜 2020"的口号后，学校采取一系列措施为申硕成功而努力。

2018 年 1 月 9 日下午，刘明贵同志在二号会议室主持召开党委全委扩大会议，主题是以习近平新时代中国特色社会主义思想为指导，深入学习贯彻党的十九大精神，进一步明确学校当前发展的核心目标和今后三年工作思路。

会议明确，要把 2020 年新增硕士学位授予单位作为学校当前发展的主要目标。为此，今后三年，学校坚定不移地走申硕的发展道路，这是几代岭师人的梦想。获得硕士学位授予权有助于突破学校发展的瓶颈，迎来学校发展的新机遇。为了实现这个目标，学校党委实施"强师工程""质量提升工程""资源配置优化工程""体制机制改革工程""民心凝聚工程""党的建设工程"等六大工程，推进学校提质升级，努力实现内涵式发展。

在"六大工程"中，体制机制改革尤其显得紧要和迫切。落后的体制机制不加以改革，学科建设将步履维艰，申硕工作也难以取得应有成效。长期形成的落后的思维方式、工作方法、工作习惯、工作模式、工作态度不加以转变，将明显制约学校改革发展的活力，阻遏师生创新创业的动力，枯竭干部群众干事创业的激情，消解干部的历史责任感和担当作为精神。刘明贵同志把这些问题归纳为"八种病症"：传统思维的"依赖症"、干事创业的"疲沓症"、谋划工作的"短视症"、推进落实的"梗阻症"、工作协调的"孤独症"、履行职责的"无为症"、面对群众的"僵硬症"、名利面前的"狂想症"。这些病症的存在，归根结底是体制机制的问题。而医治的良方，就是要坚决推进体制机制的改革。要确保申硕成功，必须确保改革成功；岭南师院的工作要走在前列，岭南师院的体制机制改革必须走在前列。

为此，学校在体制机制方面推出了三项改革。

一是要强势推进"放管服"综合体制机制改革工作，不折不扣推进

27 项配套制度的落实。制度不是橡皮图章，不是摆在那里看的。学校的制度不少，但真正落实的较少。教代会有关机构要切实履行职责，加强检查落实。学校领导主持的行政和党群部门重点工作推进会要常态化制度化。职能部门对所负责的工作要有重点、有清单、有督促、有问责，做到条条有执行，件件有落实，事事有回音。

二是要强势推进目标绩效管理考核体制机制改革工作。目标绩效管理考核从 2017 年开始实施，学校针对其中不完善的方面不断加以优化，提高考核激励的精准性。学校要真正打破身份和资历限制，将人员收入与岗位职责、工作业绩、实际贡献挂钩，实现岗责相当、责酬相符，重点提高关键岗位、业务骨干和突出贡献人员的薪酬，体现多劳多得，优劳优酬；完善高水平成果奖励制度，加大标志性、高显示度成果的表彰和奖励力度；建立教职工待遇合理增长机制，充分保障各类人员的合理收入水平，提升教职工的获得感幸福感。强势推进绩效考核，就是要激发教职工干事创业的激情，为实现申硕核心目标创造良好的条件和氛围。

三是要强势推进后勤社会化体制机制改革工作。要实现学校发展核心目标，学校需要强大的后勤服务保障，没有一流的后勤服务保障，就很难有一流的教学和科研。后勤社会化改革是高校集中精力办学、内涵式发展的要求，是高校后勤改革发展的必然趋势，是建立现代化大学制度的要求，也是学校办学事业发展的需要。成立岭南师范学院教育服务公司（湛江），是学校推进后勤社会化体制机制改革的重大举措。学校各部门、各单位要充分认识后勤社会化改革的必要性和紧迫性，全力支持后勤社会化改革，支持教育服务公司的发展。教育服务公司要在学校党委的坚强领导下，按照公司章程独立开展工作，充分发挥好市场机制的主要作用和学校的指导作用，保证向全校教职工提供高质量的服务，保证学校国有资产保值增值。

2018 年 7 月 5 日下午，学校召开学科建设工作大会，全校副处级（含相当）以上干部、第六轮重点学科及专业学位培育点的学科负责人、方向（领域）带头人和学术骨干，共计 400 多人参加会议。会议宣布成立

18 个重点学科团队和 12 个硕士专业学位培育点团队。

会上，刘明贵同志强调要精心谋划、扎实推进，全面提升学科建设水平。学科规划要确定发展思路、明确建设目标、坚持建设原则。学科发展要处理好学科布局和学科建设、跨学院与跨学科、确定性与固定性之间的关系。学校要紧扣地方创新驱动发展战略，立足转型发展、省市共建、"冲补强"计划等重大战略机遇，围绕申硕的各项指标和建设特色鲜明的高水平师范大学的目标，建成教师教育特色鲜明、文理工应用学科专业突出的高水平学科和专业学位体系。

这次会议是学校决胜 2020 年的一次关键会议。建立如此庞大的学科团队群并召开如此大规模、高规格的学科建设大会，在学校学科建设史上尚属首次。

为了进一步加强对申硕工作的领导，7 月 19 日，学校调整学校申硕工作领导小组并成立申硕办。学校党委书记、校长任领导小组组长，分管校领导为常务副组长，其他校领导为副组长，相关职能部门和各二级教学单位行政负责人为成员。领导小组下设申硕办，由分管校领导兼任申硕办主任。

12 月 29 日，广东省学位委员会下发《关于调整广东省博士、硕士学位授予立项建设单位的通知》，学校再次入选广东省硕士学位授予立项建设单位，这是学校第三次成为省级硕士学位授予立项建设单位。

学校于 2010 年、2017 年分别被确定为广东省硕士学位授予立项建设单位，但是在争取硕士学位授权点的路上坎坷曲折，一直没有取得成功，成为制约学校发展的瓶颈。这次重新被列为建设单位，与学校制定的发展目标高度一致，更加坚定学校党委实现"决胜 2020"核心目标的信心和决心。

（3）科学谋划

2019 年 1 月 18 日上午，中国共产党岭南师范学院第一次代表大会在音乐厅开幕。刘明贵同志代表学校党委作《提高政治站位　落实立德树人根本任务开启全面建设特色鲜明的高水平师范大学新征程》的工作报告，强调坚定申硕的目标不动摇。刘明贵同志强调，学校在新时代的建设发展要实现新"三步走"：到2020年成为硕士学位授权单位；到2025年成为省博士学位授予立项建设单位，更名为师范大学；到2030年成为博士学位授予单位。同时，学校要统筹推进高质量发展的师范创新战略、教学提质战略、地方扎根战略和应用转型战略的"四大战略"。

3月29日上午，兰艳泽同志在教科院会议室主持召开申硕培育点建设工作检查会。在听取学科负责人和各方向带头人汇报后，兰艳泽同志指出，学科谋划至关重要，学科带头人对学科发展要有总体谋划，要有历史观、大局观、发展观，步子要再大一些，想法要再创新一些。她强调，人才是第一资源，要尊重人才、依靠人才、留住人才；要在待遇留人、感情留人、制度留人上多下功夫，把人才留住，为人才搭梯子、铺路子，切实提升人才服务质量和水平。同时，她对学科建设提出四点要求：一要高度重视，认真学习。申硕是学校三大中心工作之一，全校都要高度重视，确保相关工作顺利推进；要认真学习、领会、研究、琢磨每一份文件的标准、每一个表格的填写要求，做到心中有数。二要统筹考虑，聚焦短板。要做好点与点、方向与方向、人才队伍与研究成果之间的统筹工作；要调动一切因素补齐短板。三要精耕细作，全力推进。要发挥工匠精神，对软、硬指标逐一打磨，做到每一项工作都有专人负责，容不得半点马虎。四要内外兼修，努力超越。在练好内功的同时，对比省内外同类学校，找准差距，务必补齐短板。

经过多年努力，到2019年底，学校整体实力显著增强。

师资队伍建设有了长足的发展。专任教师1468人，教授、博士分别为182名和519名，高级职称教师占比41.5%，双师双能型教师占比40%，45岁以下教师占比68.6%，具有一年及以上海外学习经历教师12.7%，师资队伍结构全面优化；成立院士工作站和博士工作站，柔性引进双聘院士2人、"长江学者"1人、"珠江学者"1人及知名专家学者6人，实现双聘院士零的突破；省"扬帆计划"培养对象48人，省级"强师工程"资助对象21人，拔尖人才稳步增长。

办学条件持续改善。1560 亩的湖光校区建设项目列入省、市重点建设项目；接收基础教育学院南校区 35.07 亩土地，新增办证土地 147 亩，解决长期困扰学校的土地历史遗留问题；艺术教学楼、十二期学生公寓投入使用，新增校舍 4.9 万平方米；新增篮排球场 9000 平方米；教师技能实训中心新增面积 830 多平方米，实训功能更齐全、更现代；教学科研设备总值新增 1.13 亿元；图书馆功能更优化，环境更美化，馆藏纸质图书由 206 万册增至 242 万册，电子文献数据库由 40 个增至 76 个，电子图书由 104 万种增至 343 万种。智慧校园建设有序推进，学校建立信息门户、身份认证、网站群等应用平台，硬件不断升级，网络安全保障能力不断增强；校园网出口总带宽达 25.2G，实现无线网络校园全覆盖；建成未来教育空间站。

教育教学改革持续深化。学校入选教育部在线教育研究中心"智慧教学试点项目"单位，获得全国首批本科院校对分课堂示范校荣誉称号，获得教育部协同育人项目 27 项，获得全国高校外语教学大赛总决赛一等奖 1 项，5 门在线课程已在全国性公开课程平台"学堂在线"面向高校和社会学习者开放；获得广东省第四届高校（本科）青年教师教学大赛一等奖 1 项、二等奖 2 项，省级质量工程项目 95 项，省级教学成果奖 11 项。以落实"新师范"建设为契机，学校构建开放、协同、联动的现代教师教育体系，牵头成立省特教教师发展联盟并当选为理事长单位，创建国家教师教育创新实验区有序开展，定向培养公费师范生和小学全科教师。学校以专业认证为抓手，全面优化专业结构，本科专业由 59 个增至 70 个，建有国家级特色专业 2 个，国家级专业综合改革试点项目 1 个，省级特色（重点）专业 13 个，省级一流本科专业建设点 5 个；29 个师范类专业通过预认证；2 个专业接受教育部专家现场认证，受到专家组高度好评。

办学声誉进一步提升。学校在全省高校"创新强校工程"考核中获得最高分 81.81 分；校园文化景观建设成果获全国高校校园文化建设优秀成果奖、省特等奖；获评首届"广东省文明校园"；学校办学成果在《光明日报》《中国教育报》等媒体多次报道，有力扩大学校知名度和影响力。

学科建设扎实推进。学校以申硕为契机，形成省、校、院三级学科体系；建有省级重点学科 7 个，其中"冲补强"重点建设学科 3 个（化学和教育学同时为"珠江学者"设岗学科和省优势重点学科），省特色重点学科 4 个；以省级重点学科为基础，对接地方产业需求，加强校级重点学科和校院共建学科建设，学科建设梯队不断完善。

科学研究成效显著。学校获批省级科研平台 17 个，市厅级以上科研平台达到 30 个，特别是广东省特殊儿童发展与教育重点实验室获批立项，实现零的突破；获批国家级项目 77 项，省部级项目 268 项、纵向科研经费 6039 万元，承担横向项目 225 项、经费 3563 万元。师均科研经费提高到 8 万余元，总科研经费从 5420 万元提高到 1.3 亿元；获专利授权总计 1579 项，其中发明专利 116 项，PCT 专利申请 12 项，获授权 5 项，转让专利 15 项，专利转化实现零的突破；胡潇教授在《中国社会科学》发表论文，实现学校历史性突破。获得市厅级以上成果奖 33 项，其中省哲学社科优秀成果奖一等奖 1 项、二等奖 6 项、三等奖 2 项，省科学技术奖三等奖 1 项。

学术交流活跃。学校主办或承办国际性、全国性大型学术会议近 20 场次；举办雷阳大讲坛共 270 余期；国内外专家学者来校指导讲学 510 余人次，学校的学术影响力和社会美誉度不断提升。

生源质量和毕业生就业质量稳步提升。师范生和公费师范生招生人数居全省首位，优质生源数逐年增长。学校联合培养研究生 41 人，培养全日制本科生 23868 人；毕业生总体就业率 97% 以上，在珠三角地区就业超 60%；应届毕业生升学深造 2404 人，考研录取率突破 10%。教育援藏项目获教育部和省委教育工委立项，六批共 122 名学生进藏支教，37 名毕业生到西藏、新疆等地区基层就业，学子进藏就业事迹入选全国第二届大学生就业创业人物典型事迹，教育援藏工作登上《中国教育报》头版。学生在"互联网 +"大赛、"挑战杯"以及学术科技、师范生技能等竞赛中屡获殊荣，2 次捧得"挑战杯"优胜杯，"互联网 +"大赛取得国赛铜奖 1 项，省赛银奖 1 项、铜奖 3 项，取得零的突破。校园文化活动、暑期

"三下乡"和心理健康教育与咨询工作等获得多项国家或省级荣誉。

对外交流不断深入。学校与境外高校或教育机构签订合作协议 68 份，开展人才培养、科学研究领域合作；接待外宾来访 1058 人次，学生出国（境）学习、实践共 1507 人次，教师干部出国（境）交流和培训 360 人次；招收培养留学生 431 人次；聘请外籍教师 131 人次，实现聘请长期高职称外教零的突破；成功举办孔子课堂夏令营、湛台大学生夏令营等交流活动。与白俄罗斯国立体育大学联合举办的孔子课堂，获评全球"先进孔子课堂"并升格为孔子学院；与白俄罗斯国家科学院哲学研究院联合成立"中白哲学—文化研究中心"；与爱尔兰高威—梅努斯理工学院联合举办烹饪与营养教育专业，取得中外合作办学项目零的突破；与台湾高校联合培养特殊教育人才；与协会、政府、企业合作举办"亚洲潜水学院""水产国际商务学院""工会社会工作学院""东岛清洁能源材料产业学院""智慧教育产业学院"等，协同培养各类人才。

校地合作与校友工作有新进展。校地关系日益融洽，校地联系、合作日益紧密，湛江市领导受聘我校思政课兼职教授；与地方教育部门、企业、中小学校合作，发挥师范育人特色，合作互进，服务社会；成立校友总会及 20 多个校友分会；教育发展基金会健康发展，完成了理事会换届。

继续教育和培训规模不断增大。成人高等学历教育和自学考试毕业人数约 30000 人，环比增长 15.4%；获得学费纯收入 11390 万元，环比增长 11.7%。学校承担国培、省培项目 175 项，培训各类人员 112700 多人次，培训经费 13700 万元。

3. 知难而上

由于 2015 年师均科研经费不足 4 万元，没有达到教育部硕士学位授予单位申请基本条件，给学校申硕工作蒙上阴影。然而，学校领导并没有放弃和灰心，而是知难而上，想方设法争取早日申硕成功。2020 年 6 月 30 日，学校以《岭南师范学院关于申请硕士学位授予权工作的报告》为题向广东省人民政府作专题汇报，阐述学校申硕的原因、条件和请求省政府予以支持的强烈愿望。广东省人民政府也专此函报教育部。

2020 年学校申硕工作虽未如愿，但学校上下依旧满怀信心，积极准备 2023 年的申硕工作，体现愈挫愈奋、不达目标誓不罢休的精神。

2021 年 12 月，经过层层筛选，学校公布第七轮重点学科和硕士专业学位培育点名单。其中攀峰学科 A 类 3 个、B 类 2 个，优势学科 5 个，培育学科 8 个，交叉学科 2 个；硕士专业学位重点培育 3 个、一般培育 6 个，预示着学校新一轮申硕工作正式启动。

2022 年 2 月 20 日，学校召开年度工作会议，全面总结回顾 2021 年度工作，分析研判面临形势，研究部署 2022 年工作。刘明贵同志主持，兰艳泽同志作题为《奋楫扬帆　击鼓催征　奋力谱写高质量发展新篇章》的工作报告。

兰艳泽同志在报告中深入分析学校发展面临的机遇和需要应对的挑战，强调要紧抓战略机遇，科学应对风险挑战，全面谋划学校 2022 年工作，重点抓好申硕、新校区建设、服务基础教育高质量发展等中心工作，着力落实好"六个力"：一是加强党的全面领导，在夯实政治根基上用力；二是扩展办学空间，在改善办学条件上着力；三是提升办学质量，在提高办学水平上发力；四是提升治理效能，在优化管理服务上出力；五是强化担当，在服务地方发展上聚力；六是守住底线，在维护校园安全上加力。

2023 年 2 月 18 日，学校召开年度工作会议，对申硕工作进行了部署。兰艳泽书记主持了会议，阳爱民校长作题为《踔厉奋发 勇毅前行 奋力谱写学校高质量发展新篇章》的工作报告。兰艳泽同志指出，大家要一起"撸起袖子加油干"，决不充当"旁观者"和"看客"。2023 年是申硕至关重要的一年，要凝聚一切能凝聚的力量、汇聚一切能汇聚的资源，加强投入、增强外联、拓宽信息源，把申硕各项工作做到极致。

阳爱民校长在报告中分析了申硕面临的形势，提出学校要全力以赴申硕，努力提升办学层次。要对标新一轮申硕基本条件，推动学校整体条件全面超越申硕指标。以落实"粤东西北高校振兴计划"为重要抓手，加大对重点学科和专业学位培育点的投入，持续优化学科和培育点建设。对标争先，做好内外功，举全校之力做好硕士学位授权申报审核工作，突破办学层次提升瓶颈，开启学校高质量发展新征程。

年度工作会议结束后，学校科研处、申硕办、各申硕学院等单位根据会议精神，对照各项审核标准，整合全校力量，全方位扬长补短、查漏补缺，稳扎稳打，投入大量时间和精力。2023 年，学校围绕建设教育强国和广东"1310"具体部署，率先出台教育数字化行动计划，扎实开展工作，取得良好成效。被列为教育部"十四五"教育强国优质师范院校、"十四五"规划高水平师范院校建设单位。2023 年，学校在软科中国大学排名 368 位，位居广东非硕点高校首位，学校各项事业取得新进展。

人才培养质量进一步提升。应届本科毕业生升学率为 10.17%，位居省内非硕点高校首位。获得"挑战杯"国赛二等奖 2 项、累进创新专项奖 1 项；连续九届获"挑战杯"省赛优胜杯。在省师范生教学技能大赛中获一等奖 9 项、二三等奖 34 项。面向全国 31 个省（市、区）招生，最低投档线位居省内同类院校前列。

师资队伍建设成效显著。引进优秀博士等人才近 100 人，晋升高级职称 56 人，结构不断优化。3 人入选"全球前 2% 顶尖科学家榜单"。实施"雷阳学者"和"燕岭优青"培养计划，入选人才获国家自科基金面上项目、主讲课程入选国家级一流本科课程、产出高水平成果等。

有组织科研取得新突破。3 个省重点学科通过验收，2 个获优秀。获国家级科研项目 13 项，列省内非硕点高校首位，其中国家艺术基金人才培训项目、国家社科基金艺术学项目均实现零的突破。获教育部人文社会科学研究一般项目 8 项，列全省高校第 13 位。成为南方海洋科学与工程广东省实验室（湛江）依托单位，广东省特殊儿童发展与教育重点实验室通过验收。红树林生态文明建设科普基地获"全国社科组织先进单位"。首次在物理类顶级期刊 Physical Review Letters 发表高质量研究成果。获第十届广东省哲学社会科学优秀成果奖 5 项。

服务社会能力持续增强。牵头成立全国海岛教育发展与乡村振兴联盟，深入推进"海岛 +"乡村振兴计划，获《中国教育发展与乡村振兴报告》编撰突出贡献奖。与政府、企业签订框架协议近 30 项，签订横向科研项目和培训项目合同 122 项，经费 4961 万元。获专利授权 98 件，其中发明专利授权 60 件。完成专利成果转化 17 件。

2024 年 3 月 22 日，广东省教育厅公示新增博士硕士学位授权审核推荐名单和排序情况。本轮入选广东申请新增硕士学位授予单位推荐高校的有岭南师范学院、韶关学院、惠州学院、嘉应学院、韩山师范学院、深圳技术大学等 6 所高校。岭南师范学院在六所高校排名第一，新增的 3 个硕士学位点排名均在全省前列。

7 月 31 日，国务院学位委员会办公室公示 2024 年《新增博士硕士学位授权审核专家核查及评议结果》。公示结果显示，岭南师范学院申请新增硕士学位授权单位，教育、生物与医药和社会工作申请新增专业硕士学位点均获得 2/3 以上同意票。

9 月 30 日，国务院学位委员会发出《关于下达 2023 年度审核增列的博士、硕士学位授予单位及其学位授权点名单的通知》，岭南师范学院正式成为新增硕士学位授权单位，可开展研究生招生、培养和学位授予工作。2024 年，学校将招收教育、生物与医药、社会工作 3 个专业学位的硕士研究生，学制均为三年。

校长阳爱民表示，学校将深入推进改革创新，建立科技发展和国家战略需求牵引的学科设置调整机制和人才培养模式，进一步加大投入，优化办学条件、学科结构以及管理体制机制，强化师资队伍建设，提升学科竞争力和研究生教育质量，着力培养造就新时代拔尖创新人才，为申请博士学位授权立项建设单位及"改大"奠定坚实基础。

第六章

岭师人的精神传承

每一种文明都延续着一个国家和民族的精神血脉，既需要薪火相传、代代守护，更需要与时俱进、勇于创新。有位教育家说过，一个国家、一个民族，没有科学技术，就是落后，一打就垮；然而，一个国家、一个民族，没有人文精神，就会异化，不打自垮。国家、民族如此，一所高等院校同样如此。构筑大学文化的精气神，提升校园文化品质，弘扬积极、高尚的大学精神，营造风清气正的校园环境，对于学校的长远发展意义深远。

岭南师范学院历经晚明时代崇尚优良士风的雷阳书院，近代西学东渐浸润下的雷阳中学堂师范班，现代风云革命激荡中成长的雷州师范学校，改革开放大潮下诞生与发展的雷州师范专科学校和湛江师范学院等发展阶段。一代代岭师人薪火相传，厚植出卓越又独具特色的教育精神。

一、书院时期的精神

1. 书院精神

书院是我国古代一种特殊的教育组织形式，它以私人创办为主，集授徒讲学、藏书印书、学术研究、议政论政于一体的教育机构，对中国教育的发展起到不可替代的重要作用。虽然书院随着历史的变迁而消失，但是书院文化是永存的，它已经成为中华民族珍贵的文化遗产。今天，在向现代大学制度迈进的征程中，岭南师范学院打开这个历史遗产宝库，获取前人的经验和智慧，寻求启迪和借鉴，以新时代的崭新视域对书院文化进行传承和创新。

（1）重德尊师

在书院制度确立的两宋时期，由于经济社会发展所带来的商业繁荣，功利主义逐渐成为人们追求的价值取向，理学家将其称之为"人欲横流"的社会，出现"农不如工，工不如商，刺绣文不如倚门市"的现象。当时的官学以培养功名之士为任，缺少必要的道德教育。为了改变这种现状，一些有识之士提出"尊德性而道问学"主张。而官学之外的书院就是他们实现理想、用于改变社会现状的重要场所。为了让书院学生树立正确的人生理想，书院制定学规用以规范书院师生的言谈举止，其中以朱熹所制定的《白鹿洞书院揭示》为典范。其首句就写到"父子有亲，君臣有义，夫妇有别，长幼有序，朋友有信"，以儒家的"五伦"为"五教之目"的践行准则，以"言忠信，行笃敬，惩忿窒欲，迁善改过"为"修身之要"。书院的道德教育不仅仅停留在"讲求明旨"的理论层面，而是更讲求"明理躬行"的实践精神，并提倡对那些"不修士检，乡论不齿者"，"同志共摈之"，在当时，起到相当的震慑作用。陈乔森在雷阳书院时期曾写下"守道重醇儒，经师人师，文运宏开钦北斗；立名遵先哲，言教身教，士风不变式南邦"的对联，体现了以"儒""道"为核心的人文精神成为书院文化内涵的显著特征。

（2）勇于创新

作为一种独特的教育组织形式，书院最初在官学体系之外，正因为此，其受到的限制远远小于官学。书院在经费管理、山长选聘、教学内容与方式以及人才培养目标的确定等方面都有一定的自主权，这是书院实现学术创新的重要条件。书院有以学田为核心的经费体系支撑，将学田出租的收益作为其日常的运作费用，并建立相当完善的经费管理体制，使得书院有充足的经费为保障。尤为重要的是，书院还有相对自由的办学空间和宽松的学术环境，使得书院师生不仅可以自由讲学，而且能够潜心创新学术，取得一系列创新成果。

相对独立的管理体制使书院不仅能聘请学术大师担任书院的山长或主讲，也可以聘请不同流派的学者前来讲学，形成相互答疑问难的讨论盛况。雷阳书院的山长选聘要求与全国其他书院并无二致，需要其有较高的学识修养和知名度，并懂得书院的管理。从陈昌齐、陈乔森被聘担任书院山长就可见一斑。

书院学术创新成果与教学活动紧密结合。除了让生徒直接参加学术研究活动之外，书院教学的重要方式答疑问难也是学术创新与教学结合的典范。学术大师的《语录》《文集》中有大量的书院师生答疑问难的记录，是书院大师学术成果的重要组成部分。师生答疑是促进书院学术创新的重要动力，不仅教师需有不断学习的能力方能应付，学生也需有创新思维才能提出有价值的问题。

（3）戒恶向善

书院对学生进行"尊德行"的德育教育和"以天下为己任"的责任教育，两者本质上都是"正人心"的人格教育。张正藩先生认为"真正之书院教育，原系人格教育"，人格教育在书院教育中占有重要地位。古代书院中学识渊博、品德高尚的名师巨儒以身作则，通过"感化"，在潜移默化中对学生进行人格教育。

陈昌齐在《戒雷阳书院诸生书》中对学生提出了向善的"四戒"要求。一是戒骄傲。骄傲是人生之大敌。有些人骄傲是因为"恃其财货之富，家世之盛"，那是"不才子、俗物之所为"。如因有点才华而自恃傲物，目空一切，也是令人忧虑的，与古人相比，你的这点所谓才华只不过是皮毛而已。二是戒轻薄。年轻者不可对年长者不敬，同行之间不可以相互排挤。文人相轻的那一套应尽抛弃，更不可以己之长比他人之短。需知学问各有所长，无论在什么样的环境下，都应互相尊重。三是戒忿怒。所谓怒生忿，忿生争。争则以我之矜接彼之悟，其流且不知所底。这种易怒易忿之情是"未能读书变化气质故至此"。读书之人应有修养，不可轻易动怒，遇到易怒情境，处理办法最上为克己；其次为婉言谢之；再次审利害以自惕。四是戒强酒。酒易使乱性，不可强酗酒。醉酒会生事端。"尝见夫众醉之场，其量不胜酒者迫于觞政勉竭，欢惊一吐，几危数日作恶。即量能胜酒，而气为酒使，胆以气行，拇阵争长，令盆斗巧。喜则狂呼，而继之大笑，怒则骂坐，而甚至挥拳以彼，情形岂可响迩，此则不可不受之以节矣！"陈昌齐还讲到读书人不可不防的主要弊端有二：一是近赌，一是近色。两者都应加以远避之。要学做向善，做真人，做真事。所谓"有真心术乃有真人品，有真人品乃有真事业，良非诬也"。在《与雷阳书院诸生论实学书》中，陈昌齐论述养成向善之途径，"必择善而后能明善，能明善而后能诚身，必知言而后能集义，能集义而后能养气，以至于不动心"。

（4）严谨治学

书院不仅注重学术研究和提高师资质量，还提倡大胆怀疑和兼容并包，充分体现其独特的治学精神。

提倡怀疑精神，读书不惟书，读书须会生疑。能生疑是中国书院教育的特征之一。怀疑精神就是科学的批判精神。书院教学特别强调学生要有怀疑精神和问题意识，"读书，始读，未知有疑；其次，则渐渐有疑；中则节节是疑。过了这一番，疑渐渐释，以至融会贯通，都无所疑，方始是学"（《宋元学案·晦翁学案》）。学习，并非被动地接受，学生要有思考的自觉性。书院鼓励学生敢于怀疑，敢于批判，不惟权威，激励学生发出不同的声音，并引导殊途同归，以臻至善。这种自我调控式学习，有利于学生生成理性判断能力和创造性思维。

书院的怀疑精神实质就是追求真理的精神，是不惟书、不惟圣贤、不惟道是从的精神。书院倡导的"精思善疑""求之于心"倡导的就是独立思考，不迷信权威，不人云亦云。

怀疑并不是简单的否定，更不是盲目的排斥，它是在"博学之，审问之"的基础上而生疑。"疑"不是凭空而来，更不是主观臆造的。"疑"是博学、审问的结果。"疑",并不是仅仅存疑而已,而是要"慎思、明辨之"。"慎思""明辨"是去疑、求是的过程。获得真理后,要知行统一,"笃行之"。

陈昌齐在《与雷阳书院诸生论时艺书》中讲到论时艺法要经过审题、立意、选词、养气、炼调等一系列重要环节,每个环节又都分为若干个小环节,做到承上、启下、正面、反面、左边、右边都要顾及,必须一丝不苟、严谨认真。正因为书院保持严谨的治学精神,培养出一大批有用人才,成为广东六大书院之一。

2.陈瑸的精神品质

历史名人得以名留青史,需经历千百年时间的考验和千万双眼睛的审视。从某种意义上而言,他们已不是普通人,已升华为某种精神的象征,汇聚历史的智慧和中华民族的美德,其精神品质内涵丰富而深刻。

(1)清正廉洁

陈瑸被誉为"天下清官"。他的一生,"不以富贵撄心",不以居官自利,始终过着清贫的生活。"衣布,服素,食无兼味""草具蔬粝,日啖老姜小许"。康熙四十一年(1702),从福建古田调任台湾知县,陈瑸就带一仆人,微服而至,主仆两人用餐非常简朴,仅一咸鸭蛋配饭。官庄岁入,他"秋毫不染"。陈瑸有一句名言:"官吏妄取一钱,即与百千万金无异。"陈瑸不仅廉政,而且勤政、善政。对于本职工作,勤劳奋勉,从不懈息。"其劳于事也,鸡鸣而起,夜分不寐,连餐旰食"。他注重调查研究,亲力亲为,"一切奏章,檄移,尽出己手","未尝延致幕客",以致积劳成疾。

(2)克己奉公

陈瑸任福建巡抚的第二年,因闽浙总督入京,兼摄总督事。在此期间,奉命巡海。他自带行粮,摒绝沿途供顿。陈瑸生活上节俭,对公款也是精打细算,能省即省,不讲排场,不摆阔气。三年节约公费银两一万五千多两。陈瑸上疏请将节约下的银两充兵饷,康熙皇帝担心负面影响而不允。陈瑸又上疏将其中的一部分解送回雷州府海康县东洋修筑海堤。康熙皇帝准奏，命两广总督杨琳勘估工程造价需五千三百余两。陈瑸深知海堤为患，百姓之苦，更清楚筑堤工程浩大，"堤岸一十七处，水闸一十三处，俱通大海，咸潮冲噬渐多圮倾"，五千多银两肯定不够用，故请求从其节省的公费银中拨出五千两以添买木料砖石，并拿出自己的薪俸以助工费，遂将海康东洋（从今附城镇的夏岚村至沈塘镇的特侣塘近 10 千米）原用泥土修筑的海堤改用木石结构，因此，"堤岸自是永固，乡人蒙其利"。

（3）爱民如子

陈瑸放犯之事在台湾和雷州都广为传颂，妇孺皆知。事情发生在康熙四十二年（1703）腊月。当时，台湾县原任知县串通地方的土豪劣绅，鱼肉百姓，草菅人命，造成民怨沸腾，民变不断，其中规模较大的有"吞霄番乱"。同时，北投番社和台岛内的其他番社、民社之乱此起彼伏。原任知县为隐瞒其劣迹，故瞒上欺下，以抗租抗税罪名将三百名百姓打入监牢。陈瑸一路察访，深知底细。他一一审阅案卷，索性以医生身份入监与众犯接触。他从案卷和交谈中看出，这些人本乃良民，就因交不起县衙的额外盘剥被打入牢房。陈瑸奋笔上书知府，请求释放那些无辜。可是，日过一日，近在咫尺的府治如远隔千里。原来是知府已接受污吏贿赂而从中作梗，拒绝放犯。时值腊月，那些无辜家庭个个米缸告罄，父母妻子啼饥号寒，又属数九寒冬，狱中污秽，暗无天日。他们饥寒交迫，疾病丛生。此情此景，目不忍睹，耳不堪闻。视民如子的陈瑸一不做，二不休，于腊月三日张榜告示，开监放犯，并教育他们回去安心生产，发家致富，百姓称陈瑸为"陈青天"。

（4）革陋鼎新

台湾当时有一种叫作"水丁"的独特税名。所谓"水丁"，是统治者借口恐匪类从海上通过各港口潜入内地作乱为由，规定每个男丁出入须有丁票。凡经输丁，持有丁票的就属良民，任往台湾的南路北路（凤山县、诸罗县）。如果没有丁票在手，就只能在本社里的小范围内活动，一旦出台湾县城或走南路北路，营汛就把他当作匪类而抓去坐班房。然而，谁要取得丁票谁就须输丁（按月或按季交税）。这笔额外加征搞得人民叫苦不迭，而得来的税金全部落入贪官污吏的私囊。陈瑸任台湾知县后，看到人民苦于水丁，心急火燎，奋笔疾书，向朝廷写《条陈台湾县事宜》，要求革除水丁税。陈瑸认为，凭丁票区分善恶"讹谬殊甚"，"假如其人守分营生因不输丁票遂疑为匪，则彼作奸犯科何难纳一丁票，使人皆信其为良民乎？是输丁借名稽查匪类，实为匪类护身之宝符也"。《广东通志》有载："初授福建田县知县，有能声，调台湾，禁革'水丁'旧例，渡海，贫民感之"。又如，台湾属福建省，设一府三县，府曰台湾，附郭亦曰台湾，其南有凤山县，其北有诸罗县。设台厦兵备道，驻府治。这样，台湾县城就成为当时台湾岛的政治、经济、文化、贸易中心。凤山、诸罗两县，因设县之初，县署草创，城池未具，县官暂时寄寓府治。但后来日过一日，年过一年，县署已由新变旧，可是县官还是身居府治，饱食终日，不管政事民情。其间有的督宪也曾三令五申那两个县的县官各归本署，但这些官吏只是口头答应或者干脆当成耳边风，按兵不动。长期以来，这两个县署空设，"致番民之户婚田土无可控诉，万不得已经跋涉数百里、数千里而来台湾县城，至守候审理，动逾数月，其为失业，良可浩叹"。为什么这些官员不肯回衙办事，陈瑸一针见血地指出，"无非以府治稍近，纷华饮食宴会有资，遂置民瘼于度外"。陈瑸一上任，便下令立即饬取归属日期，如果仍有偷安寄寓，逾期不回本署的，即以擅离职守罪参处。

3.陈昌齐的精神品质

陈昌齐是广东治汉学、朴学第一人，参与《永乐大典》辑校和《四库全书》编纂，是《广东通志》总纂。

（1）正气凛然

陈昌齐初入翰林院时，正是和珅得到乾隆皇帝器重之时。当年，和珅欲把他收揽于自己门下，陈昌齐既不想攀炎附势，也不想陷入是非漩涡，和珅抛来的橄榄枝是多少文人梦寐以求的事，但他居然找借口婉拒了。乾隆四十三年（1778），乾隆皇帝有意任命陈昌齐为陕甘督学。朝中大臣于敏中也想把陈昌齐收揽于门下，就给陈昌齐写信说这是他向皇帝举荐的结果，好让陈昌齐对他感恩戴德，然陈昌齐却对于敏中的虚伪行为还以不屑。陈昌齐为官廉洁、淡泊名利、一身正气的作风为世人称颂。

（2）勤学精业

陈昌齐一生学术成就斐然。曾有知名学者评价陈昌齐，"陈观楼先生，粤东硕儒也。生平于书无所不读，自经、史、子、集以及乾象坤舆之奥；六书、四声、九赋、五刑之属；星算医卜，百家众技之流，靡不贯穿于其胸中，故所著书如《〈经典释文〉附录》《天学脞说》《测天约术》及《大戴礼记》《老子》《荀子》《楚辞》《吕览》《淮南》诸书考证，皆有以发前人所未发。……余宦游数十年，所见缀学之士，既精且博如先生者，不数人也"。陈昌齐的学术造诣，全在于其勤奋努力、一丝不苟的精神使然，如陈唯一一部经学研究著作《〈经典释文〉附录》。《经典释文》是唐陆元朗所撰。该书汇集汉魏六朝二百三十多家对《周易》《尚书》《毛诗》《周礼》《仪礼》《礼记》以及《春秋》《孝经》《论语》《老子》《庄子》《尔雅》等经学典籍进行声韵训诂，为后人考证古文意义的重要书籍。陈昌齐的《〈经典释文〉附录》是对陆氏著作的再补充，其中包括《周易》30 条、《尚书》150 条、《毛诗》约 500 条。在对《周易》30 条注释中，陈氏征引《说文解字》《左传》《资治通鉴》等 16 种书籍，其经学功底，可见一斑。陈昌齐一生著作等身，已出版的有《〈经典释文〉附录》八卷、《〈吕氏春秋〉正误》一卷、《〈淮南子〉正误》八卷、《〈楚辞〉音义》一卷、《测天约术》一卷、《临池琐语》一卷、《〈新论〉正误》一卷、《赐书堂集钞》六卷和《赐书堂诗钞》等。未出版的著述有《历代音韵流变考》十卷、《〈大戴礼记〉正误》六卷、《〈佬子〉正误》二卷、《二十子正误》三十卷、《〈荀子〉考证》二卷、《天学脞说》二卷、《天学纂要》三卷、《地理书钞》二卷、《营兆约旨》一卷、《囊玉秘旨别传》一卷等。

（3）乐善好施

陈昌齐廉洁爱民、勤俭节约，但当有人需要帮助时，又乐善好施，大度善良。在生活上，陈昌齐艰苦朴素，他"自奉最薄，食不过粗粝，衣不过麻布，虽补缀不弃"。但他又以乐善好施闻名，"有告贷必欤之不计偿否"。同时，他也是一个乐于捐输公益事业的人。他在任职浙江期间，曾捐出薪俸，重修温州府学和永嘉县学及温州府谯楼，对当地教育民生有所贡献。于是，离职之日"士民攀舆送者几万人"。

（4）服务桑梓

陈昌齐一生长年在外任职，却心系桑梓，每有返乡便为当地整顿治安、纂修志书，并从事教育事业。其对海康以及雷州属下的徐闻、遂溪，乃至广东都贡献良多。在《赐书堂集钞》的八十多篇文章中，有近五十篇是关于广东地方事宜，而记述雷州、遂溪、徐闻文化教育事业者占很大部分，如《修遂溪县儒学记》《修徐闻县儒学记》《修粤秀书院记》《雷州特侣塘记》《雷州新馆记》《续修雷州府志序》《续修雷州府志后序》《海康县志序》《粤秀书院课艺序》《雷祖志序》《南海陈氏续修族谱序》卷五有《戒雷阳书院诸生书》《与诸生讲实学书》《与诸生论时艺书》等，可见陈昌齐对家乡的关心重视。清嘉庆二十二年（1817）十月，两广总督阮元至广州，次年，奏请开局纂修《广东通志》，聘陈昌齐为总纂。嘉庆十六年（1811），陈昌齐主修《雷州府志》二十卷；次年主修《海康县志》八卷。除编书外，陈昌齐还为家乡人做了许多努力，在京时，为方便来京粤籍人士，曾牵头号召海康、遂溪、徐闻三县人士集资在北京裘家街建雷阳会馆，后来将自家居住的三十多间房屋改造成雷阳新馆。又捐资建立广东义庄，资助死于异地的粤人归葬。陈昌齐回乡，见雷州府考棚坍坏，每遇府县试，生童自携坐具，陈倡捐修考棚，座位易木为石。海康县旧有平湖书院，岁久失修，陈昌齐倡捐修复，并筹款生息作为书院开支。

4. 陈乔森的精神品质

陈乔森是雷州地区近代有名的教育家和书画家，为广东及雷州地区教育事业作出重要贡献。

（1）淡泊功名

陈乔森咸丰十一年（1861年）中举，曾任户部主事，后辞官返乡从教。陈乔森曾拜谒曾国藩，写下《淮上遇毅勇侯军》四首。诗中不仅描述刚刚平南京的淮军之威武，也纵论国内军事形势，由此可见陈乔森的军事和经济才干。曾国藩"目为奇男子",对其发出邀请,希望将其留在身边,但是他婉拒了。中法战争结束后,张之洞任两广总督,彭玉麟以钦差大臣身份督师,奏请以陈乔森与海南潘存同办雷琼团防,授四品衔。然陈乔森并未趁此东风从事仕途,反而要求回到雷州。

（2）大胆创新

陈乔森大胆创新精神主要体现在他的艺术创作领域。陈乔森属于传统文人,书画艺术带有传统文人志趣的同时,大胆创新,异于常人。陈乔森之绘画作品,基本为水墨设色。雷州博物馆藏《神龙吐珠图》是一幅大尺幅的画作,该图通幅以水墨绘一巨龙,龙首自下向上,口中吐出龙珠,龙身隐现于云雾之中,龙爪笔力老辣。此画作于生纸上,所以,水墨晕染产生的墨色韵味足以表现风雷涌动的感觉。值得一提的是,虽然陈乔森也把龙的鳞甲不惮辛劳地、一片片地勾画出来,但画中表现的龙的形象却并非官方的、正统的、精细的。龙爪的诘屈、龙珠四周的不规则甚至有些碍眼的火光、鳞甲看上去随意点染的墨点、并不平滑顺畅的线条,还有飞动而张扬的鬣须,都表现出不合常俗的傲气,很有些《陈乔森墓志铭》中所说的"龙性难驯"。雷州博物馆藏的《游庐山图》,此画山石使用披麻皴法,大山大石用长线条干笔淡墨勾皴,画面下方的水石则用短线条。陈乔森在画面的组织上,尤其是树石组织上做了精心的安排,在画面中上部的主峰上,沿山路及山石脉络成组安排各类树木,树木上方掩映几间房舍,画面右下角再安排两株,这与传统全景式山水的安排略有不同。传统的全景式山水一般会将仔细刻画的树木安排在画面中下部的山石上,这些地方正是近景所在,而画面中上部的主峰一般是中景,如果有树木,也会描绘得略小,略模糊。将仔细描绘的大株林木安排在画面的中上部,正是陈别出心裁之处,这样的安排可以说不太符合山水画的传统安排及传统的观赏习惯,但却因此拉近了主峰与观众的距离,将原本该放在中景的主峰变成了近景,有效地增强了山峦陡峭的形势与感觉。此画与众不同之处还在于没有运用点苔技法。元代以来,山水画家基本都会在作品上进行不同程度的点苔,以此表现草木茏葱之感。《游庐山图》已经题款钤印,当然不是未完成的草稿，只能说陈乔森这种处理手法是有意为之，若参考《大醉画山水歌》，或者也可以说陈乔森是为了取得快速作画的效果而牺牲点苔的过程。

（3）献身教育

陈乔森光绪二年（1876）主持雷阳书院，后被聘为广州黄埔水师学堂和潮州韩山书院教席。光绪二十七年（1901），雷阳书院更名为雷阳中学堂，他改任总教习。其主持雷阳书院长达三十年，其学识渊博，思想开明，吸收新事物，接受新思想，道德文章为世人称颂。陈乔森凭借其掌雷阳书院的优势，为雷州地区和广东培养了许多人才，学生们对老师的书画艺术是津津乐道的，其得意门生宋鑫也收有陈乔森的书画作品。陈乔森以他的亲身实践，培养了学生的书画欣赏能力和艺术观念。在艺术世界中，并非除了名家名师之外再无旁人，书画艺术的存在在很大程度上依赖于广大的艺术爱好者和普通的具有艺术审美能力的人，正是这些人造就了书画艺术生存下去的环境。可以说，陈乔森就是培养和造就雷州半岛书画艺术生存和发展环境的重要人物。在他主持雷阳书院期间，尊师重教之风盛行并代代相传。陈乔森为教育事业贡献了一生的心血。

二、革命时期的精神

1. 谭平山的革命精神

谭平山于 1910 年到 1916 年在雷阳中学堂、雷州中学校担任教员、校长，后来考入北京大学，参加五四运动，参与第一次国共合作，参与南昌起义，是广东早期党团组织和民革创始人之一。新中国成立后，他担任第一任监察委员会主任，并担任民革中央副主席。

（1）敢为人先

谭平山出身贫寒，对于封建剥削制度，从小就深恶痛绝，具有强烈的反抗意识。他早年就参加同盟会，后加入国民党，当选为广东省参议会代议士。1917 年，谭平山和谭植棠、陈公博、区声白等广东青年一起考上北京大学。此时，正值俄国十月革命爆发，谭平山看见新世纪的曙光，焕发出战斗热情。尤其是在陈独秀主办的《新青年》杂志影响下，谭平山参加傅斯年、罗家伦等人发起的"新潮社"，宣传新文化思想。1919 年，中国作为第一次世界大战的战胜国出席了巴黎和会，然而，中国代表在会上提出的正当要求均遭到拒绝。巴黎和会外交失败的消息传到北京城，群情激愤，久已蕴藏在中国人民心中的反帝怒火，像火山一样爆发。5 月 4 日，谭平山和同学们手执"拒绝和约""还我青岛""严惩卖国贼"等标语和小旗，同北京 13 所大中专学校的学生 3000 余人举行示威游行，痛打驻日公使章宗祥，放火烧了赵家楼，后被反动军警逮捕。6 月 8 日，在全国人民的斗争下，北洋军阀政府被迫释放被捕学生。五四运动如火如荼的斗争，进一步激发了谭平山的爱国热情，他和谭植棠、陈公博等人在上海创办《政衡》，明确提出"政治——主根本的革新；社会——主根本的改造，各种问题——主根本的解决"。1920 年夏天，谭平山回到广州，担任广东高等师范学校教授。他和谭植棠、陈公博创办《广东群报》，并利用此刊物继续宣传五四精神、介绍十月革命和马克思主义，促进广东革命群众运动的开展。8 月，谭平山等在广州发起建立广东社会主义青年团组织。

在广东建立党组织过程中，谭平山和无政府主义展开一场尖锐的斗争。谭平山经常深入到工人中，批判无政府主义各种谬论，鼓动工人加强团结，共同战斗，推翻旧世界，建立革命政权。谭平山在《新青年》杂志第九卷第四号上，开辟《论无政府主义》专栏，公开批判无政府主义的反动思想。1921 年 1 月，在陈独秀的指导下，经过谭平山等人的共同努力，广东共产主义小组成立。同年 11 月，中共中央通知各地成立"区执行委员会"，谭平山被指定为广东区执行委员会书记。在早期革命活动中，谭平山就展现出强烈的对腐朽势力的反抗意识和反抗精神。

（2）忠心爱国

谭平山对黑暗势力的反抗精神彰显其坚定的爱国主义精神。他为国家独立、民族解放奔走呼号，不惜冒着生命危险投入革命斗争中去。第一次国共合作期间，谭平山作为共产党代表，参加国民党改组筹备工作，在国民党改组工作中，发挥非常重要的作用。谭平山等人负责起草《中国国民党党纲草案》，得到孙中山肯定并建议修改成宣言形式，在国民党一大上通过。1924 年 1 月上旬，中共中央在上海召开临时特别会议，决定由李大钊、谭平山、瞿秋白等人组成一个指导小组，出席国民党第一次代表大会。1 月 20 日，国民党第一次全国代表大会在广州召开。21 日，谭平山向大会作《临时中央执行委员会报告》。大会确立"联俄、联共、扶助农工"三大政策，承认共产党员和社会主义青年团员以个人资格参加国民党。大会通过以反帝反封建为主要内容的《中国国民党第一次全国代表大会宣言》和党章，选举第一届中央执行委员会。谭平山被选举为国民党中央执行委员会常务委员、中央组织部部长，主持中央秘书处的日常事务工作。谭平山以组织部部长的身份物色革命人才，发展进步势力。9 月，中共中央正式任命谭平山为中共在国民党的党团书记。这样，他既参加国民党的党、政、军各方面的领导活动，又负责统一共产党员、共青团员在国民党内的言行步调。第一次国共合作形成后，革命群众运动蓬勃发展。广州商团在帝国主义的支持下，在广州人民为纪念武昌起义 13 周年举行游行时，商团竟开枪屠杀游行群众，发动武力暴乱。孙中山委派谭平山等六人为全权委员，负责处理商团问题；同时在韶关抽调警卫军及湘、粤军一部回师广州戡乱。在工农群众积极支持下，政府军分五路向商团军发起总攻击，仅仅经过几小时的战斗，在帝国主义支持下的广州商团叛乱就被平定了，广东革命政府转危为安。无论是改组国民党还是后来发动的南昌起义、反对蒋介石独裁专制，都体现谭平山强烈的爱国主义情怀。

（3）矢志不渝

谭平山一生是奋斗的一生，无论在革命高潮还是低潮时期，他都没有失去奋斗的信心和勇气，直至中国革命取得最后胜利。1927 年国民党叛变革命后，谭平山等人冒着生命危险为革命奔走。谭平山、鲍罗廷、陈公博、谭延闿四人开会研究应对办法，确定由谭平山牵头，鲍罗廷、彭泽湘、陈公博及唐生智的代表周鳌山、邓介松等人组成国民党中央查办代表团赴湘。谭平山从徐家棚乘火车出发，到岳州正值深夜，当地驻军第一师副师长兼一团团长周磐到车站迎接。他一面在岳阳楼设宴款待谭平山等人，一面电告长沙的张翼鹏。张翼鹏以特急电报指令周磐将谭平山等人就地枪决。谭平山得知后及时离开岳州，返回武汉。面对国民党的屠杀，谭平山等人主张策划南昌起义反抗国民党的暴力镇压。正当起义即将进入行动阶段的关键时刻，张国焘赶到南昌，提出起义需征得国民革命军第二方面军总指挥张发奎同意，方能进行。由于张国焘的阻挠，起义未能按期举行。第二天，开会讨论起义问题时，谭平山主张不管什么人的指示，事到如今一定要暴动，于是便和张国焘在会上大吵起来，并指着张国焘的鼻子怒斥。8月1日凌晨2时，南昌起义爆发，标志着中国共产党独立领导革命战争、创建人民军队和武装夺取政权的开端，开启了中国革命新纪元。经过战斗，起义军完全控制整个南昌。5日，谭平山随起义部队离开南昌南下。在南下途中，因溽暑远征，又遭敌人的围追堵截，起义军主力在潮汕一带遭到严重损失，后谭平山转移到香港。11月，在中共中央临时政治局扩大会议上，通过"政治纪律决议案"，谭平山被开除党籍。谭平山虽被开除党籍，但并没有丧失革命斗志，而是通过各种途径从事反对国民党反动统治的斗争。1928年初，他返回上海，决心以孙中山先生曾经用过的"中华革命党"的旗帜，号召全国革命群众起来反对蒋介石。1930年春，谭平山和回国不久的邓演达将中华革命党改组为中国国民党临时行动委员会，通过纲领性文件《我们的政治主张》。中共中央于1935年8月1日发表著名的抗日宣言，谭平山积极响应"八一宣言"的号召，不顾个人安危，来到武汉参加抗日救国活动。1939年冬，谭平山卷入国民参政会的斗争。1941年春，谭平山得知中国共产党拒绝出席第二届国民参政会，也毅然拒绝参加会议，还特地把家从重庆搬到成都，同陈铭枢、杨杰、王昆仑等组织"三民主义同志联合会"（简称"民联"），谭平山当选为五人常委之一。1946年秋，谭平山从重庆回到上海，继续揭露蒋介石的反革命阴谋。蒋介石想方设法要杀掉谭平山，他被迫于1947年四五月间离开上海，出走香港。抵港后，谭平山继续领导"民联"的同志进行革命活动。他和李济深、蔡廷锴等人商议，把国民党内的几个反蒋民主派别组织起来，一致反蒋，决定由谭平山和李济深、何香凝、蔡廷锴、李章达、冯玉祥等人发起建立"中国国民党革命委员会"。1949 年 1 月 14 日，毛泽东同志代表中共中央发表《关于时局的声明》。22 日，谭平山等 55 人联合署名，发表《我们对于时局的意见》，坚决支持和热烈拥护毛泽东同志的声明，表示愿意在中国共产党的领导下，与全国人民团结一致，共同努力，推翻南京独裁专制政府，将革命进行到底。

2. 黄学增的革命精神

黄学增，1916 年考入雷州中学，中国共产党早期党员，广东农民运动著名领袖人物之一。他用短短 29 年的生命，谱写了南路早期革命斗争的壮丽诗篇。

（1）追求真理

1920 年夏天，为寻求革命真理，黄学增在亲友的资助下，考入广东省立甲种工业学校。他背上简单的行囊，步行千里来到省城广州。求学期间，他孜孜不倦学习革命理论，很快就接受了马克思主义。1921 年，黄学增加入中国社会主义青年团。自此，他开始参加中共广东支部为培训干部而举办的各种活动，参加"宣传员养成所"学习，参加"马克思主义研究会"。通过投身各种进步活动和斗争，黄学增思想出现质的飞跃。1921 年冬，黄学增成为中共党组织的早期成员之一。1922 年 7—8 月，黄学增返回家乡遂溪敦文村，成立"雷州青年同志社"，这是当时中国乡村较早宣传马克思主义的革命组织之一。1923 年初，黄学增和韩盈等人发起组织"雷州青年留穗同学会"，除了把在广州读书的雷州的青年团结起来，还邀请高州、琼崖等地在广州求学的学生加入，一起学习革命理论。

（2）不畏强暴

1923 年秋，受党组织的派遣，黄学增来到广州郊区花县，从事农民运动的组织和领导工作。他陆续在九湖、元田、定珠岗、象山、东坑、土布等地组织农民协会和农民自卫军，开展反封建斗争和农民运动。1925 年，在省农民协会的统一指挥下，广东农民形成声势浩大的"广东农潮"，标志着广东农民运动进入一个新的历史阶段。1925 年 12 月，刘少奇同志被湖南军阀赵恒锡扣押。1926 年 1 月 7 日，黄学增在国民党"二大"全体会议上带头斥责赵恒锡的罪行，提议营救刘少奇同志。会议通过黄学增的提议，通电全国，要求赵恒锡立即释放刘少奇。在全国各地各界的强大舆论压力和多方营救下，刘少奇同志终于在 1926 年 1 月 16 日被释放。蒋介石发动"四一二"反革命政变后，广东区委派黄学增到西江主持该地区的武装暴动。1927 年 4 月下旬至 8 月底，黄学增组织和发动广宁江美坪、高要乐城、广利等系列暴动，有力地打击了敌人，充分表现了西江人民不屈不挠的斗争精神，鼓舞了西江工农革命军的士气，推动了当地革命形势的发展。

（3）坚贞不屈

1928 年 5 月，中共广东省委任命黄学增为琼崖巡视员，到琼崖恢复革命力量。鉴于琼崖暴动期间各级党组织领导人的身份都已暴露，处境危险，不便留在原地工作，黄学增便对海南岛各县的主要干部实行交错对调，使之离开原地，避过敌人耳目，转到新的环境下继续工作。经过一番艰苦努力，琼崖党的力量逐步得到恢复和发展。1929 年 3 月，南区特委的常委处和工委处等主要机关陆续被敌人破坏，琼崖革命力量再次遭到挫折。黄学增一度与省委失去联系，省委对黄学增的安全深感忧虑。1929 年 5 月，黄学增秘密潜入香港，向省委汇报琼崖的严重情况。7 月，由于叛徒的出卖，黄学增在海口市的隐蔽地——福音医院被俘入狱。在狱中，面对敌人的威逼利诱，施以酷刑，他始终保持共产党员的革命气节，坚贞不屈。7 月底，黄学增被敌人杀害于海口市红坎坡，年仅 29 岁。

三、新时期岭师人的精神——校训内涵

校训是学校规定的对学生有指导意义的语辞，它是一个学校人才培养规范简明而又极具概括性的表述。校训内容的确定既与学校的性质、地位有关，更与学校的办学理念关系密切。人们从校训中，可以清楚地了解到学校对人才培养的规范与要求，也能在一定程度上把握学校所追求的办学

特色。

学校在对办学现状进行深入调查研究的基础上，基于现有的鲜明的办学特色，为了进一步提升办学地位，乃至成为师范大学的目标，提出"崇德、博雅、弘志、信勇"八个字作为校训，既把办学理念转变成了具体的可操作的评价标准，又使广大师生明确做人与做学问的要求和规范。

师范院校是教师的摇篮，教师最重要的是为人师表，为人师表的关键是教师能以高尚的品德成为学生的楷模，因而校训把"崇德"放在首位。对于品德的崇尚是中华民族的优良传统，早在《尚书·武成》篇中就有"崇德报功"的提法，即尊崇有德和报答有功的人。其后孔子既以德行等四科教授弟子，又以忠诚信实、仰慕道义的具体解说来回答子张怎样才能"崇德"的疑惑。崇德，就是崇尚、重视道德，进而提高自己的道德品质。德，从层次来说，有基本道德和高尚道德之分。从范畴来说，有公共道德和职业道德之分。作为一个接受高等教育的大学生来说，既要具备基本的道德素质，也要朝着高尚的道德努力进取；既要遵守公共道德，也要有高尚的职业道德。对于师范院校的学生来说，职业道德就是师德。师德的基本内容包括爱岗敬业，乐于奉献，对学生严而不暴，爱而不流，举止大方而文雅。教师德行的高低，是其能否成为一名合格教师的首要前提。古人云："教人治己，皆宜以正直为先。"说的就是这个意思。而"经师易求，人师难得"，更是从反面说明品德高尚是一个教师最为重要的素质。

"博雅"，指的是既具有渊博的知识，又有着高雅的志趣，温文尔雅的风度。教师作为知识的传播者，必须首先具备的基本业务素质就是知识的渊深和广博，传授知识时旁征博引，左右逢源；解答疑难时如庖丁解牛，游刃有余，这样才能赢得学生的尊重和敬佩。相反，只能照本宣科，离开书本即了无余言，或者"以其昏昏，使人昭昭"，甚或经常搜索枯肠也不能解答学生的疑难，显然有亏教师的称号。俗话说，给学生一碗水，教师自己首先必须要有一桶水。这是古今中外教育实践的经验之谈。值得指出的是，教师不仅以知识的富有而为人师，还应以志趣的高雅和风度的温文来成为学生的楷模。教书育人是人类社会中一种极其严肃高尚的行为，作为行为主体的教师，其言行举止都应文明雅致，有如玉树临风、松菊有神，使学生在与教师的交往中潜移默化地受到感染，以至移情易性，变化气质。历史上许多教育名人以其博学赢得弟子的敬仰，但更以其高雅的情志和神韵征服了学生的心灵，甚或影响他们的一生。

"弘志"，就是要恢宏大志，理想高远。人无大志，有如蓬间小雀，快意于嬉戏榆枋之间，终不能翱翔云天。所谓"崇峻不凌霄，则无弥天之云"，说的就是这个道理。相反，"苟怀四方志，所在可游盘"，完全能创造出轰轰烈烈的人生。所以，先哲们都非常重视志向的确立，孔子教导学生："士不可以不弘毅，任重而道远。"王阳明给学生的训示是："志不立，天下无可成之事。"吕坤告诫后生要有这样的志向："做第一等人，干第一等事，说第一等话，抱第一等识。"从这个意义上说，无论是才高八斗的智者，还是智能平平的凡人；无论是势处春风得意的顺境，还是身在坎坷不平的困境，都必须志存高远。勿庸讳言，学校地处祖国边陲粤西一隅，远离政治经济文化中心，且为新办本科师范院校，办学条件与名牌大学差距较大，但正因为如此，就越发需要我们弘扬大志，恢廓胸襟，而不要妄自菲薄，自我气短。

"信勇"，指的是既有自信而又能诚信待人，且能勇于探索，敢为人先。一个人禀赋有高低，能力有大小，但自信之心不可少。人无自信，犹草木之无神。故古今名人大都以自信自勉，文豪李白坚信："天生我材必有用"，伟人毛泽东年轻时就宣称："自信人生二百年，会当水击三千里。"正因为充满自信，才有"雄关漫道真如铁，而今迈步从头越""数风流人物，还看今朝"的英雄气概。我校虽然属于一般本科师范院校，但我们相信自己有与名校学生"试比高"的勇气和才华。自信固然不可少，但作为未来的人民教师的大学生，忠诚信实，更应是我们必须具备的品德。追求人际关系的和谐，是我们始终如一的目标，而人际关系和谐的重要基础是人与人之间信实无欺。故管子提出："诚信者，天下之结也。"冯梦龙以为："信，国之宝也，民之所凭也。"孔子感叹道："人而无信，不知其可也！"教师既是为人师表，自然应当讲信修睦，而不能信口雌黄，奸诈无诚。具备了信的品德，还需要有勇的作风。探索自然界的奥秘，需要有不怕失败的勇敢精神；寻求治国平天下的真理，需要有敢于献身的勇气；改变自己的命运，需要有勇于面对耻辱的气魄。所以，孔子说："知耻近乎勇"。年轻人富于朝气，多于锐气，再能济之以勇气，就会奋斗不息，探索不止。

　　"崇德""弘志"，要求学生重视品德修炼，恢宏志气，临大节而不苟，搴帅旗而志有余，讲的是做人的品格志气问题。"博雅""信勇"，要求学生追求知广情雅，信而有勇；学富五车而风流俊赏，信诚毕具而又勇为人先，讲的是成才所需的学识和创新精神等素质问题。"崇德""弘志"与"博雅""信勇"前后相应，而又有着内在的紧密联系，德才兼重，内美外修，循此以行，俊才名师，可期而见。

附录1：历任院（校）长、副院（校）长名录

校　名	办学时间	职　务	校领导	备　注
雷阳书院	1636–1903	院长（山长）	陈振贵、陈昌齐、陈乔森、蔡庞、陈综绪、罗鼎、陈鸿年等	
雷阳中学堂	1903–1913	总教长	陈乔森	
雷州中学校	1913–1926	校长	周烈亚、谭平山、梁连岐等	
广东省立第十中学	1926–1935	校长	温应盛、何冠文、周烈亚、罗应祥	

雷州师范学校时期（1935—1978）

姓　名	职　务	任职时间
罗应祥	校长	1936.3—
吴炳宋	校长	1936—1938.8
张锡镛	校长	1938.9—1939.8
白学初	校长	1939.9—1940.7
邓时乐	校长	1940.9—1942.2
宋其芳	校长	1942.2—1944.10
吴熙业	校长	1944.11—1947.8
林令暄	校长	1948.5—1948.11
吴　林	校长	1947.10—1952.8
黄　葵	校长	1949—1952
宁松荣	副校长	1952—？
周兆林	副校长	1953—1955
许　克	校长	1954—1956
陈嘉保	校长	1956—1966
谭　坚	校长（兼党总支书记）1976.11免党总支书记	1971—1978

续表

姓　名	职　务	任职时间
侯珍修	副校长	1973.9—1980
陈　强	副校长	1974—?
曹　民	副校长	1975—?
余　霖	副校长	1977—?
汪　川	校长	1978.9—?
徐太乾	副校长	1978.11—?
赵定中	副校长	1978.11—?

湛江师范专科学校时期（1958—1962）

姓　名	职　务	任职时间
张丕林	校长（当时地委副书记）	1958—1962
王次华	副校长（兼校党委书记）	1958—1962

雷州师范专科学校时期（1978—1991）

姓　名	职　务	任职时间
汪　川	副校长	1979.9—1981
朱兰清	副校长	1979.12—1984.5
杨家盛	校长（兼校党委书记）	1980.5—1984.5
揭培支	副校长	1980.11—1984.5
陈　钧	副校长	1982.10—1983
梁　劲	校长（兼校党委副书记，（1983.03年任副校长）	1984.5—1991.10
彭景衡	副校长	1984.5—1989.8
李惠民	副校长	1984.12—1992.1
袁伯强	副校长	1985.12—1989.7
余　立	副校长	1989.8—1992.6
李　祥	副校长	1990.7—1992.6
刘许国	副校长	1992.1—1992.6

湛江师范学院时期（1992—2014）

姓 名	职 务	任职时间
李运生	院长	1992.6—2001.2
罗海鸥	院长（兼党委副书记）	2009.12—2014.4
余 立	副院长（兼党委副书记）	1992.6—2003.10
李 祥	副院长	1992.6—1997.2
刘许国	副院长	1992.6—1997.2
梁 友	副院长	1997.2—2006.3
刘海涛	副院长	1997.2—2009.6
刘周堂	副院长	2004.12—2014.4
李永全	副院长	2006.7—2012.11
黄 钢	副院长	2013.12–2014.4
李江凌	副院长	2008.10—2014.4
邵乐喜	副院长	2009.6—2014.4

岭南师范学院时期（2014—2024）

姓 名	职 务	任职时间	备 注
罗海鸥	院长（党委副书记）	2014.4—2016.2	
刘明贵	院长（党委副书记）	2016.1—2019.1	
兰艳泽	院长（党委副书记）	2018.12—2022.4	
	副院长	2016.12—2018.12	
	总会计师（2013.08 任总会计师）	2014.4—2016.12	
阳爱民	院长（党委副书记）	2022.4—	
刘周堂	副院长	2014.4—2015.9	
黄 钢	副院长	2014.4—2018.7	
李江凌	副院长	2014.4—2017.7	

续表

姓　名	职　务	任职时间	备　注
邵乐喜	副院长	2014.4—2018.11	
黄　崴	副院长	2015.10—2018.9	
苏古发	副院长	2018.7—2024.9	
戴　黍	副院长	2018.9—2023.12	
金义富	副院长	2018.12—	
王　胜	副院长	2019.9—2023.12	
吴　涛	副院长	2024.1—	

附录 2：历任书记、副书记名录（以任职先后为顺序）

雷州师范学校时期（1935—1978）

姓名	职务	任职时间
程镇华	党支部书记	
陈 意	党支部书记	
黄芳浩	党支部书记	1954—1956
王连璋	党支部书记	1956—1966
谭 坚	党总支书记	

湛江师范专科学校时期（1958—1962）

姓名	职务	任职时间
王次华	党委书记	
庄碧君	党委副书记	

雷州师范专科学校时期（1978—1991）

姓 名	职务	任职时间
杨家盛	党委书记（兼校长）	1982.7—1984.5
朱谦智	党委书记	1986.4—1989.7
廖国烈	党委书记	1989.7—1992.6
庄碧君	党委副书记	1979.9—1984.5
潘 炬	党委副书记	1984.5—1987
许钦华	党委副书记	1984.5—1989.7
梁 劲	党委副书记（兼校长）	1990.7—1992.1
余 立	党委副书记（兼副校长）	1991.1—2003.10
何科根	党委副书记	1992.1—1994.11

湛江师范学院时期（1992—2014）

姓　名	职　务	任职时间
刘许国	党委书记	1997.1—2003.10
郑永辉	党委书记	2003.10—2008.3
梁　英	党委书记	2008.4—2014.4
余　立	党委副书记（兼副院长）	1992.6—2003.10
何科根	党委副书记	1992.1—1994.11
黄　聪	党委副书记	1997.1—2003.7
张兰英	党委副书记	2003.10—2010.5
刘海涛	党委副书记	2009.5—2014.4
胡克伟	党委副书记	2005.3—2010.12
罗海鸥	党委副书记（兼院长）	2009.11—2014.4
黄　钢	党委副书记	2010.5—2013.12
彭权群	党委副书记	2013.12—2014.4

岭南师范学院（2014—2024）

姓　名	职　务	任职时间
梁　英	党委书记	2014.4—2015.10
罗海鸥	党委书记	2016.1—2017.9
刘明贵	党委书记	2018.6—2022.4
兰艳泽	党委书记	2022.4—2024.9
刘海涛	党委副书记	2014.4—2015.8
彭权群	党委副书记	2014.4—2017.6
黄达海	党委副书记	2015.10—2024.4
王恒胤	党委副书记	2018.7—2022.4
林晓敏	党委副书记	2024.4—

部分来源：组织沿革和职务任免汇编；湛江教育大事记（1840—1987）

后 记

本书是在以前编写的校史稿的基础上，经过校正、增补、提炼和重新编辑而成，尤其是增加了 2010 年以来的内容。

需要说明的是，本书不是严格意义上的校史，只是为了给岭南师范学院师范教育 120 周年献礼，梳理了学校发展的历史脉络，呈现了学校各时期取得的业绩，进而提炼岭师人的精神。我们的目的是让大家了解学校的发展历史，传承岭师人的精神，激发大家知校、爱校、荣校、兴校的荣誉感和责任感，为学校进一步发展提供精神动力。

本书能够顺利出版，是在兰艳泽教授、阳爱民教授的部署和指导下完成的。兰艳泽教授多次听取本书的编写方案并作出指示，为编写工作提供帮助。刘明贵教授对本书的编写也提出了中肯的建议。林晓敏同志对书稿进行了审阅。关于校训内涵，编写组采用刘周堂教授的观点。

刘坤章同志、陈恕平同志从多角度提出了许多有益的指导。刘群慧教授积极推动本书的写作，在项目立项等方面提供支持。专家评审组成员裴树海教授、谌焕义教授对书稿内容和体例提出了许多建设性的意见和建议。

何增光教授主持本书的编写工作，设计全书的框架并编写了主要内容。编写组为本书的编写工作倾心尽力，全力以赴，付出了大量的心血和努力。档案馆周美兰同志不仅在资料查阅上提供便捷，而且多次参与相关研究和讨论。邓倩文、夏松涛、施保国、张成洁、屈志奋等同志都从不同方面提出了许多好的思路。黄敏同志做了许多繁杂的事务性工作。

陈国威教授审阅全书，提出了宝贵的修改意见。叶建仔同志、卜秋香同志提供了大量的研究资料。尹宁伟博士对相关章节提出了很好的建议。校内外相关单位提供了资料，还有许许多多领导、老师和同事都十分关心和支持这项工作，对此谨表衷心感谢！特别感谢原来校史稿的编写人员，他们为校史编写付出大量的心血和智慧。人民日报出版社寇诏编辑从专业的角度，提出了许多宝贵的意见，在此也要特别感谢他！

在写作过程中，我们本着"一分材料说一分话，十分材料十分话，没有材料不说话"的态度，所以关于1978年前的校史编写偏少。

由于篇幅和时间等原因，一些重要人物、重要事件和重要业绩没有纳入书中，敬请各位读者理解和原谅。另外，由于资料不够完整，加上我们水平有限，书中存在诸多不足甚至错误，敬请各位读者谅解和指教。

《根植岭南 百廿师范》编写组

2024年9月